단어 형성에 대한 표현론적 접근

단어 형성에 대한 표현론적 접근

파볼 슈테카우어 지음

구본관·박혜진·차경미 옮김

사회평론아카데미

일러두기
* 본문 하단의 주는 모두 옮긴이가 단 것이다.

옮긴이의 말

　'산에는 꽃 피네, 꽃이 피네.' 소월의 시(詩)를 빌려 오지 않아도 산에는 꽃이 피고, 또 꽃이 진다. 갈, 봄, 여름 없이 꽃이 피고 지듯이, 우리가 인식하든, 그러지 않든 단어는 만들어지고, 사용되고, 사라져 간다. 우리 옮긴이 세 사람은 몇 차례의 봄, 여름, 가을, 겨울을 보내며 이름도 낯선 슬로바키아의 언어학자 Pavol Štekauer의 이 책을 번역하였다.

　언어를 통한 의사소통에서 단어의 중요성은 아무리 강조해도 지나침이 없을 것이다. 인간이 처음 태어나서 말하는 것은 문장도 아니고 형태소도 아니고 바로 단어이다. 단어는 의미를 가지고 자립적으로 사용되는 최소 단위로서 언어를 통한 의사소통의 가장 중요한 단위인 것이다. 단어는 많건 적건 그 언어 사회에 등장할 때의 문화를 품고 있다. 그렇기 때문에 언어가 만들어지고 사용되는 동안 단어를 통해서 그 사회의 문화가 공시적으로 전파되고 통시적으로 전승되기도 하는 것이다.

　인간은 단어를 사용하여 생각할 뿐만 아니라 단어에 대해서도 생각한다. 언어학 연구사의 첫머리에는 많은 경우 단어에 대한 어원론이 나온다. 근대적인 언어 연구의 시작점에 있는 구조주의 언어학에서도 단어의 분석이 중요한 연구 주제였다. 생성 문법에서의 언어 연구가 통사론에 더 큰 관심을 두었지만 결국 단어 형성론을 내버려 두지 않았다. 옮긴이인 우리들이 단어 형성론 연구사에서 Štekauer의 이 책의 자리를 정해 줄 수 있다면, 생성 형태론의 끝자락 어디쯤에 둘 것이다.

　주지하듯이 생성 형태론은 Chomsky(1970)의 「명사화에 대한 고찰(Remarks on Nominalization)」 이후 생성 문법에서 단어 형성의 문제를 더 이상 잡동사니의 창고에 던져 두지 않고 어휘부를 설정하여 체계적으로 다루기 위해 제안된 이론이다. 생성 형태론의 초기 이론에서는 단어 형성을 통사론과 유사한 규칙과 제약으로 설명하려 했지만 점차 통사론과 별개의 규칙으로 설명하려 하였고, 이를 어휘부라는 독립된 부문에서 설명하고자 하였던 것이다. Štekauer의 이 책은 생성 형태론의 흐름을 이어서 단어 형성을 통사 부문과 분리해서 다루면서도 어휘 부문 안에서만 다루지 않고 따로 단어 형성 부문을 설정하여 독자성을 강조한다.

Štekauer(1998)의 표현론적 관점의 단어 형성론이 단어 형성론 연구사에 끼친 더 큰 공헌은 지금까지 다른 논의에서는 암묵적인 가정으로만 남겨 두었던 언어 사용자들의 명명 욕구를 단어 형성론의 중심으로 가져 왔다는 점이다. 단어 형성에 있어서의 명명 필요성의 강조, 의미의 우선성 등을 제안함으로써 단어 형성에서 언어 사용자인 언중을 논의의 중심부로 가져온 것이다. 국내의 단어 형성론 논의는 여전히 생성 형태론을 중요하게 참조하고 있지만 일부는 인지 언어학적인 관점을 차용하여 유추에 의한 단어 형성 논의를 포괄하고 있기도 하다. 그렇기는 하지만 생성 형태론이든 인지적인 관점에서의 유추에 의한 단어 형성 논의에서든 단어 형성에서의 의미의 문제, 언어 사용자의 명명 욕구의 문제는 지나칠 수 없는 문제였다. 따라서 Štekauer의 문제 제기는 어떤 관점에서 단어 형성을 다루더라도 유효하다고 생각된다. 최근의 국내에서 이루어지는 단어 형성법 논의에서도 정한데로(2015)의『한국어 등재소의 형성과 변화』등의 논저에는 Štekauer의 표현론적 관점이 영향을 미치고 있으며, 국어교육이나 한국어교육에서도 옮긴이의 한 사람인 박혜진(2019)의「표현론적 관점의 단어 형성 교육 연구」등의 논저를 통해 이런 관점이 확산되고 있다.

Štekauer의 이 책은 크게 네 부분으로 이루어져 있다. 제1장은 단어 형성에 있어서의 표현론적 접근에 대해 개괄적으로 소개하고 있다. 제2장

은 단어 형성 부문을 소개하고 그것의 위치를 정해 주기 위한 논의이다. 그리하여 단어 형성 부문의 범위를 논의하고 통사 부문이나 어휘 부문과의 차이를 밝히면서 단어 형성 부문의 자리를 찾아주고 있다. 제3장은 단어 형성론, 특히 파생어 형성에서 중요하게 다루어졌던 생산성에 관한 논의이다. 이 책의 저자는 단어 형성 규칙이 통사 규칙이나 굴절 규칙보다 덜 생산적이지 않으며, 완전히 규칙적이며 예측 가능하다고 주장한다. 따라서 언어 사용자의 명명 욕구가 있을 경우 단어 형성은 100% 생산적이게 된다. 제4장은 표현론적 단어 형성의 관점에서 단어 형성론의 쟁점에 대해 논의한다. 그리하여 괄호 매김 역설, 외심 합성어, 역형성의 문제 등을 자세하게 언급한다.

우리의 번역서는 자신이 사용하는 단어가 형성되고 사용되고 사라지는 현상에 관심을 가지는 사람이면 누구나 읽어 보아도 좋을 것이다. 실용적으로는 대학의 국어국문학과, 국어교육과, 한국어교육과에서 단어 형성론을 배우는 학생들이나 가르치는 연구자들에게 도움이 될 것이라고 생각한다. 특별히 국어교육이나 한국어교육 전공자들에게 이 책을 권하는 것은 학습자를 포함한 언중들이 단어 형성에서 가장 중요한 역할을 한다는 점을 이 책이 잘 보여 주기 때문이다. 모국어로서의 국어교육에서 학습자는 언어 주체로서 단어를 만들어 내고, 사용하고, 또 사용하지 않기도 함으로써 사라지게 하기도 하기 때문이다. 한국어교육에서도 학습자는 자신의 모어 단어이든 목표어인 한국어 단어이든 단어를 사용하는 주체이기도 하다. 한국어교육에서의 단어의 중요성은 굳이 설명할 필요가 없지만 최근에는 국어교육에서 신조어의 형성이나 사용 등을 중요한 교육 내용으로 삼고 있기도 하다는 점에서 이 책의 관점은 한국어교육이나 국어교육의 단어 형성론 연구나 교육에 새로운 관점을 가져다 줄 것이다.

우리 세 사람은 개별 작업 외에 대면 모임과, 혹은 이제는 외래어로서 우리말의 새로운 문화 현상을 담은 단어의 하나로 자리 잡은 '줌'을 통한 비대면 모임을 통해 적절한 번역을 하기 위해 최선을 다했다. 그리하여 가능한 한 가독성을 높이기 위해 약어의 사용은 줄이고, 필요한 경우 옮긴이 주를 달아서 지금까지 이루어진 국내의 단어 형성론 논의와의 접점을 만들어 주고 이 번역서를 읽을 독자와의 소통을 강화하고자 하였다. 물론 이 번역서의 출간은 우리 옮긴이 세 사람만의 노력으로 이루어진 것은 아니다. 멀리는 우리에게 필요한 관점을 제공해 준 이 책의 저자의 기여가 가장 크지만, Štekauer의 이론을 국내에 소개하고 이런 관점으로 단어 형성론을 전개한 분들의 노력이 큰 도움이 되었다.

국어교육학회의 '번역총서'로 출간된 이 번역서가 나오기까지 많은 분들의 도움이 있었다. 이 번역서를 낼 수 있는 좋은 기회를 주신 국어교육학회, 출간을 맡아 주신 ㈜사회평론아카데미의 윤철호 사장님, 권현준 대표님, 이 책의 편집을 맡아 예쁘게 꾸며 주신 편집부에도 감사의 말씀을 드린다. 우리들 옮긴이 세 사람은 이 책이 국내의 단어 형성 연구와 교육에 조금이나마 기여할 수 있기를 소망한다.

새로운 한 해를 시작하며
옮긴이 일동

감사의 말

다음 사람에게 은혜를 입었다.

- 약 15년 전에 단어 형성이라는 흥미진진한 분야를 공부해야겠다는 생각을 하게 해 주시고, 입문 후에는 단어 형성의 비밀을 파헤치는 험난한 길을 아버지처럼 안내해 주신 Ján Horecký 교수님. 교수님은 또한 이 책의 원고에 대해서도 귀중한 조언을 많이 주셨다.
- 몇 페이지에 달하는 매우 유용한 조언을 주신 Eva Hajičová 교수님과 Petr Sgall 교수님. 이분들의 조언은 일부를 제외하고는 모두 이 글에 수용되었다.

특별히 다음 사람에게 감사드린다.

- 나와는 다른 이론적 관점에서 날카로운 조언을 많이 주신 Rochelle Lieber 교수님. 나는 이러한 조언들을 반영하기 위해 노력했으며 (심지어 마지막 달까지), 결과적으로 이 과정에서 나의 주장의 명확성이 높아졌다.

마지막으로, 다음 사람에게 감사드린다.

- 1988년 데브레첸(Debrecen)에서 열린 ISIR의 '어휘론' 분과에서 나의 이론의 개요에 대해 조언해 주신 학회원들.
- 나의 이론의 개요에 대해 조언해 주신 Josef Hladký 교수님.
- 원고를 컴퓨터로 편집하는 힘든 작업을 완벽하게 수행해 주신 Vladmír Burger 님.

차례

결론 233

도입

영어학에서 단어 형성론(word-formation)은 비교적 새로운 언어학의 한 분야이다. 현대 단어 형성론의 기원은 Marchand의 『현대 영어 단어 형성의 범주와 유형들(*Categories and Types of Present-Day English Word-Formation*)』, Lees의 『영어 명사화의 문법(*The Grammar of English Nominalization*)』과 같은 기초적인 단어 형성론 연구가 등장한 1960년대로 거슬러 올라간다. 이후 몇 년간 개별 단어 형성 문제에 대해 체계적으로 접근하고, 단어 형성론의 연구 범위를 정하고, 통사론, 어휘론, 굴절 형태론, 음운론 등의 여타 언어학 분야와의 관계를 명확히 하려는 노력 등을 특징으로 하는 관련 연구들이 뒤를 이었다.

일반적으로 1970년대는 단어 형성 연구의 역사에서 또 다른 이정표로 여겨지는데, 이는 Chomsky의 「명사화에 대한 고찰(Remarks on Nominalization)」과 관련이 있다. 단어 형성론 연구가 본격화된 이후 어휘론자 가설이 우위를 점하고 있던 상황에서, 바로 이 저작이 변형주의자와 어휘론자 가설의 분열을 초래한 것이다.

　그 이후로 다수의 저서와 논문이 출판되었음에도 여전히 해결되지 않은 문제가 많다. 또한 놀랍게도 여전히 단어 형성론의 범위가 명확히 정의되지 않았다. 합성을 통사론의 영역으로 간주하고 파생만을 단어 형성론의 대상으로 엄격히 제한할 것인가, 혹은 역형성(back-formation), 전환(conversion)[영 파생(zero-derivation)], 혼성(blending), 절단(clipping) 등을 단어 형성론의 대상으로 포함할 것인가(만약 그렇다면 이것들이 주된 단어 형성 과정으로 간주되는가 등)의 여부와 관련하여 학자들은 그 입장을 달리한다. 그리고 이러한 상황은 용어에 반영된다. 언어학(단어 형성론)의 이 기본 용어는 형태론(morphology)이라는 용어로 대체되는 경우가 많다.* 형태론의 범위에 대한 설명 역시 다양한데, 특히 굴절 과정 및 파생 과정과 관련하여 각기 다르게 기술된다. 결론적으로, 단어 형성론의 지위, 그리고 언어학 내에서의 위치는 명확하지 않음을 알 수 있다. 그리고 이러한 상황은 단어 형성론의 다른 '사소한' 문제들을 다룰 때에도 영향을 미친다.

　단어 형성을 다루는 책과 논문의 '홍수' 속에서 책을 읽다 보면 흥미로운 사실을 알게 된다. 이 책에서 단어 형성에 대한 표현론적 접근으로 언급될 '지시 대상(referent)-개념(concept)-의미(meaning)-형태(form)' 체계를 기반으로 한 연구물은 거의 없다. 소쉬르식 구조주의 배경과 주류 생성 형태론에서 벗어난 다른 저자들과 함께 '마르샹드(Marchand) 학파'의 상당한 기여가 있었음에도 불구하고 이러한 현상이 빚어진 원인은 이 분야를 지배해 온 미국 언어학의 엄격한 형식주의에서 찾을 수 있을 것이다.

....

* 　국내에서는 형태론의 범위를 품사론, 굴절론, 단어 형성론을 포함하는 개념으로 이해하는 경우가 많지만, 형태론의 범위를 최대로 좁혔을 경우에는 단어 형성론만이 형태론에 포함되는 것으로 보기도 한다.

Carstairs-McCarthy는 "의미와 형식을 아우르는 단어 관계에 대한 연구는 힘든 과업이 될 것"(Carstairs-McCarthy, 1992: 48)이라며 단어 형성론에서 의미론적 측면을 다루는 것에 대한 생성 언어학자들의 주저를 명확하게 표현한다.

Aronoff 또한 이러한 사실을 인지하고 있다.

> 우리의 실제 세계에서 어휘소(lexeme)를 하나의 형태로 생각하거나, 적어도 의미보다는 형태와 더 밀접하게 관련지어 생각하는 것은 당연한 일이다. 그것은 비교적 구체적인 단어의 형태 및 통사와, 의미가 가진 추상적 본질 사이의 실질적 불균형 때문이다. 의미를 파악하는 것보다 형태를 파악하고, 이것의 문법을 확실히 하고, 이를 연구하는 것이 더 쉽다. … 비록 Boas가 의미보다 형태를 신뢰하게 된 이래로 형태가 미국 언어학의 주요 전략이 되었으나, 그렇다고 어휘소가 그저 하나의 형태일 수는 없다(Aronoff, 1994: 10).

나의 이론은 언어 공동체의 명명 요구와 같은 언어 외적 현실을 그 출발점으로 하며, 형태에 대한 언어 외적 현실의 개념적 반영과 의미론적 분석을 진행한다. 결국 그것은 의미에 의해 주어진 (선택) 사항들을 구현하는 형식이다. 결론적으로, 의미론은 형태적 패턴에 부착된 단순한 '표찰(tag)'이 아니다.

이 책은 앞에서 언급한 엄격한 형식주의에 대한 대안으로 간주되어야 한다. 다음 장에 제시될 이 이론의 주요 원리는 다음과 같이 요약할 수 있다.

1. 독립 부문으로서의 단어 형성

단어 형성 부문(word-formation component)은 언어 기술에서 독자적인 부문으로 여겨진다. 그것은 어휘 부문(lexical component)과 상호 연결되어 있고 통사 부문(syntactic component)과는 분리되어 있다. 통사 부문과의 연결은 오직 어휘 부문을 경유해서만 이루어진다. 나아가, 단어 형성 부문은 어휘 부문과 통합되어 있는 '굴절 형태론'과도 언격하게 분리되어 있다.

2. 단어 형성 규칙의 생산성과 규칙성

이 책에 제시된 이론의 범위에 속하는 모든 명명 단위(naming units, NU), 즉 단어 형성 부문에서 만들어진 명명 단위는 생산적이고 규칙적인 단어 형성 규칙에 의해 만들어진다. 따라서 단어 형성 규칙에 의한 즉각적 결과물은 충분히 예측 가능하다. 또한 단어 형성 규칙에 의해 생성된 새로운 명명 단위는 어휘 부문으로 전달되어 각각에 맞는 계열체에 할당되는데, 이러한 방식으로 형태통사론적 자질을 부여받는다. 이에 더하여 명명 단위들은 수많은 어휘적 관계를 맺게 된다. 이러한 접근에서는 특이한 변화들이 어휘 부문에서 일어나는 것으로 간주하기 때문에 단어 형성 부문을 단순하고 규칙적인 것으로 설정할 수 있다. 어휘 부문은 언어의 모든 명명 단위를 포함하는데, '단어 형성론에서 다루어지지 않았던 기호소(moneme, 명명 층위에서 형태-의미 결합 규칙에 의해 단어 형성의 어기로 활용되는 경우는 제외), 생산적인 단어 형성 규칙에 의한 즉각적이고 예측 가능한 산출물, "어휘화된(Bauer의 용어를 따름)" 항목' 등이 포함된다. 어휘부에는 통사적인 것에 기반을 둔 '연어들' 또한 포함된다.[1] 한편 어휘 부문의 별도 하위 부문에서는 '결합성 명세, 사용 제약, 음운론적 특성' 등과 같은 하위 범주화 틀을 포함한 모든 접사들을 포함한다.

생산성은 새로운 방식으로 접근할 수 있다. 그것은 언어 공동체의 명명 요구에 완전히 대응할 수 있는 능력으로 여겨진다. '행동주(Agents) 혹은 도구(Instruments) 등을 나타내는 명명 단위'같이 '특정 개념적 의미장에서의 명명 요구를 충족시키는 단어 형성 유형들의 군집'으로 정의될 수 있는 것이다. 이러한 접근은 접사 파생으로 제한된 Aronoff의 생산성 개념의 한계를 극복할 수 있게 해 준다.

이 책에서 제시하는 생산성의 개념은 일반적으로 단어 형성의 생산성이나 규칙성이 낮다고 주장하는 견해들에 대한 해답이다. 이 책에서는 이와 반대로 (a) 단어 형성 유형 군집의 생산성은 항상 100%이며, (b) 단어 형성 유형은 생산적이고 완벽하게 규칙적임을 주장할 것이다.

3. 어휘부 기반 이론

이 이론은 앞서 기술한 원리, 즉 모든 새로운 명명 단위는 언어 체계, 특히 어휘부(Lexicon), 혹은 어휘 부문에서 활용 가능한 재료에 기초하여 만들어진다고 상정하는 것으로부터 성립한다. 생산적으로 생성된 새로운 명명 단위들은 발화 층위[파롤(parole)], 혹은 통사적 구성[랑그(langue)]에 그 출처를 두지 않는다. 후자의 원칙은 전통적으로 비어구 제약(No Phrase Constraint)이라 칭해진다. 다시 말해 형태적 복합어는 통사적 과정에 의해 형성되지 않는다(Botha, 1981 또는 Selkirk, 1986: 8을 보라).[2] 나는 여기에 전통적으로 고유의 형태와 의미를 갖는 최소의 양면적 기호(bilateral sign)로 간주되는 형태소보다 작은 단위로부터 새 명명 단위가 생성되지 않음을 덧붙이고자 한다. 이러한 사실은 명명 단위들의 기호성(sign-nature)을 포함하는 다음의 원칙들과 밀접하게 관련되어 있다.

4. 명명 단위의 기호성

이 원칙은 Saussure(1989)의 기호에 대한 개념과 언어학적 기호에 대한 Horecký(1983, 1989)의 모델에 기원한다. 그 기본적 원칙은 명명 단위들이 의미와 형태를 포함하는 양면적 기호(bilateral signs)라는 것이다. 이것은 단어 형성의 범위를 결정한다. 단어 형성 부문에는 순수한 형태 덩어리, 순수한 의미 덩어리인 명명 단위가 존재하지 않는다. Hjelmslev는 다음과 같이 기술한다.

표현과 내용은 상호 의존적이다. 그 둘은 반드시 서로를 전제한다. 표현이란 내용의 표현이라는 것에 의해서만 표현이 되는 것이고, 내용은 표현의 내용이라는 것에 의해서만 내용이 되는 것이다(Hjelmslev, 1972: 54).

결론적으로, 단순한 형태, 즉 의미가 없는 형식 요소는 이 이론에서 설 자리가 없다. 따라서 '*perceive*(감지하다), *conceive*(품다), *contain*(포함하다), *retain*(유지하다), *receive*(받다), *cranberry*(크랜베리), *possible*(가능한), 또는 *Monday*(월요일)'[3] 등과 같은 명명 단위들은 기호소로 처리된다.

5. 언어 공동체 지향 이론

우리의 이론은 모어 화자의 직관에만 기대지 않는다. 오히려, 주어진 언어 공동체의 명명 요구로부터 비롯된 단어 형성의 과정을 설명하려고 한다. 이 사실은 이 책에서 채택한 방법, 즉 표현론적(onomasiological) 방법 등에 반영되어 있다.

6. 전통적인 단어 형성 과정의 폐기

1장에 요약한 방법을 사용하면 '합성', '접두 파생', '접미 파생', '역형성', '혼성' 등의 기존 개념을 폐기할 수 있다. 그 결과, 모든 단어 형성 방법을 통일된 기초 위에 두는 것이 가능하여, 이들 용어와 연결된 많은 함정을 피할 수 있다.

7. 단어 형성 어기 기반 단어 형성 이론

나의 단어 형성 모델은 단어 형성 어기(word-formation base) 개념에 기반을 두고 있다. 단어 형성 어기는 형태-의미 할당 원리(form-to-meaning-assignment principle, FMAP)에서 새로운 명명 단위로 도입한 양면적 단위(bilateral unit)로 정의된다. 이 명명 단위는 명명 대상에 대한 개념적 분석과 후속되는 의미론적 분석에 따른 것이다. 단어 형성 어기에 관한 이와 같은 정의는 예를 들어 Kastovsky(1993)와 달리 내가 단어 기반(word-based) 단어 형성 규칙과 어간 기반(stem-based) 단어 형성 규칙을 대립적으로 간주하지 않음을 의미한다. 그는 고유어 기반에서 운영되는 단어 형성 규칙과, (그 어기들이 독립적으로 사용될 수 있는 기반에서) 형성되고 있는 단어들[*steamhouse*(스팀하우스), *anti-hero*(반영웅), *breakable*(깨지기 쉬운)]과, 외래어 기반 어간에서 작동하는 단어 형성 규칙을 구분한다. 후자의 경우 어기*가 독립적으로 출현할 수 없다[*astronaut*(우주 비행사), *megaphone*(확성기),

....

* 　국내 문법서들에서는 어기(base)의 개념을 사용하지 않고, 단어 형성론의 입력부로는 어

drama(극) 대 *dramatic*(극적인), *dramatist*(극작가), *dramatize*(극화하다)]. 내가 보기에, 각 단어 형성 규칙은 어휘 부문에서 가져온 양면적 단위를 사용한다. 그것들은 대부분 형태통사론적으로 변형되지 않은 어간들(어떠한 굴절 접사도 부착되지 않음)이다. 그럼에도 불구하고, 복수형의 표현론적 표지를 포함하는 존재는 스스로를 순수한 어간 기반 접근 방식으로 제한하는 것이 잘못되었음을 나타낸다.[4]

이하 이 책의 구성은 아래와 같다.

1장에서는 여기에 제안한 표현론적 이론의 기본적인 원리를 간략하게 설명한다. 여섯 가지 층위를 포함한 단어 형성의 표현론적 모델을 설명하고, '표현론적 구조, 표현론적 어기 및 표지, 표현론적 유형, 표현론적 결합, 형태-의미 할당 원리, 명명 단위' 등과 같은 기본 용어를 소개한다. 이론은 다양한 사례들을 통해 설명된다. 그리고 이것들은 2장에서 논의될 사안들의 토대가 된다.

2장에서는 언어학 내에서의 단어 형성 부문의 범위와 위치를 논의하고, 그것의 독립적인 지위에 대한 증거를 제시한다. '단어 형성론과 굴절 형태론, 단어 형성 부문과 통사 부문, 단어 형성 규칙과 음운 규칙, 단어 형성 부문과 어휘 부문' 사이의 관계를 분석하는 것이다. 언어학 체계 내에서의 위치를 포함하여, 단어 형성에 관한 표현론적 모델이 제안된다. 또한 어휘 부문의 지위와 본질에 대하여 자주 거론되던 질문들을 검토한다. 2장의 결론은 3장의 주제에 관한 접근 방향을 미리 결정한다.

3장에서는 생산성에 관한 다양한 측면을 다룬다. 새로운 개념인 '군

....
근(root)을, 용언 활용의 입력부로는 어간(stem)을 사용하는 경향이 있다. 이 책에서는 생성 형태론에서 흔히 그러하듯 단어 형성의 입력부로 어기를 사용한다.

집으로서의 생산성'이 제안될 것이고, 사례 연구를 통해 설명될 것이다. (다수의 주류 연구들과는 반대로) 단어 형성 규칙은 매우 생산적이고 완벽하게 규칙적임을 강조하고 설명한다. 더하여, 생산성 개념(언어 체계 층위)과 빈도 개념(발화 층위)과 관련한 새로운 개념인 '효율성(efficiency)'을 제안하며, 이에 관한 계산 공식을 소개하고 사례 연구를 통해 예시한다.

4장에서는 앞의 세 장에서 개발한 이론을 '괄호 매김의 역설, 복수의 표현론적 표지를 가진 명명 단위, 외심 합성어, 역형성'과 같은 몇 가지 이론적 문제에 적용한다. 이러한 방식의 적용은 독창적인 것이며, 여타의 이론들과 비교하여 본 이론이 가진 다양한 장점을 보여 준다.

결론에서는 단어 형성에 대한 일반적인 접근 방식에 비해 표현론적 방법이 가진 장점을 요약한다.

모든 이론적 고려 사항은 서술을 명료하게 하고 제안한 이론의 이해를 용이하게 하는 다양한 예를 통해 설명할 것이다.

단어 형성에 관한
표현론적 접근

1.1. 개관

이 장에서는 영어를 중심으로 단어 형성에 관한 표현론적 이론의 기본적 원리들을 기술한다. 이 이론은 체코어를 중심으로 한 Dokulil의 표현론적 이론(1962, 1966), 슬로바키아어를 중심으로 한 Horecký의 언어 기호에 대한 표현론적 이론(Horecký, 1983, 1989)을 기반으로 한다. 이 두 이론이 논의의 출발점이다. 이것들은 일관된 전체로 결합되어 영어 단어 형성의 특정 자질들에 적용된다. 한편 나의 접근 방식은 Marchand와 그 제자들(Kastovsky, Brekle, Stein, Hansen, Lipka)의 귀중한 아이디어를 상당 부분 반영한다. 물론 생성 형태론의 성과를 무시할 수는 없다. 그러나 이 책에서 논의되는 다양한 저자들의 이론적 입장은 대략 35년의 간극이 있는 다른 시기로부터 시작되었다는 점에 유의해야 한다. 물론 그들 중 일부는 시간이 지나면서 진보했다. 따라서 독자는 항상 논의된 각 출처의 출판 연도를 참조해야 한다.

도입에서 강조한 바와 같이, 나의 접근 방식은 단어 형성의 '동적' 측면(단어 형성 행위)에 초점을 맞추고 있지만,[1] 이 책의 기술에서 도달한 많은 결론들은 해석론적(semasiological) 관점과도 관련성이 있다. 언어학 내에서의 단어 형성의 위치에 관한 문제, 생산성에 관한 문제 등이 그 예이다.

표현론적 이론의 관점에서 단어 형성론의 목표는 다음 Fanselow에서 기술된 바와 같은 해석론적 관점의 목표와 달라야 한다. "단어 형성론의 주요 목표는 무제한의 새로운 복합어를 이해하는 인간의 능력을 설명하는 것이다."(Fanselow, 1988: 100-101)

나아가, 표현론적 단어 형성 이론은 '과잉 생성(overgeneration)' 기반 이론들과도 그 영역을 구분해야 한다. 예를 들어 Dressler(1977: 14)는 단어 형성 이론의 제1 과제는 해당 언어의 기존 단어 및 형태로소부터 동기화되는 모든 가능한 단어들의 유형을 열거하는 모델을 설명하는 것이라고 보는 관점을 고수했다.

나의 일차적 정의는 동적이다.

(1) 단어 형성 연구는 언어 공동체의 명명 욕구에 따라 새로운 명명 단위를 만들어 내는 과정을 연구한다.

이 정의는 2장에서 확장될 것이다.

1.2. 영어 단어 형성에 대한 표현론적 모델

이 절에서는 표현론적 이론의 기초가 되는 기본적인 이론적 원리들과 용어를 제시한다. 그 이론은 1.3.에 예시되어 있다. 따라서 그 예를 동시에 참고하여 이론적인 설명을 하는 것이 바람직하다, 특히 '표현론적 유형 1 - 완전 복합 구조'에 대한 1.3.의 첫 번째 예제를 참조하는 것이 좋다. 이 모델에는 다음과 같은 단계가 포함된다.

(2) 1. 언어 외적 현실(Extra-linguistic reality)

2. 개념 층위(Conceptual level)

3. 의미 층위(Semantic level)

4. 표현 층위(Onomasiological level)

5. 명명 층위(Onomatological level)

6. 음운 층위(Phonological level)

내 이론의 출발점은 언어 공동체와 그 언어적 요구, 즉 언어 외적 현실의 대상을 명명할 필요성이다. 이 단계는 모든 후속 단계를 미리 결정한다.

일차적으로 달성해야 할 과제는 명명될 대상(더 정확히는 '대상의 부류')을 (가장 광범위한 의미에서) 분석하는 것이다. 이것은 일반화 및 추상화 과정에 기반하여 논리적 술어를 통해 대상의 범위를 한정하고, 가장 일반적인 개념 범주[실체, 행동(행동 특성 및 과정, 상태), 특질, 제반 상황(장소, 시간, 태도 등)]를 사용하여 개체를 구분하는 논리적 스펙트럼의 형태로 개체의 복잡성을 반영하는 개념 층위의 작업이다.

언어학의 차원을 넘어서는 수준의 개별 논리적 술어는 언어 기호의 의미 구조를 구성하는 의미소(sema, 이 개념은 성분 분석 이론 내에서의 용법에 의해 착안된 것임)에 의해 포착된다.

표현 층위에서, 의미소(의미 단위) 중 하나가 대상이 속한 계급, 성별, 종(species) 등을 나타내는 표현론적 어기로 선택된다. 그리고 그들(의미 단위) 중 하나는 그 어기를 명세화하는 표현론적 표지로서 선택된다. 후자는 한정 요소(determining constituent, 명세화 요소와 명세된 요소를 구분하는 경우가 있다)와 피한정 요소(determined constituent)로 나뉜다. 어기와 표지는 둘 다 위에서 언급한 개념 범주 중 하나를 나타낸다. 이어서 그것들은 표현론적 어기와 표현론적 표지의 논리-의미 관계를 나타내 주는, 소위 **표현론적 관계성**(onomasiological connective)에 의해 연결된다. 어기, 표지, 그리고 표현론적 관계성은 명명 과정의 개념적 기초가 되는 **표현론적 구조**를 구성한다.

　　명명 층위에서 표현론적 구조는 형태-의미 할당 원리(FMAP)에 의해 언어 단위로 할당된다. 구체적으로, 표현론적 구조에서 각각의 구성 요소들(선택된 의미 단위들)은 어휘부에 저장된 명명 단위의 단어 형성 어기들, 혹은 접사들에 의해 언어로 표현된다. 형태-의미 할당 원리와 관련한 중요한 사실은, 언어 단위가 표현론적 구조의 세 가지 기본 구성원(의미 단위)에만 할당될 수 있다는 것이다. 모든 명명 단위가 표현론적 구조를 구성하는 의미적 요소들에 언어 단위들(단어 형성 어기 혹은 접사)을 할당하는 것에 기초한다는 사실은 '합성, 파생, 역형성, 혹은 혼성'과 같은 단어 형성 과정에 대한 전통적인 개념들을 폐기할 수 있게 한다. 다시 말해, 모든 명명 단위의 생성을 동일한 기저로 설명한다. 이러한 접근 방법의 장점은 나중에 설명하고 증명할 것이다.

　　이러한 관점에서, 명명 행위 시 어떠한 유형의 표현 구조가 적용될 것인가를 결정하는 것은 중요한 문제이다.

　　첫 번째 유형은 새로운 명명 단위(NU)[2]에 세 개의 요소(표현론적 어기, 표현론적 표지로서 피한정 요소와 한정 요소)가 모두 포함되는 구조이다. 이 유형은 전통적으로 '동사성 혹은 통사적 합성어'로 불리던 모든 명명 단위들[*language teacher*(언어 선생님), *truckdriver*(트럭 운전사), *housekeeping*(살림) 등]을 포함한다. 위에서 언급했던 세 개의 기본 표현론적 요소들이 모두 언어적으로 표현되기 때문에 이 표현론적 유형은 '완전 복합 구조(Complete Complex Structure, CCS, 표현론적 유형 I)'로 명명할 수 있다. 그리고 이러한 표현론적 유형에 따라 만들어진 명명 단위들은 완전 복합 구조 명명 단위(naming unit)라 칭할 수 있다.[3]

두 번째 유형은 표현론적 구조의 한정 요소가 언표화되지 않는 경우이다. 이 유형은 '불완전 복합 구조 R(Incomplete Complex Structure R, ICSR, 표현론적 유형 II)'로 명명할 수 있으며, 이렇게 만들어진 명명 단위들[*writer*(작가), *teacher*(선생님), *drive shaft*(구동축)]은 불완전 복합 구조 R 명명 단위로 명명할 수 있다. 이때 'R'은 오른쪽 구성 요소, 즉 표현론적 표지의 피한정 요소를 나타낸다.

세 번째 유형은 피한정(동적) 요소가 언어적으로 드러나지 않는 유형이다. 포함되는 것은 표현론적 어기와 표현론적 표지 중 한정 요소(Dokulil, 1962)이다. 나는 이 유형을 '불완전 복합 구조 L(Incomplete Complex Structure L, ICSL, 표현론적 유형 III)'로 칭하고, 이에 따라 만들어진 명명 단위들을 '불완전 복합 구조 L 명명 단위'로 칭할 것이다.[4] L은 왼쪽 구성 요소, 즉 표현론적 표지의 한정 요소를 표현하는 것이다. 이 유형은 거칠게는 전통적 개념인 '1차 합성어' 혹은 '어근 합성어'('primary' or 'root' compounds)에 상응한다. 그러나 몇몇 파생어의 유형 또한 이에 해당한다 [*policeman*(경찰), *boneybee*(꿀벌), *hatter*(모자 장수)]. 표현론적 유형 I, III의 주요 하위 유형은 명세화 요소와 명세된 요소로 구성된 표현론적 표지의 한정 요소를 갖는 유형이다(4장의 예를 보라).

네 번째 유형으로 단순 구조 명명 단위도 있는데, 이 경우 표현론적 표지를 한정과 피한정 부분으로 분석할 수 없다[*blackbird*(찌르레기), *restart*(다시 시작하다)]. 이 표현론적 유형은 '단순 구조 유형(Simple Structure type, SS, 표현론적 유형 IV)'으로, 이에 상응하는 명명 단위들은 '단순 구조 명명 단위'로 칭할 것이다. 명세화 요소와 명세된 요소를 포함하는 표현론적 유형 IV의 예는 3.4. (10)에서 제시된다.

다섯 번째 유형은 전통적으로 '전환' 혹은 '영 파생'으로 불리던 것들로(표현론적 유형 V), 소위 **표현론적 재범주화**(Onomasiological Recategorization)에 기반한다. 이 표현론적 유형은 본질적으로 (특히 표현론적 구조가 부재한다는 점에서) 다른 유형들과 다르기 때문에, 간략하게 그 기본적 원리들을 기술하기로 한다.[5]

영어에서 전환의 기본적 특징들은 다음과 같다.

(3) (a) 개념적 재분류

(b) 분석할 수 없는 표현론적 층위

(c) 품사 변화

(d) 전환 쌍 구성원 간의 의미론적 유사성

(e) 기본 형태의 음소적/철자법적 독자성

(f) 체계(랑그) 층위에서의 계열 관계, 통합 관계의 변화

(a) 전환에 대한 나의 접근에서, 첫 번째 중요한 점은 전환이 표현되어야 할 언어 외적 대상에 대한 지적 분석의 결과라는 사실이다. 이 분석에서, 대상은 앞서 언급된 네 개의 개념 범주들[**실체, 행동**(**행동 특성, 과정, 상태**로 하위분류됨.), **특질** 또는 **제반 상황**] 중 하나로 분류된다. 그런데, 언어 외적 현실의 개별적 국면들은 고립적으로 존재하지 않는다. 오히려 그것들은 다양한 관계에서 인식되고 언어화될 수 있다. 이들 언어 외적 현실에 대한 다양한 측면의 반영들은 이미 존재하는 논리 스펙트럼과 모든 관련 하위 단계들을 재평가함으로써 밀접한 관계를 맺을 수 있다. 그렇다면, 전환의 가장 두드러진 특징은 언제나 언어적으로 '언어 외적 현실의 개념적 재분류'를 표현한다는 점이다. 따라서 예를 들어, *databank*(데이터뱅크)는 **실체**를 나타낸다. 그러나 개념적으로 재범주화되면 **행동**이 된다.

experiment(실험)는 **과정**을 표현하는데, 재범주화되면 **행동**을 나타낸다. 또 *limit*(한계)는 **상황**이지만 재범주화된 후에는 **행동**으로서의 자질을 얻는다. *feature*(특색)는 **특질**이지만 재범주화되면 **행동**이 된다. *insert*(끼우다)는 **행동**이지만, 재범주화되면 **실체**가 된다.

이러한 변화의 메커니즘은 무엇일까? 개별 논리적 술어는 추상화 및 일반화의 수준이 다르므로 논리적 술어의 계층 구조를 구성한다. 그러한 계층 구조는 새롭고 지배적인 논리적 술어가 추가되거나 이전의 지배저인 논리적 술어가 제거되면 변경되고, 명명될 언어 외적 현실의 개념 범주를 결정하는 새로운 논리적 술어에 의해 지배된다. 언어 외적 현실에 대한 개념적 재평가는 언어 과정에 우선한다. 개념적 재범주화는 우리에게 전환을 영 파생으로 볼 수 없다는 증거를 제공한다. 개념적 재범주화는 전환에 필수적인 것인데, 이는 단지 접미 파생에서만 가능하다.

요점을 설명하자. 명명 단위 *milk*(우유)는 개념적으로 **실체** 범주에 속한다. 그것은 논리적 술어의 일반적인 계층 구조(가장 일반적인 것에서 가장 구체적인 것까지 포함, 다음의 (4) 확인)를 가지고 있다. 논리 스펙트럼 내의 계층 구조가 변경되면 **실체**에서 **행동**으로의 재범주화가 일어난다.

따라서 *milk*(우유)의 변환된 의미 중 하나(암컷 포유류 동물로부터 우유를 얻음)에서 논리적 술어의 계층 구조 내 중심 위치는 언어 외적 대상의 행동적 측면에 초점을 맞춘 술어에 의해 실현된다. 이는 다음과 같이 설명할 수 있다.

(4) 원래의 논리적 스펙트럼　　　　　　　새로운 논리적 스펙트럼

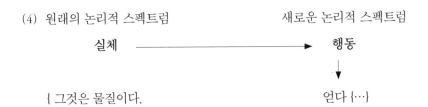

그것은 무생물이다.

그것은 액체이다.

그것은 암컷 동물로부터 나온다.

그것은 식품의 일종이다.

… }

그런 다음, 논리적 스펙트럼 내에서 변경된 계층 구조는 전환된 명명 단위의 의미 구조 내 의미소의 계층에 반영된다.*

(b) Horecký(1983, 1989)와 Dokulil(1962)은 모두 표현론적 어기와 표현론적 표지를 포함하는 표현론적 구조에 대해 말한다. 이것은 사실 Marchand의 단어 형성의 '통합적(syntagmatic)' 성향과 완전히 동일 선상에 있다.

이러한 접근의 이유는 다른데, 각각 슬로바키아어와 체코어의 단어 형성 과정의 특성을 반영한다. 그러나 Marchand와 Kastovsky의 영 파생적 접근을 거부하고,[6] 영어에서의 전환이 통사적 성질의 것이 아니라는 주장을 고집하는 데에는 여러 이유가 있다. 따라서 표현론적 어기와 표현론적 표지를 구분하는 것은 불가능하다. 오히려 나는 구조화되지 않은 표현론적 층위를 개념 층위에서 그것의 표현론적 범주를 사상하는 것으로 이야기하고자 한다. 그렇게 되면, 논리-의미론적 관계의 표현으로서의 표현론적 결합은 어기와 표지를 관련시키지 않는다. 대신, 동기 부여하는 개

....

* '행위적 측면'에 초점을 두는 관념적 과정까지가 초언어적인 차원(의의소, norm)의 영역이라면, 그것을 '무엇을 얻다'와 같은 의미 구조로 실현하는 단계가 '의미소(sema)'와 연결된다고 볼 수 있다.

념과 동기 부여된 개념, 그리고 이어서 표현론적 범주들을 연관시킨다. 다음은 몇 가지 예시로서, 동시에, 표현론적 재범주화 유형(onomasiological Recategorization type) 내의 개별 단어 형성 유형의 분류 방식을 설명하고 있다.

(5)

bond(끈)_{명사} – bond(결합시키다)_{동사} : **실체** ——— 결과 ——— **행동**
(접착으로서의 의미)
해석: 행동의 결과로서의 실체

switch(스위치)_{명사} – switch(전환하다)_{동사} : **실체** ——— 도구/목적 ——— **행동**
(전기 회로를 완성하거나 차단하기 위한 장치로서의 의미)
해석: 행동의 도구로서의 실체

time(시간)_{명사} – time(시간을 맞추다)_{동사} : **상황** ——— 시간 ——— **행동**
해석: 시간적 차원에서의 행동

magazine(잡지)_{명사} – magazine(잡지를 만들다)_{동사} : **실체** ——— 대상/방향 ——— **행동**
(이 동사는 잡지에 내용을 배치하는 것을 의미하는 전문 용어이다.)
해석: 행동의 대상과 방향을 특정하는 실체

drift(이동)_{명사} – drift(표류하다)_{동사} : **상태** ——— 결과 ——— **행동**
해석: 상태를 야기하는 행동

insert(삽입하다)_{동사} – insert(부속품)_{명사} : **행동** ——— 대상 ——— **실체**
해석: 행동 대상으로서의 실체

transport(수송하다)_{동사} – transport(수송)_{명사} : **행동** ——— 추상화 ——— **과정**

해석: 행동의 추상화

curve(곡선으로 나아가다)_{동사} - *curve*(곡선)_{명사} : **행동** ——결과/방향—— **상황**

해석: 행동 결과로서의 방향적 속성에 대한 상황

terminal(말단의)_{형용사} - *terminal*(터미널)_{명사} : **상황** ——본질/내재물—— **실체**

해석: 실체에 내재된 상황의 본질

clear(맑은)_{형용사} - *clear*(맑게 하다)_{동사} : **특질** ——결과—— **행동**

해석: 특정한 특질을 초래하는 행동

correct(바로잡다)_{동사} - *correct*(정확한)_{형용사} : **행동** ——결과—— **특질**

해석: 특정한 특질을 초래하는 행동

영 파생 이론의 이분지 구조 원리에서 반드시 제2 구성 요소에 의해 표현되는 요소는, 나의 접근법에 의하면 먼저 논리적 스펙트럼에 통합된 후 이에 상응하여 표현론적 모델의 하위 수준에 반영된다.

(c) 동기를 부여하는 상대(motivating counterpart)와 전환된 명명 단위의 품사가 다르다는 것은 영어 전환의 또 다른 두드러진 특징이다. 이는 또한 영 파생 이론에 반대하는 또 하나의 매우 강한 논거를 제시한다. 접미사는 품사를 변환시키는 것과 변환시키지 않는 것으로 나뉘지만, (상당한 의미 차이와는 별개로) 전환을 거친 모든 신조어들은 품사가 변한다.

(d) 대응되는 단어를 갖는 전환된 명명 단위의 음소/철자적 정체성은 기존 명명 단위의 형태소(들)을 사용하는 명명 층위에서의 조작으로부터 발생한다. 그러나 전환된 명명 단위의 최종 형태는 특정 편차가 발생할 수

있는 음운 층위에서 최종적으로 확정된다[동기 부여된 명명 단위의 음운 형태가 강세 혹은 모음 측면{강모음(full vowel): 약화된 모음(reduced vowel)}에서 대응되는 명명 단위와 다른 경우].

(e) 분명히, 앞선 변화들은 새로운 단어의 계열적, 통합적 행동에 반영되어야 한다. 그러므로 예를 들면 '글자, 숫자나 그래픽 정보를 나타내는 장치'를 의미하는 명사 *display*가 '디스플레이상에 보여 주다'를 의미하는 동사 display로 변화하는 전환은 새로운 단어에 대하여 부호 외적 계열 관계(동의어, 동음이의어, 하의어 등의 관계), 내적 계열 관계[*of the display*, *to the display*, *display*(복수) 대 *I display*, *you display*, *he displays*, …… *displayed*, *displaying*, ……]의 변화를 유발할 뿐만 아니라, 서로 다른 결합 관계를 만들어 낸다. 이뿐만 아니라 (문장 내 서로 다른 통사 기능에서 유래된) 새로운 결합 관계를 가지게 한다. 이는 *display*가 명사에서 형용사로 변화되는 전환에도 동일하게 적용된다.

전환에 대한 이러한 접근 방식은 표현론적 이론의 적용에서 비롯되기 때문에, 이러한 표현론적 유형은 이 책에서 표현론적 재범주화로 분류된다.

마지막 단계, 즉, 명명 단위의 음운론적 형성은 2장을 참고하기 바란다.

1.3. 사례

이제, 처음 네 가지 표론론적 유형에 대한 예를 들어 보기로 한다. 다섯 번째 유형은 위에서 이미 설명했다.

표현론적 유형 I - 완전 복합 구조

상품 운송을 위해 설계된 차량을 운전하는 사람을 나타내는 명명 단위를 만들어야 하는 상황을 가정해 보자.

– 개념 층위:

(6) 이것은 **실체**₁이다.

　　실체₁은 사람이다.

　　이 사람은 **행동**을 수행한다.

　　이 **행동**은 사람의 직업이다.

　　이 **행동**은 **실체**₂와 관련이 있다.

　　실체₂는 운송 수단 종류이다.

　　이 운송 수단은 다양한 물건들을 운송하기 위해 고안되었다.

　　등.

– 의미 층위:

(7) [+물질], [+생물], [+사람], [+성인], [+직업];

　　[+물질], [-생물], [+이동 수단], [+운송] 등.

– 표현 층위:

명명 과정에서, 우리는 **실체**₁과 **실체**₂가 표현론적 구조의 양단(兩端, 표현론적 어기 및 표현론적 표지의 가장 왼쪽 구성 성분)을 구성하는 것으로 결정한다.

(8) 실체 – 실체

이에 더하여 우리는 표현론적 유형으로 '완전 복합 구조 유형(표현론적 유형 I)'을 선택한다. 표현론적 연결 구조는 다음과 같이 나타낼 수 있다.

(9) (논리적) 대상 – 행동 – 행동주

여기서 행동주는 **실체**$_1$(표현론적 어기)을, 행동은 **행동**(표현론적 표지의 피한정 요소)을, 대상은 **실체**$_2$(표현론적 표지의 한정 요소)를 나타낸다.

– 명명 층위:

형태–의미 할당 원리에 따라, 표현론적 구조는 어휘부에 존재하는 사용 가능한 자원들에 기반하여 언어적 표현으로 할당된다(그것은 어휘부에 포함된 양면적 단위들인데, 명명 단위의 형태로 있으면서, 단어 형성의 어기 혹은 접사로서 새로운 명명 단위 형성에 참여한다). 여기에는 몇 가지 가능성(가능한 선택지)이 있다. 따라서 행동주는 '*man, -er, -ist, -ant*' 등으로, 행동은 명명 단위들의 어기인 '*drive*(운전하다), *steer*(조종하다), *operate*(작동하다)' 등으로, (논리적) 대상은 *truck*(트럭) 혹은 *lorry*(화물차)로 표현될 수 있다. 일반적으로, 사용 가능한 선택항 중에서 특정한 것을 선택하는 행위는 새로운 명명 단위를 연결하는 생산적인 과정의 '창조적 측면'을 드러낸다. 우리의 특정 사례에서 선택된 형태는 다음과 같다.

(10) 대상   -행동   - 행동주
     truck   drive   er
     (트럭)   (운전하다) (~하는 사람)

– 음운 층위:

여기에서 새로운 명명 단위에 강세가 할당되고 관련 음운 규칙이 적용된다.

표현론적 유형 II - 불완전 복합 구조 R

다른 구성 요소를 고정하는 데 사용되는 기계적 구성 요소를 나타내는 명명 단위를 만든다고 가정해 보자.

- 개념 층위:
(11) 이것은 **실체**이다.
　　　이 **실체**는 무생물이다.
　　　무생물인 **실체**는 물질이다.
　　　실체는 어떠한 **행동**을 위해 고안되었다.
　　　이 **행동**의 특징은 다른 구성 요소를 제자리에 고정하는 것이다.
　　　등.

- 의미 층위:
(12) [+**물질**], [+**무생물**], [+**기계적 요소**], [+**고정**] 등.

- 표현 층위:
명명의 과정에서, 우리는 실체와 행동이 표현론적 구조의 양단을 구성하도록 한다.

(13) **행동 - 실체**

더하여, 우리는 두 번째 표현론적 유형인 '불완전 복합 구조 R' 유형을 선택한다. 표현론적 연결 구조는 다음과 같이 표시된다.

(14) 행동 - 도구

– 명명 층위:
(15) **형태-의미 할당 원리**: 행동　　-　　도구

　　　　　　　　　　　　　　lock　　-　　pin

　　　　　　　　　　　　　　(고정하다)　　(핀)

표현론적 유형 III – 불완전 복합 구조 L

모자를 만드는 사람을 지칭하는 명명 단위를 만들고 싶다고 가정해 보자.

– 개념 층위:
(16) 이것은 **실체**$_1$이다.

　　　실체$_1$은 사람이다. 이 사람은 **행동**을 수행한다.

　　　행동은 이 사람의 직업이다.

　　　행동은 **실체**$_2$를 생산하는 것이다.

　　　실체$_2$는 머리 덮개의 일종이다.

　　　등.

– 의미 층위:
(17) [+물질], [+생물], [+인간], [+성인], [+직업];

[+물질], [-생물], [+머리에 덮는] 등.

– 표현 층위:

명명 과정에서 우리는 **실체**₁과 **실체**₂가 표현론적 구조의 양단을 구성하도록 한다.

(18) **실체 – 실체**

더하여, 우리는 불완전 복합 구조 L 유형(표현론적 유형 Ⅲ)을 선택한다. 그 표현론적 연결 구조는 다음과 같이 나타낼 수 있다.

(19) 결과 – (행동) – 행동주

행동주는 **실체**₁(표현론적 어기), 행동은 형식적으로 표현되지 않은 **행동**(표현론적 표지의 피한정 요소), 결과는 **실체**₂(표현론적 표지의 한정 요소)를 나타낸다.

– 명명 층위:
(20) **형태-의미 할당 원리**: 결과 – (행동) – 행동주
　　　　　　　　　　　hat　　　　　er
　　　　　　　　　　(모자)　　　(~하는 사람)

표현론적 유형 Ⅳ – 단순 구조

(원래는) 분필로 쓰기 위해 고안된 교구(敎具)를 나타내는 명명 단위

를 만들고 싶다고 가정해 보자.

– 개념 층위:

(21) 이것은 **실체**이다.

　　　실체는 무생물이다.

　　　생물이 아닌 이 **실체**는 물질이다. 이 물질은 나무로 만들어졌다.

　　　이것은 '검정색, 사각 모양' 등의 **특질**을 가지고 있다.

　　　이 **실체**는 **행동**을 위해 설계되었다.

　　　이 **행동**은 교육에 관련된 것이다.

　　　행동은 이 **실체**에 쓰는 것이다.

　　　등.

– 의미 층위:

(22) [+**물질**] [+**무생물**] [+**나무**] [+**검정색**] [+**교육**] [+**씀**] 등.

– 표현 층위:

명명 과정에서 우리는 실체와 특질이 구조의 양단을 구성하도록 한다.

(23) **특질 – 실체**

무수한 선택항 중 우리는 단순 구조 유형(표현론적 유형 IV)을 선택한
다. 그 표현론적 연결 구조는 다음과 같이 나타낼 수 있다.

(24) 특질 – 피동주

'피동주'는 **실체**(표현론적 어기)를, '특질'은 **특질**(표현론적 표지)을 나타낸다.

− 명명 층위:

(25) **형태-의미 할당 원리**: 특질 − 피동주

　　　　　　　black　　board

　　　　　　　(검정)　　(판)

단어 형성 부문의 위치

2.1. 개관

다른 언어학적 부문과 관련하여 단어 형성 부문의 위치 문제는 다음 네 가지 관계의 측면에서 다루어질 수 있다.

(i) 일부 저자들에 의해 파생 형태론과 굴절 형태론의 관계로 축소된 단어 형성론과 굴절 형태론 간의 관계.

(ii) 합성의 본질, 소위 '통사 기반' 형성 등과 같은 주요 문제를 포함하는 단어 형성론과 통사론의 관계.

(iii) 단어 형성론과 음운론의 관계. 무엇보다, 신조어들에 대한 서로 다른 음운 규칙의 적용.

(iv) 단어 형성과 어휘부의 관계: 후자는 종종 불규칙적이고 특이한 것들의 단순 저장소로 취급됨.

단어 형성론의 범위는 이러한 모든 문제의 처리에 대한 전제 조건이

되고, 또 이 처리와 밀접하게 연관되어 있다. 따라서 위의 목록에 또 다른 의미를 추가한다.

이러한 관계들은 1960년대 이후 저명한 언어학자들로부터 많은 관심을 받아 왔으며, 다양한 방식으로 다루어졌다. 이러한 접근 방식의 다양성은 그 대답이 각 저자가 주장하는 일반적인 단어 형성 이론에 크게 의존한다는 것을 의미한다. 따라서 이 장의 첫 번째 절에서는 위에서 언급한 네 가지 관계에 대한 여러 가지 견해를 검토하고 그에 대한 논평을 제공할 것이다. 두 번째 절에서, 나는 이 문제에 대한 나의 접근법을 제시할 것이다. 이는 필연적으로 1장에서 요약한 표현론적 모델과 연관된다.

내 접근 방식의 기본 원칙은 다음과 같다.

(i) 단어 형성론은 독립적이고 온전한 언어학적 부문이다.[1]
(ii) 단어 형성과 굴절은 두 가지 별개의 부문이다.
(iii) 단어 형성 부문과 통사 부문의 관계는 단지 매개되는 것으로, 간접적이다.
(iv) 단어 형성 부문은 통사적 수준에서 작동하는 음운 규칙과는 다른 특정한 음운론적 규칙을 포함한다.[2]
(v) 단어 형성 부문은 어휘부와 직접 연결된다. 어휘부는 특이체들의 단순 저장소로 간주되지 않는다. 반대로, 적절하게 규정되고, 분류되고, 상호 관련되고, 계열적으로 조직된 모든 명명 단위를 포함한다.

2.2. 단어 형성론의 범위

이 질문에 대한 답은 다른 많은 이론적 문제에 결정적인 영향을 미치기 때문에 포괄적인 단어 형성 이론에 반드시 필요한 것이다. 단어 형성론의 범위에 대한 나의 일차적 정의는 다음과 같다.

(1) 단어 형성론은 생산적이고 규칙적이며 예측 가능한, 표현론적 단어 형성 유형들을 다룬다.

위에서 언급한 특성을 준수하지 않는 단어 형성 과정은 단어 형성론의 범위에 포함되지 않는다. Marchand(1960)와는 달리 나는 새로운 명명 단위가 단어 형성 통합체(word-formation syntagmas)*여야 한다고 생각하지는 않는다. 1장에서, 내가 '표현론적 재범주화'라고 이름 붙인 과정은 단어 형성 통합체로 볼 수 없다는 것을 보인 바 있다. 그러나 이것은 통합체의 기준이 되는 한정 요소-피한정 요소 구조가 아니라는 것을 함의한다. 오히려, 이것은 동기를 부여하는 단위와 동기가 부여되는 단위의 관계, 즉 동기 부여의 관계이다. 단어 형성 동기화의 원리는 새로운 명명 단위가 후자(새로이 명명된 단위)의 단어 형성 어기를 통해 어휘부에 저장된 하나 이상의 명명 단위와 관련됨을 의미한다.

....

* 'syntagmas'는 통합체(統合體)로 번역하기로 한다. 이응백·김원경·김선풍(1998)에 제시된 syntagmas의 개념 정의를 참고로 제시한다. "두 개 이상의 형태소는 동시에 발화될 수 없으므로 반드시 계기(繼起)적인 연속체를 취하게 된다. 종래에 국어 문법에서 어절이라고 정의하던 개념과 유사하나, 신태그마는 체언과 조사의 결합이나 용언의 어간 어미의 결합 같은 문장의 구성 부분만을 의미하는 것이 아니라, 광의로는 음운의 연속체나 문장의 층위에서의 연속체를 가리키기도 한다."(이응백·김원경·김선풍(1998), 『국어국문학 자료 사전』, 한국사전연구사.)

더욱이 절단(clipping) 과정은 새로운 명명 단위, 즉 새로운 기호를 생성하지 않기 때문에 내가 보기에 단어 형성 과정으로 간주될 수 없다. 절단으로 바뀌는 것은 형태이며, 그 의미는 그대로 남아 있는 것이다. 이로부터 단어 형성의 영역에 포함되는 단위는 '의미와 형태 양 측면에서' 동기 부여 단위와 달라야 함을 알 수 있다. 표현론적 유형 V의 존재는 표면의 음운론적 형태가 (단어 형성에서) 결정적인 것이 아님을 보여 준다.

논리적으로, 또 다른 조건은 명명 단위의 기호적 특성, 즉, 형태와 의미를 포함하는 양면적 특성과 관련이 있다.

여기서 우리는 자주 언급되는 사안인 소위 크랜베리류 형태들, 혹은 '단발어(hapax-legomena)'의 지위, '*perceive*(감지하다), *deceive*(속이다), *receive*(받다), *pertain*(존재하다), *retain*(유지하다)' 등의 단어와 밀접하게 관련되는 문제에 도달한다.

문제의 요지는 형태소의 개념과 다양한 단어 형성 이론 내에서 할당되는 그 형태소의 역할로 구성된다. 우선 논의된 문제에 대한 우리 견해의 밑그림을 제시한 다음, 1장에 서술된 이론에 따른 나의 접근법을 설명하겠다.

먼저, '*perceive*(감지하다), *deceive*(속이다)' 등의 명명 단위는 어떤 형태소들과 유추하더라도 특정 구성 요소로 분석할 수 없는 특성을 가졌음을 강조한 Marchand의 견해로 시작하는 것이 좋을 것이다.

우리가 *con-tain*(~이 들어 있다), *de-tain*(구금하다), *re-tain*(유지하다); *con-ceive*(품다), *de-ceive*(속이다), *re-ceive*(받다) 같은 형식적인 관련어들을 정렬할 수 있다는 사실은 형식적으로 동일한 형태에 대한 어떤 형태소적 특성을 제공하지 않는다. 왜냐하면 그것들은 공통의 의미에 의해 결합되지 않기 때문이다. 앞의 말들은 기호소에 불과하다. '*conceive*(품다), *receive*(받다), *deceive*(속이다)'는 수많은 병렬적 통합체들에 의해 증명되는 '*co-author*(공저자), *re-do*(다시 하다), *de-frost*(해동하다)'와 같은 통합 구성들과 비교할 수 없다…(Marchand, 1960: 6)

이 주장은 더 많은 지점들로 확증될 수 있다. 예를 들어 영어의 롱맨(Longman) 사전은 접두사 *re*-에 대해 다음과 같이 의미를 부여한다.

(i) 다시, 새로운 [*reprint*(재인쇄)]
(b1) 새롭거나, 변경되거나, 개선된 방식으로 [*rewrite*(다시 쓰다)]
(b2) 반복되거나, 새롭거나, 개선된 버전의 [*remake*(리메이크)]
(ii) 뒤, 뒤로 [*recall*(기억해 내다)]

retain(구금하다), *receive*(받다) 등은 위에 인용된 의미를 포함하지 않는다. 접두사 *re*-는 시간의 불연속성을 함축하는 간헐적 반복의 의미를 단어에 추가하지만, *receive*(받다)나 *retain*(구금하다)에는 그러한 시간 불연속의 의미가 포함되지 않는다.

접두사 *re*-에 대한 위의 의미는 이미 존재하는 단어 또는 그 의미에 속해 있는 반면, *receive*(받다)나 *retain*(구금하다)의 경우(그것이 접두사임을 인정한다면) 어기가 아닌 또 다른 잔존 형식에 '추가된' 것이다. 두 번째 요소는 어떤 명명 단위와도 상관관계가 없고 따라서 어떤 개념적인 의미를 지니지 않기 때문에, 그것은 단어 형성의 어기가 될 수 없다. 따라서 접두사-어간 조합이라고 주장되는 이것들은 단어 형성으로서의 가치가 없는 그저 소리 덩어리의 조합일 뿐이다.

Halle(1973)는 형태소 기반 단어 형성 이론의 대표자로 특징지을 수 있는데, 이는 그의 단어 형성 규칙의 일부가 '접사들'과 '의존 어간

(bound stems)'을 결합하여 새로운 단어를 만들어 내도록 설계되었음을 의미한다. 따라서 단어 형성 규칙 [어간 + -ant]형용사는 'vac+ant(비어 있는), pregn+ant(임신한)' 등의 단어를 생성한다. 또, 단어 형성 규칙 [어간 +-ity]명사는 'pauc-ity(소량), prob-ity(정직성)' 등을 산출한다. 이는 Halle의 단어 형성 규칙이 단어와 '의존 어간' 둘 다와 결합할 수 있다는 전제에 따른 것이다.

그러나 위에 제시된 예들은 Halle의 '형태소-기반' 단어 형성 이론의 이러한 측면이 표현론적 이론에 의해 적절히 수용될 수 없음을 보여 준다. pauc-, vac- 또는 prob-와 같은 '의존 어간'은 '형태와 의미'의 두 가지 측면을 갖는 양면적 단위로서 형태소를 정의하는 전통적인 기호 기반(sign-based) 형태소 정의에 부합하지 않는다. 명백하게, 예시한 '의존 어간'은 형태를 갖는다. 그러나 새로운 명명 단위의 의미를 구성하는 데 참여할 수 있는 의미는 없다. 그러므로 단어 형성의 관점에서, 'paucity(소량), probity(정직성), vacant(비어 있는)' 등의 단어는 기호소로 간주되어야 한다.

확실히, 접미사류의 요소는 그러한 단어의 분석을 통해 분리될 수 있다. 그러나 분할 후에 남는 것은 의미를 가지지 않은 단순 '형태'일 뿐이다. 이는 음소와 닮았다. 음소들 역시 의미 없는 형태일 뿐이다. 따라서, 'pauc-, vac- 또는 prob-'의 기능은 의미 변별 기능으로 축소될 수 있으며, 이는 의미 형성 기능(meaning-forming function)과 혼동되어서는 안 된다. 의미 형성 기능은 양면적 단위, 즉 형태소와 밀접하게 관련된다.

이 논증(Aronoff, 1976과 일치)은 위에서 설명한 표현론적 이론에 근거한 것이다. 이 이론은 명명 층위에서 작동하는 형태-의미 할당 원리의 요구 사항을 준수하기 위해 어휘부에 양면적 단위들이 존재함을 전제로 한다. 이 원칙이 주어지면 의미가 없는 형태는 명명 층위에서 논리 의미론적 구조(표현론적 연결 구조)에 할당될 수 없다.

같은 이유로, 're-fer(조회하다), tortu-ous(길고 복잡한), flacc-id(축 늘어진), in-ept(솜씨 없는)' 등 Siegel(1979)의 1부류 접사 첨가 사례 또한 부정되어야 한다.

대체로, 위에서 언급한 경우들에 대하여 제안된 처리 방식은 접사 기반 단어 형성 체계의 전체적인 단순화로 이어진다.

이 관점에서 볼 때, 『생성 문법에서의 단어 형성(Word-Formation in Generative Grammar)』(1976)에서 요약된 Aronoff 이론의 가장 두드러진 특징은, 단어 형성 규칙들이 형태소가 아닌 단어들에 적용된다는 가정이다. 이런 개념은 일반적으로 '단어 기반 형태론'으로 알려져 있다. 이 책은 하나의 장을 할애하여 크랜베리류의 형태들을 주목하여 다룬다. 또한 Aronoff는 의존 어간들과 접두사들이 강세를 받는 'refer(조회하다), prefer(선호하다), transfer(옮기다); remit(면제하다), commit(저지르다), transmit(전송하다); resume(재개하다), presume(추정하다), assume(상정하다); receive(받다), deceive(속이다), conceive(품다); reduce(줄이다), deduce(추론하다), conduce(이끌다), transduce(변환하다)' 등의 라틴 단어들을 분석한다. 그는 "접두어도 어간도 일정한 의미가 없다는 것을 증명할 수 있다. 또한 각 어간은 다른 동사에서 발견되지만, 같은 의미로는 결코 쓰이지 않는다. 오히려 그 의미는 개별 동사에 의해 결정된다."(Aronoff, 1976: 12)라고 강조한다. 따라서 기호가 양면적 단위로 정의된다고 가정하면, 위 단어들의 접두사나 어간들은 기호가 아니라는 것이다.

흥미롭게도, Aronoff는 다음 단어 그룹에서 이형태 변화의 규칙성을 지적함으로써 위에서 언급한 의존 어간의 형태소적 지위에 대한 음운론적 증거를 제시한다. permit(허용하다) - permission(허용) - permissive(관대한); remit(면제하다) - remission(면제) - remissory(면제의) 등([t-š-s]와 같은 음운 변화). 그가 생각하기에, 모든 이형태적 과정(분포에 따른 변화)의 규칙성은 형태소 수준에서만 발생할 수 있다. 이에 Aronoff는 *mit*이 의미는 없지만, 형태소라는 결론을 도출하게 되며(Aronoff, 1976: 14), 이로써 '최소의 의미 있는 언어 요소'라는 형태소의 정의는 유지될 수 없게 된다. 이것은 그로 하여금 "형태소는 해당 연쇄 이외의 언어적 실재와 연결될 수 있는 음성 연쇄이다. 중요한 것은 그것의 의미가 아니라 그것의 임의성이다."(Aronoff, 1976: 15)라고 말하면서 형태소에 대한 전통적 정의를 수정하게 했다.

위의 고려 사항에 대한 결론은 명백하다. Halle와 Siegel의 모델에서 의존 어간에 접사를 결합시키는 규칙은 Aronoff의 접근 방식에는 적용되지 않는다.

단어 기반 형태론의 원칙들은 Scalise(1984: 40)에 요약되어 있다. 단어 형성 규칙의 기반은 단어들이다. 그리고 이들 단어들은 반드시 실재어여야 한다. 또한 단일 단어들만이 단어 형성 규칙의 기반으로 기능할 수 있다. 그 이상(구문)이어서도 안 되고 그 이하(의존 형태)여서도 안 된다. 단어 형성 규칙의 입력형과 출력형 모두 주요 어휘 범주(major lexical category)의 구성원이어야 한다.

그럼에도 불구하고, 우리가 보았듯이, 단어 형성 규칙에 의해 생산적으로 형성되지는 않지만 명료한 구조를 갖는 영어 단어가 많이 있는 것은 사실이다[*possible*(가능한), *probable*(개연성 있는), *butcher*(도살업자) 등]. Aronoff는, 그래서 그의 단어 형성 규칙이 이러한 단어를 구성 요소로 분석하기 위해 '거꾸로' 작동할 수 있다고 주장한다(예: [poss+ible]형용사). 이 경우 단어 형성 규칙은 새로운 단어를 형성하는 것이 아니라 기존에 존재하는 단어들을 분석하는 데 활용된다. Aronoff에게 있어서 가장 중요한 것은 의미가 아니라 형태이다.

Aronoff의 관점은 다음에서처럼 *cranberry*(크랜베리)의 *cran*과 같은 형태소들이 많기 때문에 형태소를 재정의해야 한다고 주장하는 Spencer(1991)에 의해 지지된다.

> (형태소는) 의미가 아닌 단어의 구성 요소와 단어 형태의 관계에 의해 정의되어야 한다(통사론자들이 의미에 호소하지 않고 문장의 형식성에 대해 논의하는 방식과 유사하다.).(Spencer, 1991: 40)

명백하게, 의사 형태소(pseudo-morphemes)의 모든 문제는 형태소와 형태소-부호(morpheme-sign)의 관계를 정의하는 것이다. 내 생각에 형태소 정의 경계에 대한 Aronoff와 Spencer의 접근은 의미론적 문제를 피하려는 시도인데, 이는 현재 생성 형태론(생성적 단어 형성론) 맥락 내에서 미국 기술주의의 전통에 따른 것이다. 즉, 이들은 그들의 접근 방식에 의미를 통합하는 대신, 그것의 존재 이유를 포함한 중요한 언어 용어 중 하나를 버리고, 아주 막연하게 구상된 무의미한 '무언가'[3]로 대체한다.

게다가 어떤 형태소는 의미를 담고 있는 반면 어떤 형태소는 의미를 지니고 있지 않다는 가정은 거의 받아들일 수 없다. 형태소가 언어 층위를 이루는 기본 단위의 하나라면, 주어진 수준의 모든 요소를 기준으로 모호하지 않아야 한다. 의미는 언어 형식의 중요한 속성이므로 각 언어 수준의 기본 단위에서의 존재 여부는 일반적으로 유효해야 한다. 이러한 관점에서 나는 형태소의 전통적인 정의를 양면적 단위로 고수하면서 의미 없는 단위에는 다른 언어적 지위를 부여할 필요가 있다고 생각한다.

많은 저자들이 이 사안을 분석할 때 중요한 점을 무시한다는 점에 유의해야 한다. 그들은 형태소 분석과 단어 형성적 분석을 구분하지 않는다. 유추에 기반하여 '-berry[cranberry(크랜베리)], -day[Monday(월요일)], -ing[-ceiling(천장)], -et[pocket(주머니)]' 등을 분석해 낼 수 있다. 그러나 남아 있는 것은 '형태소'라고 할 수 없다. 왜냐하면 그러한 잔존 요소는 '언어의 가장 작은 의미 단위'라는 형태소의 기본 특성을 충족시키지 못하기 때문이다. 따라서 이 요소를 특이 잔존 요소(unique residual element, URE)라고 부르는 것이 더 적절하다.

이와 관련하여 이런 종류의 요소들을 '의미적 흔적(semantic tallies)'이라 부른 Cruse(1986) 또한 어휘적 의미가 없음을 지적한다.

> '*cranberry*(크랜베리)와 *bilberry*(월귤나무)'의 '*cran-*'과 '*bil-*' 같은 요소들은 일반적인 의미에서 아무런 의미도 지니고 있지 않지 않으며, 단지 구별해 줄 뿐이다. 이들은 숫자 혹은 문자로 된 표식과 같다. '/berry/유형 A/유형 B/유형 C…' 이러한 요소들은 '의미적 흔적'이라 불린다.(1986: 33)

따라서 관계가 아닌 요소에 중점을 두는 형태소 분석 수준에서는 위에서 언급한 명명 단위에 대하여 다음과 같은 구조의 유형이 도출된다.

(i) 특이 잔존 요소 + 접미사 유추에 의해 분석된 형태소
  [*pocket*(주머니), *ceiling*(천장), *auxiliary*(보조의), …]
(ii) 특이 잔존 요소 + 어근 단어 유추에 의해 분석된 형태소
  [*Monday*(월요일), *cranberry*(크랜베리), …]

Jackendoff(1975)에서도 비슷한 문제가 논의되었다. 그의 완전 등재 이론(full-entry theory)에 대한 선호는 한 구성 요소가 실재어와 일치하지 않는 영어 단어 그룹[*aggression*(공격성), *retribution*(응징), *fission*(핵분열)]에 대한 처리로 뒷받침된다. 그는 잠재어(potential word)[가상의(hypothetical)

단어] 개념도 거부한다. 그러므로 그는 예를 들어, 잉여 규칙(redundancy rules) (2)를 언급함으로써 잠재어 *retribute*(보복하다)와 *retribution*(보복)을 관련짓는 불완전 등재 이론(impoverished entry theory)도 거부한다 (Jackendoff, 1975: 642).

어휘부에 *retribute*(보복하다)가 존재하지 않는 것은 [- 어휘적 삽입 (-Lexical Insertion)]으로 표시된다(Halle의 여과 장치와 유사함). Jackendoff는 이 제안에 효의적이지 않다 "단어인 것을 제외하고 단어의 모든 속성을 가진 항목이 존재하는 것이 다소 의심스럽기 때문이다."(Jackendoff, 1975: 646)

$$(2) \begin{bmatrix} x \\ /y + ion/ \\ +\text{명사} \\ +[\text{명사구}_1\text{'s} - (\text{전치사})\ \text{명사구}_2] \\ \text{행동의 추상적 결과} \\ _{OF}\ \text{명사구}_1\text{'s}\ Z_{-ING}\ \text{명사구}_2 \end{bmatrix} \longleftrightarrow \begin{bmatrix} w \\ /y/ \\ +\text{동사} \\ +[\text{명사구}_1 - (\text{전치사})\ \text{명사구}_2] \\ \text{명사구}_1\ Z\ \text{명사구}_2 \end{bmatrix}$$

그의 관점에서, 완전 등재 이론의 장점은 다음과 같다. 완전 등재 이론은 가상의 어휘 항목과 같은 추가 장치 없이 일반화를 포착한다. 단어 *perdition*(지옥에 떨어지는 벌)에서 어휘부에서 규칙성을 나타내는 항목 중 유일한 부분은 *-ion*이며, 잉여 규칙(redundancy rule) (2)의 일부로 나타난다. 불규칙한 잔존 요소는 (2)의 오른쪽 부분에 나타나 있다. 이 부분은 비어휘적 어근 '*perdite*'에 해당한다. 따라서 그의 관점에 따르면, *perdition*(지옥에 떨어지는 벌)의 독립적인 정보 내용에는 단어가 있다는 정보에 더하여 어근에 대한 값, 규칙 (2)를 참조하는 값이 포함된다. 따라서 어휘부에 포함되지 않은 어근을 가지고 있는 *perdition*(지옥에 떨어지는 벌)은 *damnation*(지옥살이, 완전히 규칙적인 단어)보다 더 많은 정보를 추가한다. 단, 어떤 단어 형성의 일반 규칙에도 부합하지 않는 기호소[*orchestra*(관현악단)]보다는 적은 정보를 포함한다.

perdition(지옥에 떨어지는 벌)에 대한 Jackendoff의 처리는 *orchestra*(관현악단)에 비해 *perdition*(지옥에 떨어지는 벌)의 정보 중복성이 더 높다는 점에서 확실히 정확하다. 그러나 복합적 명명 단위의 기호 구조를 요구하는 단어 형성 이론의 관점에서는 받아들일 수 없다. 따라서 후자는 *perdition*(지옥에 떨어지는 벌)을 단어 형성의 생성적 차원에 속하지 않는 단일어로 간주한다. 단어 형성의 분석적 차원에서는 이러한 단어를 두 가지 방식으로 처리할 수 있다. 즉, *perdition*(지옥에 떨어지는 벌)을 특이 잔존 요소(이것의 유일한 기능은 이 명명 단위를 접미사 *-ion*을 가진 다른 모든 명명 단위들로부터 구분하는 것이다)와 접미사 *-ion*의 결합물로 처리할 수도 있는 것이다. 결과적으로 잔여 부분 *perdit*은 음소와 같은 방식으로 기능한다.

다른 한 가지 방법은 잠재어 *perdit*을 기반으로 하는 것이다. 그러나 후자의 경우에는 이 특수한 경우에 적용되는 잠재어의 개념과 보조 명명 단위(auxiliary naming unit)를 구별해야 한다. 보조 명명 단위는 외심 합성어와 역형성의 일부 예를 설명하기 위해 이 책의 뒷부분에서 소개될 것이다. 보조 명명 단위는 실제로 사용되기 전에 새로운 명명 단위를 만드는 데 참여한다. 중요한 차이점은 예를 들어, 보조 단위 *peddle*(행상하다)과 달리 잠재적인 *perdit*이 독립적인 명명 단위로 존재하지 않는다는 사실이다.

Jackendoff 자신은 잠재어 범주를 채택하지 않았다. 대신, 그는 다음과 같이 가상의 어근에 대해 주장함으로써, '비어휘적, 즉, 사실상 잠재적 어근(이 경우 *perdite)' 개념을 도입한다

그것은 전체 값 *perdition*(지옥에 떨어지는 벌)과 접미사 사이의 차이를 분석할 때에만 그 값을 드러낸다는 점에서 그 역할이 간접적이다. 어휘부 어디에도 그 어근이 독립적인 어휘 항목으로 나타나지 않는다.(Jackendoff, 1975: 648)

이제 (내 이론에서 그랬던 것처럼) 영어 단어 형성이(단어 형성물 포함) 단어 형성 어기로 기능하는 형태적인 단어 어간(morphematic word stems)과 함께 작동한다고 가정해 보자. *perdition*(지옥에 떨어지는 벌)은 접사가 첨가된 것으로 분석되기 때문에, 그 접사는 단어 형성 어기와 결합한 것이어야 한다. 파생의 다른 방법은 없다. 반드시 접미사가 결합할 단어 형성 어기(실재적 또는 잠재적 어기)의 존재를 상정해야 한다. 결과적으로 단어 형성 어기로 작동하는 어간은 단어의 어간일 수밖에 없다. 따라서 어떤 사람이 잠재적(가상의) 어간(potential(hypothetical) word stem)의 존재를 가정한다면, 그는 필연적으로 잠재어로 이끌리게 된다. 결과적으로, 공허한 어딘가에 존재하는 '가상의 어근(hypothetical root)' 개념으로는 *perdition*(지옥에 떨어지는 벌)도, *aggression*(공격성)도, *aggressive*(공격적인)'도 설명할 수 없음을 알 수 있다. 또한 이를 '비어휘적' 어근에 관한 Jackendoff의 말에 적용하면 다음과 같이 그의 말을 재구성할 수 있다. "어근임을 제외하고 모든 어근의 속성을 가진 항목이 있는 것이 의심스럽다(어근은 의미를 가지고 있다!)." 이것은 Jackendoff 이론의 약점이며 잉여 규칙이 새로운 단어 생성에도 적용될 수 있다는 주장과 모순된다.[4] 어휘가 아닌 어근을 기반으로 하는 단어 형성 규칙은 없다.

Jackendoff는 *-ion* 명사들과 관련 동사 (및 다른 유형의 어휘적 관련 단어) 사이에 여러 가지 다른 의미 관계가 존재하고, 여러 명사화 어미가 동일한 범위의 의미를 표현할 수 있음을 인식했다. 이 사실은 형태론적-의미론적 잉여 규칙을 분리하는 결과를 낳는다. 이와 관련하여 그는 잉여 규칙이 형태적으로는 잉여적이지만 의미적으로는 잉여스럽지 않도록 허용한다. 예를 들어, *professor*(교수)는 형태적으로는 *profess*(주장하다)와 관련이 있지만 의미적 관련성의 존재 여부는 불분명하다. 따라서 제한적 접근 방식보다 선호되는 허용적 접근 방식에서, 그는 *professor*(교수)의 어근의 음운론적 정보를 잉여 정보로 간주하는 반면, 의미 정보 'TEACH(가르치다)'는 비잉여적 부분으로 간주한다. 의미론적 잉여성이 없는, 보다 전형적인 형태론적 잉여 사례는 공식적으로 '=' 경계(Chomsky & Halle, 1968)로 연결된 단어로 표현된다. 예를 들면 *persist*(계속하다), *permit*(허용하다), *prefer*(선호하다), *precede*(~에 앞서다), *confer*(상의하다), *concede*(수긍하다) 등이 이에 속한다. 이에 대해 Jackendoff는 두 가지 해결책을 제안한다.

(i) 어휘부에는 위의 유형에서 실제로 활용되는 각 동사의 완전히 구체화된 어휘 항목 외에도 동사를 형성하는 접두사 및 어간 목록이 포함된다. 잉여 규칙은 다음과 같은 형태론적 규칙을 포함한다.(Jackendoff, 1975: 653)

(3)

$$\begin{bmatrix} / x = y / \\ + 동사 \end{bmatrix} \longleftrightarrow \begin{bmatrix} \begin{bmatrix} / x / \\ + 접두사 \end{bmatrix} \\ \begin{bmatrix} / y / \\ + 어간 \end{bmatrix} \end{bmatrix}$$

따라서 (위 유형의) 특정 동사들의 정보 내용은 '단어가 있음, 동사의 의미(형태론적 규칙 (3)과 함께 사용할 의미 규칙이 없기 때문에), 그리고 (3)을 참조하는 비용(cost)'이 될 것이다.

(ii) (3)과 같은 잉여 규칙에 접두사와 어간을 도입한다(실제로는 '='을 경계로 두 개 목록들을 관련시킨다).

professor(교수)는 *perdition*(지옥에 떨어지는 벌)과는 다른 경우이다. *professor*(교수)는 어휘부에 존재하기 때문에 잠재어에 의지할 필요가 없다.

그러므로 *professor*(교수)는 어휘화된 단어로 설명되어야 한다. 만약 누군가가 이 단어에 대해 단어 형성론적 설명을 고집한다면 세 가지 이론적 가능성이 있다

(i) 어원적으로 *professor*(교수)에 동기를 부여하는 의미를 찾는다.

(ii) *professor*(교수)의 잠재적 의미(원래 의미 중 하나)를 도입하여 작업을 단순화한다.

(iii) 생산적이고 규칙적이며 예측 가능한 단어 형성 규칙을 준수하는 나의 원칙(3장을 보라)에 의해 선호되는 해결책은, *professor*(교수)가 원래 규칙적이고 생산적인 단어 형성 규칙에 의해 조어된 뒤 어휘부 내에서 특이한 의미를 획득하여 결과적으로는 어휘화된 것이라고 설명하는 것이다.

$$(4) \quad \left/ \left\{ \begin{matrix} trans \\ per \\ con \\ aD \\ de \\ . \\ . \\ + 동사 \end{matrix} \right. = \left. \begin{matrix} sist \\ mit \\ fer \\ cede \\ tain \\ . \\ . \\ . \end{matrix} \right\} \right/$$

아직 두 부류의 모호한 명명 단위 무리가 남아 있다. 먼저 첫 번째는 *automatic*(자동의), *hierarchy*(계층), *mechanism*(기계 장치), *friction*(마찰), *configuration*(배열) 등으로 예시될 수 있다. 이러한 명명 단위와 유사한 명명 단위를 분석하면 접미사와 "다른 구성 요소"가 도출된다. 이 구성 요소는 다른 어근과 일치하지 않지만, 형태적, 의미적으로 관련된 여러 명명 단위를 만든다[예: *automate*(자동화하다)-*automatic*(자동의)-*automation*(자동화)-*automaton*(자동 장치)-*automatics*(자동화 이론)-*automatism*(자동성)]. 분명히 '또 다른 구성 요소'는 단발적이지 않으며, 이를 별개의 의미와 연관시킬 수 있다. 암암리에 이러한 요소는 모든 관련 단어의 결합을 위한 단어 형성 어기의 역할을 한다. 따라서 이 구성 요소를 단어 형성 어기로 간주하는 것이 유용할 것이다. 이전 사례와 대조적으로, 이중 유추의 원리(principal of double analogy)를 적용할 수 있다(두 구성 요소는 양면적이며, 다른 명명 단위에서도 나타난다.).

두 번째 모호한 명명 단위는 통사적 구에 기반하거나 공의적 단어(synsemantic words)*를 사용하는 어휘부 단위이다.

'도입'에서 우리 이론은 생산적이고 규칙적으로 만들어진 명명 단위의 원천으로서 음성 수준이나 통사적 구조들을 언급하지 않는다고 언급한 바 있다. '*sit-around-and-do-nothing-ish*, *leave-it-where-it-is-er*, *son-in-law*, *lady-in-waiting*, *pain-in-stomach-gesture*, *what-do-you-think-movement*, *milk-and-water*, *save-the-whales campaign*'과 같은 전형적인 통사적 요소들(관사, 전치사, 접속사 등과 같은 공의적 단어)에 기반한 통사구 사례들은 예측 불가능하다. 그래서 생산적이고 규칙적인 단어

....

* 관사, 전치사, 접속사 등과 같이 단독으로는 뜻이 없고 다른 단어들과 공기할 때만 뜻을 갖는 단어.

형성 규칙들로 포착할 수 없다. 따라서 이것들은 어휘 부문과 통사 부문 사이의 상호작용에 의해 생성된 연어로 분류될 수 있다.

위의 고려 사항은 다음과 같이 요약할 수 있다.

(a) 단발어(hapax legomena)에 대한 평가는 형태소의 정의에 달려 있다.

(b) 우리가 형태소를 언어의 최소 양면적 단위로 정의한다면, *cranberry*(크랜베리) 혹은 *receive*(받다) 같은 단어의 복잡한 단어 형성 특성을 허용하는 단어 형성 개념에 대해 의문을 제기할 필요가 있다.

(c) 형태 분석의 관점에서, *cranberry*(크랜베리) 유형의 단어는 두 부분으로 분석할 수 있으며, 그중 하나는 다른 명명 단위와의 유사성을 기반으로 한 형태소(어간 혹은 접사)이다. 그리고 나머지 하나는 의미 변별 기능을 가진 특이 잔존 요소이다.

이러한 관점에서 일정한 의미가 없는 형태소[*blackberry*(블랙베리)의 *black*]에 관한 Aronoff(1976)의 아이디어는 수용하기 어렵다. Aronoff의 가정은, 예를 들어, 이 특별한 경우에, 모든 블랙베리가 검은 것은 아니라는 사실에 근거한다. 어떤 것은 초록색이나 빨간색이다. 이 진술의 부적절성은 명명 원리에 의해 설명된다. 개념 층위에서는 명명할 대상 부류의 일반적인 특징을 지정한다. 그중 일부는 표현 층위에서 선택되고, 명명 층위에서 언어적으로 표현된다. 그렇다면, 새로운 명명 단위 함수는 전체적으로 구성적이라 할 수 있지만, 절대적 용어로 구성성을 이해해서는 안 된다. 새로운 명명 단위를 구성하는 구성 요소의 주요 기능은 동기 부여다. 동기를 부여하는 구성 요소는 전체적인 의미에 동기를 부여한 후 새로운 명명 단위에서 독립적인 존재를 잃는다.

(d) 여기에 제시된 표현론적 이론의 결정적인 원리인 '형태-의미 할당 원리'와 표현론적 접근의 단어 형성 관점을 고려할 때, 문제의 명명 단위는 기호소(moneme) 즉, 단어 형성에 대한 표현론적 이론의 생산적이고 규칙적인 규칙에 의해 형성될 수 없는 단어로 간주되어야 한다.

(e) *receive*(받다) 유형의 단어는 의미 있는 요소를 포함하지 않기 때문에 형태적, 또는 단어 형성적 관점에서 공시적으로 분석할 수 없다. 따라서 그것들은 분석할 수 없는 전체로서만 기능할 수 있다.

(f) 결과적으로 제안된 단어 형성 이론의 범위에는 이러한 유형의 단어가 포함되지 않는다.

(g) 위와 같은 조건에서 표현론적 접근의 단어 형성 유형들을 고려한 '생산성, 규칙성, 예측 가능성'은 두 가지 다른 속성, 즉 '동기성, 양면성'에 의해 완성되어야 한다. 이러한 속성은 어휘부에 저장되어 있는 단위와 관련이 있으며 형태-의미 할당 원리에 따라 표현 구조에 할당된다.

그렇다면, 단어 형성의 정의는 다음과 같이 수정된다.

(5) 단어 형성론은 어휘부에 저장된 양면적 명명 단위들과 접사들을 단어 형성 어기로 사용하여 언어 공동체의 명명 요구에 응답하여 동기 부여된 명명 단위를 생산하는 생산적이고 규칙적이며 예측 가능한 표현론적 단어 형성 유형을 다룬다.

2.3. 단어 형성과 통사부

이어지는 논의는 다음과 같은 주장으로 귀결될 것이다.

(6) 앞서 논의한 범위 구분과 관련하여, 단어 형성은 통사부와 별개이다. 단어 형성과 통사부 사이에는 직접적인 관련이 없다. 이 두 개의 독립된 부문은 어휘 부문을 통하여 연결된다.

이 제안은 1장에서 제시된 나의 단어 형성 이론에서 자연스럽게 이어진다는 사실과는 별개로, 이 두 요소의 상호 연계를 지지하는 관점에서 자주 인용되는 주장에 대한 나의 논평에 의해 뒷받침될 것이다.

의심할 여지 없이 단어 형성과 통사부를 연결시키는 가장 일반적인 맥락은 변형 문법이다. 이 관점의 가장 고전적인 연구물은 Lees(1960)의 『영어 명사화의 문법(*The Grammar of English Nominalizations*)』[5]이다. Lees의 접근 방식은 여러 가지 이유로 날카로운 비판을 받았다[관련 내용은 Marchand(1965a, 1965b, 1974), Brekle(1970), Allen(1979), Bauer(1983), Scalise(1984) 등에서 확인할 수 있다.]. 그러므로 나는 표현론적 관점에서 중요하다고 판단되는 지점에만 국한하여 논의하겠다.

1. 단어 형성에 관한 초기 변형 이론은 상위 단위에서 하위 단위를 도출했다. 이는 작은 단위가 주요 단위의 구성 요소로 기능하는 것으로 설명하는 언어에 대한 기능적 접근법과 모순된다. 음소들이 형태소를 이루고, 형태소가 단어를 이루며, 단어는 구를, 구는 문장을, 문장은 텍스트를 구성한다. 이러한 계층은 음운론적, 형태론적, 어휘론적, 통사론적 계층에

반영된다.

구 또는 문장(즉 한 수준 또는 두 수준 이상의 단위)에서 명명 단위를 생성하는 것은 위에서 언급한 언어의 보편적인 특성을 위반하는 것처럼 보인다. 이는 어휘적 변환에도 동일하게 적용된다[관련하여 Roeper와 Siegel(1978)을 참고할 수 있다.]. 그들은 하위 범주화 틀(subcategorization frames)에 기반하여 구조를 변환한다. 그런데 이 틀의 실현은 의심할 여지 없이 구문론적으로 기반한 구조들이다. 왜냐하면 하위 범주화 틀(다른 말로 논항 구조)의 실현은 반드시 통사 구조를 산출하기 때문이다.

2. 통사 기반 단어 형성 과정에 대한 거부는 어휘부에 포함된 어휘 자료에 전적으로 의존하는 나의 표현론적 모델에서 자연스럽게 이어진다. 이 주장의 근거는 1의 주장과 밀접한 관련이 있다. 통사부에 문장 구조에 대한 자원을 제공하는 것은 단어 형성 부문(어휘 부문과 협력하여)이며(그림 2-1을 보라), 그 역은 성립하지 않는다.

3. 명명 과정에서 언어 사용자는 (실제 또는 가상, 구체 또는 추상) 개체에 대한 언어 기호를 제공한다. 대상을 만날 때 처음으로 접하게 되는 것은 '내용(목적, 모양, 색상, 더 큰 언어 외적 체계 내에서의 위치 등)'이다. 분명히, 언어적 이름을 '기다리는' 객체를 통사 구조에 넣는 것은 오류이다. 왜냐하면 각 통사 구조, 심지어 추상적 통사 구조나 문장의 심층 구조조차도 명명 단위를 문맥화하고, 단어의 의미를 (명명의 측면에서) 바람직하지 않은 방향으로 실체화하며, 그 자체를 명명하는 행위 자체에서는 아무런 역할도 하지 않는 통사적 관계를 '부담하게' 하기 때문이다.

4. 공식적인 언어 체계(formal system of language)에서 신조어의 위치는 그것이 언어(또는 언어의 더 나은 사용) 자체에 얼마나 중요한지에 관계없이 명명 행위와 관련하여 '보조적'이라는 점에 유의해야 한다.

이어지는 논의는 Kastovsky에게 집중된다. Kastovsky는 다수의 논문에서 언어학에서 단어 형성의 위치 문제에 많은 관심을 기울였다(1977, 1982b, 1993, 1995a, 1995b). 일반적으로 그는 "한편으로는 진정한 단어 형성 요소의 상대적 독립성을, 동시에 다른 한편으로는 다른 문법적 요소와의 체계적 상호작용"(Kastovsky, 1993: 15)을 주장한다. 그러므로 "단어 형성에는 필연적으로 형태론적, 음운론적, 통사론적, 의미론적 및 화용론적 측면을 고려한 다차원적 설명이 필요하다."(Kastovsky, 1995a: 385)

단어 형성과 통사부의 관계에 대해 Kastovsky는 다음과 같이 말한다.

> 본질적으로 문장은 일시적이며 어떤 저장고에도 저장되지 않는다. … 문장은 진술, 질문, 명령 등의 기능을 하며, 특정한 상황과 관련을 맺는다. 결과적으로 문장, 즉 그것을 나타내는 말은 발화 행위 자체에서 형성된다. 반면, 기호학적 관점에서 단어 형성 통합체는 모두 의도와 목적을 가진 어휘 항목들이며, 모든 어휘 항목들과 마찬가지로 상황 독립적인 분류적 기능을 가지고 있다. 이것은 그것들을 언어 집단의 어휘 혹은 언어 화자의 어휘에 저장될 수 있게 한다. … 바로 이로부터, 어떤 언어에서든 바로 이 속성이 단어 형성 과정의 존재 이유임을 이끌어 낼 수 있다.(Kastovsky, 1982b: 186)

이 짧은 인용문에는 매우 중요한 아이디어가 포함되어 있다. 첫째, 단어 형성과 통사 구조의 결정적인 차이는 이들이 두 가지 다른 차원에서 작동한다는 것이다. 명명 단위의 생성이 발화 혹은 특정 의사소통 상황(파롤)과 직접적으로 연관되지 않는 '언어 체계(랑그)' 차원의 문제인 반면, 문장은 발화와 밀접하게 관련되어 생성된다. 다시 말해, 단어 형성 규칙들이 어휘부에 자원을 제공하는 반면, 어휘부는 체계의 구성 요소로서 통사 구문에 필요한 단위를 공급하여 문장에 의한 의사소통을 가능하게 한다.*

이 주장을 다음의 것과 혼동해서는 안 된다. 이는 언어 체계 층위에서 두 부문을 검토하기 위해 역동적인(생성적인) 표현론적 접근 방식을 적용한 것이다. 이러한 접근 방식은 언어 외적 현실에 존재하는 대상과 단어(넓은 의미에서의 단어) 형성 간의 밀접성을, 그리고 통사 부문과의 상대적 독립성을 보여 준다. 언어 체계 층위에서 모든 통사적 이론들은 언어 외적 현실과의 관계가 없이도 설명된다. 모든 (문장 생성에 관한) 통사 이론의 동적 측면은 새로운 문장에 대한 언어 공동체의 요구와 무관하게 설명될 수 있다. 반면, 단어 형성(새로운 명명 단위의 생성) 과정에 대한 표현론적 검증에 초점을 맞춘 모든 단어 형성 이론은 명칭이 지정되지 않은 대상에 대한 언어 공동체의 언어적 요구를 반영해야만 한다.

첫 번째와 밀접한 관련이 있는 두 번째 요점은 명명 단위들은 어휘부에 저장되지만(즉, 목록으로 존재하지만), 문장 목록은 없다는 것이다. 명명 단위는 '한 번, 그리고 영원히' 형성되고, 그 후에 어휘부에 저장된다(임시어의 경우라도 최소한 개별 화자의 어휘부 혹은 소수의 언어 집단의 화자의 어휘부에 저장된다. 이에 관해서는 3.2.에서 자세히 논의된다). 반면 문장들은 매 경우 새로이 형성된다. 결과적으로, 어휘부는 공시적으로(주어진 특정 시점에서) 다소 폐쇄적인 체계를 나타내고, 통사부는 어떤 순간에라도 개방적인 체계를 나타낸다. 이는 다시 말해 두 언어 부문의 '랑그-파롤' 대립과 밀접한 관련이 있다. 물론 사용 가능한 명명 단위의 목록은 특정 언어의 언어 체계 층위에서만 생산될 수 있다. 이 사실은 Halle의 다음 발언과 밀접한 관련이 있다.

....

* 어휘부 저장을 전제하는 단어 형성은 언어 체계, 즉 랑그를 변화시키지만, 즉각적으로 생성되었다 사라지는 통사 구조의 생성은 그러하지 않다.

단어 사용과 문장 사용에는 근본적인 차이가 있다. 일반적으로 익숙한 단어, 이전에 듣고 사용했던 단어를 사용하며 새로운 단어를 사용하거나 접할 것으로 기대하지 않는 반면, 이전에 접한 문장을 사용하는 경우는 거의 없다.(Halle, 1973: 16)

앞서 언급한 고려 사항에 필연적으로 따르는 세 번째 차이는 두 요소의 기능에 관한 것이다. 단어 형성이 주요 기능은 다양한 이유로 특정 명명 단위의 부재가 언어 공동체 구성원들 간의 의사소통을 방해하는 경우, '대상, 행위, 특징, 상황(실제이든 상상이든)'에 대한 새로운 명명 단위를 만들어 언어 공동체의 욕구를 충족하는 것이다. 반면에 통사 차원에서는 의사소통 과정에서 이미 존재하는 명명 단위를 문장으로 결합한다.

Brekle 또한 단어가 "언어 행위에서 갱신 가능한 완전한 문장 구조의 생성 바깥 또는 이전에"(Brekle, 1975: 30) 생성된다고 주장한다. 다시 말해 단어 형성의 주요 기능은 명명하는 것이고, 문장의 주요 기능은 서술하는 것이다. 이것은 또한 다음과 같이 주장하는 Vachek의 입장이기도 하다.

… 단어와 문장의 구체적인 기능은 기본적으로 다르다. … 단어의 기능은 본질적으로 명칭론적이다. 즉, 단어는 주로 언어 외적 현실의 사실들을 명명하는 데 사용된다. … 반면 문장의 존재 이유는 '서술'이다. 즉, 언어 외적 현실에 대한 정보, 말하자면 현실에 대한 화자의 접근을 전달하는 것이다.(Vachek, 1976: 318)

Downing도 비슷한 맥락의 주장을 한다.

합성어에 의해 제공되는 기능의 주요한 차이점들 때문에, 그것들을 다소 명확하게 표현하려 하는 문장 구조와는 반대로, 그러한 구조의 제한된 집합 안에서 도출된 것으로 합성어를 특징화하려는 시도는 잘못된 것으로 간주될 수 있다. 환언 관계(paraphrase relationship)가 단어를 만들어 내는 관계를 의미할 필요는 없다.(Downing, 1977: 841)

명명 과정의 결과가 서술 과정의 결과와 의미적으로 동일할 수 있다는 사실은 이와 관련하여 무관하며, 통사 구조에서 명명 단위를 파생하는 아이디어를 암시하지 않는다. 오히려, 명명 단위와 문장의 의미 병렬 가능성은 다른 종류의 사실을 증언한다. 의미론은 단일 언어 국면(언어 부문)에 국한되지 않는다. 다양한 국면에서 없어서는 안 될 부분이다. 이러한 문제는 Dokulil이 그의 역작(1966)에서 깊이 있는 통찰력으로 논의하였다.

Dokulil은 동기 부여된 단어의 구조와 통사적 구성 사이에 깊은 상호 관계가 있음을 인정한다. 문장과 동기 부여된 단어 모두 한정 요소와 피한정 요소의 밀접한 상호 연결을 바탕으로 한 의미 있는 단위의 통합 구조를 특징으로 한다. 단어를 구성하는 단위와 통사 구조를 구성하는 단위는 원칙적으로 동일할 수 있다. 합성어와 통사적 구성 둘 다 동일한 의미 요소들(semantems)을 사용할 수 있다. 체코어 *veselohra*(코미디)-*veselá hra*(희극), '*rychlik-rychlovlak-rychlý vlak*('*rychlik*'이 '고속 열차' 이상의 의미를 지니고 있기는 하지만, 이들 모두 '고속 열차'라는 일반적인 의미를 가지고 있다. 정차가 제한된다 등)'에서와 같이 파생, 합성, 통사 구성의 형태들 사이에 동일한 내용 관계가 존재할 수 있다. 이러한 종류의 병렬적 처리는 동일한 의미의 통사 구조(즉, 동일 의미 구조)로 합성어 및 파생어의 의미를 설명하는 데 필요한 전제 조건을 정립한다. 그러나 모든 경우, 동질성 또는 유사성은 전체 및 내부 구조 측면에서 '내용' 측면에 영향을 미친다. 동기 부여된 단어가 각각의 통사 구조의 축약의 일종으로 간주될 수 있는 것은 내용 수준에서만이다(그 반대의 경우, 즉 동기화된 각 단어의 확장으로서의 통사 구조를 상정하는 것도 마찬가지이다.). 통사 구조의 특정 통사론적 측면은 파생어 혹은 합성어의 구조에 반영되지 않는다. 통사적 관계 그 자체(통사적 의존성, 그리고 그 표현에 사용되는 형태와 의미들)는 단어 형성에 속하지 않는다.

따라서 예를 들어 *krajinomalba*(풍경화) 및 *olejomalba*(유화)와 같은 단어에서 복합어이 첫 번째 구성원과 두 번째 구성원 사이에는 통사적 의존성이 없다. 이들의 구조에서 각각의 통사 구성에 대한 서로 다른 통사적 의존성을 나타내는 표지는 없다. *malba krajin*(풍경화) 대 *malba ole-jem*(유화). 여전히 '*mal-íř*(화가), *mal-ba*(그림 그리기), *maleb-ný*(그림 같은)' 등과 같은 파생어의 의미 요소(어기)와 형태 사이의 통사적 의존성을 말할 수 있는 사람은 많지 않다. 마찬가지로, 명명 단위 *učitel*(선생님)에서 *-tel*(~하는 사람) 및 *uči-*(가르치다)의 조합은 "그는 가르친다" 같은 문장의 주어와 서술어 사이에 존재하는 것과 같은 통사 관계를 수반하지 않는다. 따라서 구성 요소 *-tel*(~하는 사람)은 주어로 식별될 수 없으며 *uči-*(가르치다)는 술어로 식별될 수 없다. 주어와 술어는 문법(기능)의 관점에서 정의된 문장 구성원이며, 내용(의미)적 측면에서는 정의되지 않는다. 동기 부여된 단어의 구성 요소들은 어떤 통사적, 문법적, 기능적 특징을 갖지 않는다. 그들은 내용 범주를 표현한다(행동주, 도구 등). 따라서 *učitel*(선생님)이라는 단어는 주어-서술어 관계를 특징으로 하지 않고, 오히려 '행동-행동주'의 관계를 특징으로 한다.[6]

Dokulil의 이러한 견해는 Brekle의 개념(1970, 1975)에 의해 뒷받침될 수 있다.

의미론적으로 해석된 '문장 개념 구조'는 복합어에 대한 파생 기반으로서, 단언, 의문 등과 같은 범주*, 양태 문장 부사, 시제, 양화 등의 범주 없이 실현된 문장 명제의 핵심만 포함한다.(Brekle, 1975: 29-30)

덧붙여,

우리는 명사 구성을 하나의 언어 영역으로 간주한다. 이것은 언어 구조(문장 개념 구조) 생성의 매우 원시적인 수준에서 실제 문장 구조가 생성되기 전의 생성 과정과 분리될 수 있다….(Brekle, 1975: 29-30)

초기 변형 생성적 (그리고 그 외 통사 지향적) 이론에 대항한 이들의 주장을 받아들이면, 명사화(nominalization)가 문장 구성에 적격한 모습으로 문장을 덩어리화하는 수단이라는 Vendler(1967: 125)의 주장은 의미론적으로만 받아들일 수 있다. 어떤 대상, 행동, 현상 또는 상황을 명명하는 대신 설명할 수 있으며, 설명이 명명 작업에 앞선다는 것은 사실이다. 이것은 사안의 한 측면이다. 그러나 설명과 명명 행위 사이의 관계와 관련된 또 다른 측면이 있다. 명백히 논의된 관계는 의미 관계이다. 설명된 것, 즉 개념적 의미는 단일 명명 단위 내에서 압축된다. 이러한 형태는 언어 경제적 측면에서 그 역할을 한다. 기존의 명명 단위 목록에 국한하여 언어 외적 현실의 모든 새로운 사실들을 설명하려고 한다면 다소 번거로울 것이다. 설명(통사적 구성)과 명명 단위 사이의 연결을 가정할 다른 이유는 없다. 명명 단위의 형성 원리와 그 기능들의 메커니즘은 통사적 서술의 메커니즘과는 완전히 다르다. 유일한 관계는 평행한 의미 관계이다. 즉, 통사

....

* 이때의 범주는 국어 문법론에서 '평서, 의문, 명령, 청유, 감탄'처럼 흔히 문체법 내지 문장의 유형이라고 하는 문법 범주를 의미한다.

적 서술은 (항상 그러하지는 않지만) 포괄적인 차원에서 명명 행위의 의미적 출발점으로서 기능한다. 더 복잡하고, 더 적합한 원천은 '정의' 또는 우리의 접근 방식에서와 같이 '논리적 스펙트럼, 일련의 의의소들, 논리적 술어'를 통해 대상을 포착하여 그것의 기본 속성들을 식별하는 것이다.

통사적 서술과 명명 단위 간의 관계에 대한 또 다른 측면은 명칭론적 측면보다는 실용적 측면과 관련이 있다. 나는 여기서 이 문제를 다루지 않고, 통사적 설명을 명명 단위로 대체할 수 있는 무한한 잠재적 역량과 이 역량의 실제적 구현을 구분해야 한다는 진술, 그리고 잠정적인 신조어(임시 형성어)와 어휘화(단어에 대한 Bauer의 개념에서)된 신조어를 구별해야 한다는 진술에 국한할 것이다. 이 두 가지 구별은 분명 언어 공동체의 개인을 넘어서는 실용적 요구에 달려 있다.

단어 형성 규칙과 통사 규칙 사이의 차이점과 관련된 또 다른 측면이 있다. 문장 생성은 원칙적으로 제한이 없다. 통사 규칙에 따라 생성된 모든 문장은 말의 일부가 될 수 있다. 반면, 새로운 명명 단위의 형성 가능성은 언어 공동체의 명명 요구(인간의 지식 및 기타 실용적 요소의 발전과 관련이 있음)에 의해 제한된다. 언어 외적 현실의 대상에 대한 명명 단위가 이미 존재함으로써(Aronoff, 1976의 저지 법칙), 혹은 통사 구조와는 달리 동의어의 수용을 엄격히 제한함으로써(Kiparsky, 1983의 동의어 회피 법칙) 명명 단위의 형성이 제한되는 것이다. 이것은 단어 형성 규칙과 통사 규칙 사이의 상당한 차이이다.

통사 구문에서의 '무제한적 동의 표현'에 관한 요점은 Zimmer(1964: 30)에 의해 강조된 바 있다.

주어진 일련의 상황이 S_1형 문장으로 언급되었다는 사실은 S_2형, S_3형 등의 다른 문장으로 언급되는 데 장애물이 되지 않는다. 반면, 주어진 지정물(designatum)이 특정 어휘 항목에 의해 언급된다는 사실은 동일한 지정물을 갖는 것으로 간주되는 또 다른 어휘 항목을 형성하는 데 심각한 장애물이 될 수 있다….(Zimmer, 1964: 30)

그러나 통사론과 형태론의 기준 차이가 통사론의 생산성과 형태론의 비생산성에 있다고 주장하는 Fabb(1984)의 제안처럼, '생산성의 차이'와 혼동해서는 안 된다. 3장에서 설명하겠지만, 단어 형성의 생산성은 다른 부문의 생산성보다 낮지 않다. 생산성을 언어 공동체의 명명 요구에 응답하는 단어 형성 규칙의 능력으로 간주한다면, 소위 '100% 생산적인 단어 형성 유형 군집(word formation type clusters)'의 개념에 도달한다.

단어 형성론과 통사론의 직접적인 상호 연결성을 논의하기 위한 또 다른 주장들을 살펴보자.

Kastovsky(1982b, 1993)는 단어 형성과 통사 사이에 또 다른 공통 지점이 있다고 주장한다. 특히 그는 (명명 기능과는 별도의) 단어 형성의 '통사적 기능'에 대해 다음과 같이 말한다.

통사적 기능은 복잡한 통사 구조를 대체하는 것으로 구성된다. 예를 들어 어느 정도 동의적인 명사, 형용사 또는 동사 어휘 복합 항목(소위 말하는 명사화, 형용사화 혹은 동사화)으로 동사구 혹은 전체 문장을 대체하는 것을 말한다. 이 현상은 텍스트 언어학적 토대(basis)를 가지고 있으며, 문제의 단어 형성 통합체(syntagma)가 문맥의 어떤 명시적 부분을 대용적으로(anaphorically or cataphorically) 언급하므로, 넓은 의미에서 대명사와 관련이 있다….(Kastovsky, 1982b: 182)

그의 주장은 다음과 같이 예시된다.

(7) One of them was *faking*. [⋯] Could the *faker* keep up free association [⋯]?

(그들 중 한 명은 속이고 있었다. 가짜는 자유로운 연대를 유지할 수 있을까?)

Suddenly he *frowned*, then the *frown* broke into an expression more frantic, desperate.

(갑자기 그는 얼굴을 찡그렸고, 그러자 그 찡그러진 표정이 더 미친 듯하고 절망적인 표정으로 변했다.)

The more *gained*, the greater *gain* needed to produce an equal pleasure.

(더 많이 얻을수록, 동등한 즐거움을 얻기 위해서는 더 많은 이득이 필요하다.)

He asked after you; but then, I guess he felt lost without his *Watson*. It must be wonderful to *Watson* for you.

[그는 당신의 안부를 물었다. 하지만 나는 그가 조력자(Watson)가 없어서 길을 잃은 것이라 추측했다. 당신이 조력자 역할을 하는 것은 멋질 것이다.]

(Kastovsky, 1982b: 183)

통사적 기능의 또 다른 유형은 '대용적 섬(anaphoric peninsulas)'[7] 혹은 '대용적 암초(anaphoric reefs)'이다. 여기서 대용적 대명사는 단어 형성 통합체의 한정 요소를 다시 참조한다.

(8) Max *knifed* me, before I even realized he had *one*.

(맥스는 나를 칼로 찔렀다. 그가 그것을 가지고 있다는 것을 알아차리

기도 전에 말이다.)

John became a *guitarist*, because he thought *it* was a beautiful instrument.

(존은 기타리스트가 되었다. 왜냐하면 그것이 아름다운 악기라고 생각했기 때문이었다.)

Conrad is a confirmed *New Yorker*, but I wouldn't live *there* on a bet.

(콘래드는 확실히 뉴요커이지만, 나는 거기에 절대 살지 않을 것이다.)

(Kastovsky, 1982b: 184)

[관련 절과 명사 또는 전치사 구에 기반하여(based on relative clauses and nominal, or prepositional phrases)] 도출된 단어에 대한 변형적 설명을 지지하는 맥락에서 Rohrer(1974)에 의해 유사한 사례가 언급되었다.

다음 문장들에 비문 표시(asterisk)를 붙이는 Allen(1979)에서 반대되는 주장을 찾을 수 있다. 왜냐하면 "합성어의 개별 요소…들은 일반적으로 통사적인 과정과 관련하여 독립적으로 기능할 수 없기 때문이다."(Allen, 1978: 113)[8]

(9) * I don't want a breadbasket, I want an egg one.

　　　[나는 빵 바구니가 아니라 달걀 바구니(egg one)를 원한다.]*

　* There were plenty of car and other thieves.

　　(자동차 및 다른 것에 대한 많은 도둑이 있다.)

----

*　　비문법적인 문장의 한국어 번역 역시 비문법적인 문장으로 제시하려고 하였으나, 영어와 한국어의 비문법성에 대한 판단은 동일하지 않으므로 참조만 하길 바란다.

* Give me a goldfish and a silver one.

　(금붕어와 은빛 붕어를 주세요.)

* John built a very greenhouse.

　[존은 매우 녹색인 집(greenhouse)을 지었다.]

단어 형성이 가진 또 다른 유형의 통사적 특성은 (Kastovsky의 관점에서) 특정 내포 문장과 관련 파생 명사들의 제약의 유사성에 있다.

… 분포 제약은 관계절과 보문절 모두에 영향을 미친다. … 그것들은 (변형 가설에 따라) 이러한 유형의 내포 문장의 변형으로 간주되는 행동주 명사 및 파생 명사들에도 적용되나, 이러한 관점에서 단어 형성 통합체는 다른 종류의 표현 구조, 예를 들어 동명사, 부정사 구조 등과 마찬가지로 통사 규칙의 결과로 간주될 수 있다.(Kastovsky, 1982b: 185-186)

Kastovsky의 예를 하나 가져와 보자.

(10) * I recommended to him that he should possibly/foolishly build a house.

　(나는 그가 아마도/어리석게 집을 지어야 한다고 그에게 권했다.)

* I recommended to him the possible/foolish building of a house.

　(나는 그에게 가능한/어리석은 건물을 추천했다.)

Kastovsky는 위에서 논의된 단어 형성 구문이 통사적/의미적 기능, 예를 들어 주어/행동주, 목적어/피동주, 부사어/장소, 도구, 시간 등과 관련하여 통사적 구성과 비슷한 기능을 한다는 입장을 유지한다. 이는 통사적 구성과 단어 형성 구성을 명확히 분리하는 것을 어렵게 한다. Kastovsky는 명사화로 그의 주장을 설명한다[이는 Lees(1960), Chomsky(1970) 등 여러 저자가 이미 논의한 내용이다]. 다음은 Kastovsky(1993: 11)의 예이다.

(11)[*]a) Peter regretted the fact that Harriet had departed early.

　　b) Peter regretted that Harriet had departed early.

　　c) Peter regretted Harriet having departed early.

　　d) Peter regretted Harriet's having departed early.

　　e) Peter regretted Harriet's departing early.

　　f) Peter regretted Harriet's early departure.

　　(피터는 해리엇이 일찍 떠난 것을 아쉬워했다.)

또한 통사 구문과 단어 형성 사이의 상호 관련성은 "명사화(nominalization) 및 다른 파생 과정에서의 논항의 내·외적 충족에 대한 설명이 필요하며, 이 설명은 단어 형성의 통사론적 특성에서만 찾을 수 있다는"(Kastovsky, 1995b: 162) 주장에 의해 뒷받침된다.

위에서 설명한 Kastovsky의 견해와 관련하여 몇 가지 언급이 필요하다. 첫째, 위에서 제시한 단어 형성의 통사적 기능의 사례들은 모두 발화 상황에서 단어 형성 '결과물'의 사용과 관련이 있다. 주장되는 단어 형성의 통사적 기능은 사실 단어 형성 부문의 기능이 아니다. 일반적으로 이

....

* 　문장 a)~f)는 동일한 뜻을 나타내는 데 통사적 구성과 단어 형성 구성이 모두 쓰일 수 있음을 보이기 위한 예시로, 이들을 달리 해석할 근거는 없기에 개별적으로 번역하지 않았다. 이들 모두는 '피터는 해리엇이 일찍 떠난 것을 아쉬워했다.' 정도로 해석할 수 있다.

러한 종류의 주장은 '두 가지 다른 수준(랑그와 파롤), 또는 두 가지 다른 과정(명명과 설명)'의 잘못된 혼합으로 인해 발생한다. 나의 관점에서는, 모든 명명 단위는 언어 체계 층위에서 생산된다는 점이 이미 강조되었다. 특히, 새로운 명명 단위가 만들어지려면, 언어 체계 층위의 구성 요소, 즉 어휘부의 재료를 검색하여 의미 구조에 할당해야 한다. 일부 다른 저자들과 달리, 나는 새로운 명명 단위가 말이나 문장 구조에서 생성된다고 생각하지 않는다. 명명 단위와 문장 사이의 의미 병렬은 자연스럽게 인정되어야 한다. 그러나 명명 단위로 명명된 것이 문장으로 설명되는 경우에만 해당된다. 의미 병렬성은 두 구성 요소 간의 유사성보다는 기능적 차이를 나타낸다. 이 관점은 단어가 의미에 있어 일반적(generic)이라는 Di Sciullo와 Williams의 견해에 의해 뒷받침되며, 이는 문장(단어가 아님)이 시간에 대한 참조를 포함한다는 사실에서 유래한다(Di Sciullo & Williams, 1987: 50). (양태에 대한 논의도 참조하라.)

　　두 번째 지적은 위의 명사화의 예와 관련이 있다. 표현론적 이론의 원칙을 고려할 때, 나는 (11)에서 단어 형성의 경우와 통사 구조의 경우 사이의 명확한 구분선을 그리는 데 아무런 문제를 발견하지 못했다. 특정 단위가 파생된 명명 단위 또는 동사성 명사(verbal noun)일 경우 이는 단어 형성 영역에 속한다. 그렇지 않으면, 그것은 다른 문장 구성원과 그것의 특정한 조합에 관계없이 굴절 형태론에 속하는데, 왜냐하면 각각의 형태는 굴절 형태소를 통해 얻어지기 때문이다. 그런 다음 굴절형으로 형성된 명명 단위는 문장 구조에 삽입된다. 단어 간의 관계는 통사론의 영역에 속한다. 다시 말해, 개별 단위의 본질을 결정하는 것은 통사가 아니다. 반대로, 어휘 부문의 각 계열체에 저장된 기존 단위들이 통사적 절차에 사용되는 것이다.

　　내부 및 외부 결합가 속성과 관련하여, 단어 형성 규칙은 새로운 명명 단위가 생성되는 일반적인 모델이다. Kastovsky가 전환된 단어로 목적어/도구격을 통합한 사례로 제시한 "He bottled the juice into *cans/??bottles/?small bottles(그는 주스를 *캔에/??병에/?작은 병에 담았다.)"와 "He hammered on the table with his shoe(그는 신발로 탁자를 쾅쾅 쳤다, 1995b: 161-162)"는 이것이 단어 형성의 문제라기보다는 어휘-의미적 차원의 문제임을 분명히 보여 준다. 논항들과의 호환성(결합성)을 조건화하는 것은 개별 어휘의 의미이다. 또한 논항 구조 조건(또는 주제 구조 조건)은 통사 관계를 기반으로 한다. 단어 형성은 통사 관계에 대해 어떠한 관여도 하지 않는다. 단어 형성은 오직 계열적으로(또 결합가, 주제 관계 등의 통사적 측면에 따라) 분류된 개별 명명 단위들을 어휘부에 공급할 뿐이다.

단어 형성에 대한 통사적 설명에서, Kastovsky가 '주제화 변환 과정을 통해 핵심 문장에서 단어 형성 구문을 도출하고, 이것이 새로운 복합어를 생성하기 위한 또 다른 변형을 겪는다고 한 것'을 언급할 필요가 있다.[9]

정도의 차이는 있지만, 기본적으로 통사론에 대한 단어 형성론의 의존성은 어휘주의 가설의 대표자들에 의해 거부되었다. 그들 중 가장 강력한 부류인(Lapointe, 1978) 이른바 '강어휘론 가설(Strong Lexicalist Hypothesis)'들은 형태론(단어 형성론) 전체가 어휘부에 포함되어 있기에 통사적 변환이 형태적 조작(Lapointe, 1978: 3)을 수행하도록 허용할 필요가 없다고 가정한다. Aronoff(1976: 46)의 관점도 이와 같다. "… 단어 형성 규칙은 어휘(부) 규칙이므로 온전히 어휘부 내에서 작동한다. 그것들은 다른 문법 규칙들과 완전히 분리되어 있다…."

Di Sciullo & Williams는 형태(단어 형성)와 통사의 차이를 형성 규칙에서의 원자와 속성의 차이로 인식한다(Di Sciullo & Williams, 1988: 1). 또한 다음과 같이 말한다. "… 모든 관점에는 통사의 일부가 아닌 단어 형성 규칙이 있을 것이다. 왜냐하면 그들의 영역은 단순히 다른 단어나 형태론적 요소들로부터 단어와 그 속성을 도출하는 '개별 단어'이기 때문이다."(Di Sciullo & Williams, 1987: 57)

Allen은 바꿔 쓰기 규칙(rewriting rules)을 통해 차이점을 설명한다. 단어 형성 규칙과 통사 규칙이 모두 바꿔 쓰기 규칙에 의해 표현될 수 있다는 사실은 형태론(단어 형성론)이 통사론의 일부임을 나타낼 수 있다. 그러나 이러한 유사성은 오해의 소지가 있다. 예를 들어 Allen이 지적했듯이, 형용사는 여러 가지 방법으로 바꿔 쓸 수 있으나(형용사 -〉 명사+ed, 형용사 -〉 동사+ive, 형용사 -〉 명사+ic 등). 이는 어떤 종류의 통사 구문에서도 가능하지 않다. 또한 바꿔 쓰기 규칙이 없는 단어(기호소)는 있지만 바꿔 쓰기할 수 없는 문장은 없다(Allen, 1979: 9). 어휘 규칙과 통사 규칙의 차이는 Wasow(1977), Scalise(1984), Anderson(1992, 1993), 그리고 그 외 여러 연구자들[10]에 의해 광범위하게 논의된다.

2.4. 단어 형성에서의 양태*

단어 형성과 통사 사이의 관계 문제는 양태와도 관련이 있다. Bach (1968)에 의해 주제의 요점이 논의되긴 했지만, 짧은 논문(Rohrer, 1974)

....

*   여기서 '양태'란 'modality'를 번역한 것으로 국어학에서 일반적으로 쓰이는 인식 양태와 행위 양태보다 넓은 의미를 포함한다. 양태의 범위에 부정, 시제, 단언(assertion)을 포괄하고 있는 것으로 보아 Fillmore(1968) 등에서 문장을 '명제 + 양태'로 보고, 양태에 부정, 시제, 법, 상 등을 포함하는 관점을 받아들인 것으로 생각된다. 물론 문장이 아닌 단어 형성에 굳이 이런 종류의 양태를 다룬 것은 이 책의 저자가 문장 형성과 달리 단어 형성에는 양태가 관여하지 않는다는 점을 강조하기 위한 것으로 보인다[Fillmore, C. J.(1968), "The case for case", In E. Bach and R. T. Harms(eds.), *Universals in linguistics theory*, London: Holt, Rinehart and Winston.].

으로 단어 형성의 양태 문제에 대한 논의에 박차를 가한 사람은 아마도 Rohrer였을 것이다.

Bauer(1983: 150)는 Bach를 언급하면서 다음 문장의 *house-boat*와 *teacher*가 시제를 갖는다고 주장한다.

(12) Our house-boat has been turned into a cafeteria.

(우리의 하우스보트는 카페테리아로 바뀌었다.)

When I grow up I want to be a teacher.

(나는 자라서 선생님이 되고 싶다.)

왜냐하면 첫 번째 문장에서 *houseboat*(하우스보트)는 과거에 *house-boat*(하우스보트)였던 것을 의미하고, 두 번째 문장에서 *teacher*(선생님)는 '미래'를 언급하기 때문이다. Bauer는 그것을 단어 형성 과정과 관련이 없는 시제의 외부 적용이라고 말한다. 나중에 이 지점에 대해 다시 논의하기로 하자.

그러나 우선 이 문제에 대한 Brekle의 분명한 입장을 언급할 가치가 있다. "… 시제 또는 양태 범주는 독일어 또는 영어의 합성과 파생 영역에서 역할을 하지 않는다."(Brekle, 1970: 58)

Rohrer의 의도는 양태 요소가 단어 형성에서 발견될 수 있음을 증명해 보이는 것이다. 그의 논문에 대한 반응은 대부분 부정적이었고, 나는 그의 논문의 개별적인 요점에 대해 논평할 때 그것들을 인용할 것이다.

부정

첫 번째 논의 지점은 부정이다. Rohrer는 다음 프랑스어 문장으로 요점을 설명한다.

(13) a. Votre raisonnement n'est pas logique.

(너의 추론은 논리적이지 않다.)

b. Votre raisonnement est illogique.

(너의 추론은 비논리적이다.)

a 문장과 b 문장은 동의적인데, Roher는 명제 개념이 부정(negative)을 포함하고 있지 않기 때문에 (Brekle, 1970에서 제안한 것처럼) 명제 개념에서 *illogique*(비논리적)를 파생할 수 없다고 주장한다. 따라서 기저 문장 a의 변형에 의해 파생되어야 한다.

Bauer(1983)는 위에서 언급한 경우의 동의성이 일반적인 규칙이 아니라 예외라는 것을 보여 주는 많은 예를 제공한다[예: *The director is not capable*(그 감독은 능력이 없다.)과 *The director is incapable*(그 감독은 무능력하다.)의 차이]. 그는 다음과 같이 말한다.

> 부정을 포함하는 파생어의 생성에 필요한 모든 것은 (a) 어기와 (b) 부정 요소이다. 그 외 심층 구조에서 생성되는 추가 요소들은 모두 잉여적이다. … 이 부정 요소는 심층 구조의 부사이므로, 아마도 대부분의 다른 부사와 같이 전치사 구일 것이다.(Bauer, 1983: 152)

Rohrer의 접근 방식에 대한 나의 비판은 문장의 심층 구조의 변형에서 명명 단위가 만들어지는 것을 거부하는 내 입장에서 비롯한 것이다. 그러므로 나의 이론에서 *illogical*(비논리적)은 다음과 같은 개념 구조를 통해 설명된다.

(14) 이것은 특질$_1$이다.

특질₁은 논리와 관련이 있다.

특질₁은 부정에 의해 특질₂와 관련된다.

이 논리적 스펙트럼을 기반으로 의미 층위에서 의미소 [+부정]을 *logical*(논리적)에 할당한다.

(15) 특질   특질

　　부정 - 특질

그리고 표현론적 구조는 명명 층위에서 (16)과 같이 형식화된다.

(16) 형태-의미 할당 원리: 부정 - 특질

　　　　　　　　　　il   logical

　　　　　　　　　　　　(논리적)

시제

Rohrer는 "파생어에 시제가 포함될 수 있음을 보여 주기 위해…" (Rohrer, 1974: 114)라는 말로 시제에 대한 토론을 시작하지만, 그는 결론에서 다음과 같이 가정을 부인한다.

지금까지 우리는 시제를 포함한 합성어나 파생어를 발견하지 못했다. *ex-president*(전직 대통령), *ex-champion*(전 우승자) 또는 합성어인 *Heiratsversprechen*(결혼 약속) 등과 같은 경계선에 있는 사례들이 있는데, 여기서 동사 *versprechen*(약속하다)은 약속된 행동(즉, 결혼)이 약속 그 자체보다 늦게 일어날 것이라는 것을 암시한다.(Rohrer, 1974: 116)

그는 심지어 Bach(1968)가 위에 제시된 문장들, 그리고 두 가지 해석이 가능한 문장인 *I knew the owner of that house*(나는 그 집의 주인을 알았다)에 대해서 '시제화된' 해석을 하는 것을 거부한다.

(17) (a) I knew the person who owns that house.

(나는 누가 그 집의 주인인지 알고 있었다.)

(b) I knew the person who owned that house.

(나는 누가 그 집의 주인이었는지 알고 있었다.)

명백히, 시제의 영향을 받는 것은 파생어나 합성어가 아니라 전체 문장이다. 넓은 의미에서 명명 단위를 '언어 외적 현실의 표상'으로 명명하는 것은 시간과 시제를 초월하는 것이다. 시제는 '오직' 파생어나 합성어의 기저 구조에만 존재하기 때문에, 이것들에서 시제를 찾아야 할 어떠한 이유도 찾을 수 없다. Rohrer의 '경계성' 사례는 언어 체계 층위의 특정 시점을 나타내지 않으므로 문법적 시제를 표현하지 않는다. 그것들은 가장 일반적인 시간 관계만을 언급하고, 특정 맥락에서 시제를 얻는다. 시제는 통사와 관련된 것으로, 이것은 단어 형성의 문제가 아니라 통사와 화용(상황 맥락)의 문제이다. 모든 명명 단위는 일반적이고, 시간 독립적인 사실을 표현한다.

Marchand(1965a: 68-69) 역시 부정적인 태도를 취하는데, Bauer(1983: 154)는 이를 다음과 같이 기술했다.

fire engine(소화 엔진)은 발화 순간 화재를 다루는 엔진도 아니고, 발화 (직)전에 화재를 처리한 엔진도 아니고, 발화 (직)후에 화재를 처리할 엔진도 아니다. 오히려, 특정 종류의 화재와 습관적, 본질적으로 관련이 있

는 것이다.(Bauer, 1983: 154)

마찬가지로, Brekle은 단어 형성에서 시제 범주의 존재를 인정하지
않는다.

> 단어 형성 과정의 맥락에서 '시제' 범주에 대한 Rohrer의 처리는 훨씬 더
> 문제가 있다. … 시제는 … 문장 해석의 화용적인 조건에 의존하는 범주
> 이며, … 단어 형성과는 관련이 없다. 덧붙여 나는 Rohrer의 사례가 이
> 맥락에서 의미 있다고 생각하지 않는다.(Brekle, 1975: 32)

위의 예로 돌아가서, 예를 들어, *ex-president*(전직 대통령)에 대한 나
의 분석은 개념 층위에서는 특정 논리적 술어에 해당하는 의미소 ['전직']
으로 실현되고, 표현 층위에서는 *ex*-로 실현된다.

단언

Bauer(1983: 155-156)는 단언(assertion)[*]이 단어 형성에서 모종의 역
할을 한다는 Rohrer의 주장에 수반되는 여러 문제를 지적한다. 나는 여기
에 한 가지만 추가하고자 한다. 단언이 단어 형성에서 어떠한 역할을 해야

....

[*] 여기서 단언(assertion)을 다루는 것은 앞에서 옮긴이 주를 통해 언급한 것처럼 Fill-
more(1968) 등을 받아들인 것으로 보인다. 이는 Lyons(1995: 141)에서 명제를 단언, 부정,
질문의 대상으로 파악한 것과도 관련이 있다. 초기의 변형 생성론자라면 양태의 일종으로
서의 단언은 평서문을 이루며 이 평서문은 의문문이나 명령문 등의 기저가 되는 문장으로
볼 수도 있다. 이런 관점을 단어 형성에 적용하면 단어 형성 과정에서 마치 문장 형성에서
처럼 단언을 다루는 것이 가능하다는 논의가 이루어질 수도 있다. 이 책의 저자는 이를 반
박하기 위해 단어 형성 과정은 단언을 하는 과정이 아니라는 점을 설명한 것으로 생각된다
[Lyons, J.(1995), *Linguistic Semantics: An Introduction*, Cambridge: Cambridge University Press.].

한다면, 누군가는 왜 질문, 조건 또는 다른 형식의 양태는 단어 형성에서 어떤 역할도 하지 않는지 물어볼 수 있다('복합어의 기저가 되는 문장은 단순한 평서문이다.'와 같은 변형 생성론자들의 답변은 그리 명확한 해답이 되지 않는다.). 장황한 토론을 피하기 위해 Rohrer의 말을 직접 인용해 보기로 한다. "… 나는 고립된 맥락의 합성어가 어떤 것을 단언(assert)하거나 전제한다고 주장하는 것이 아니다. 만약 내가 오직 *Flugzeugabsturz*(비행기 추락)라는 합성어만을 말한다면, 나는 비행기가 추락했다고 진술하지 않는다, 나는 단순히 단어를 만든다."(Rohrer, 1974: 120-121) 단어 형성은 단어의 사용에 관한 것이 아니라 독립된 명칭 지정에 관한 것이라고 덧붙이면 충분하다(전자는 통사 차원의 문제이다.). 단어 형성론은 기호로서의 단위를 명명하고, 어휘들의 계열 관계에 존재하는 단위로 분석하는 것이다. 단어 형성 과정은 무언가를 단언하는 과정이 아니다. 명명의 과정이다.

2.5. 단어 형성과 굴절

주장:

(18) 단어 형성론은 굴절 형태론에서 분리되지는 않지만 구분된다. 그 관계는 단일 방향성을 갖는다. 단어 형성 부문은 해당 계열체에 따라 굴절 기능이 부여되는 명명 단위를 어휘부에 공급한다.

통사 부문에서 단어 형성 부문을 분리하는 데 찬성하는 주요 주장 중 하나는 단어 형성 부문이 언어 외적 대상을 지정하는 새로운 명명 단위를 생성하고, 통사 부문은 의사소통을 위해 이들을 결합한다는 사실에 관한 것이다. 이와 유사하게, 단어 형성과 굴절의 기본적인 차이점은 후자가 아닌 전자가 새로운 명명 단위를 생성한다는 사실에서 비롯된다. 단어 형성은 언어 외적 현실과 직접적으로 연결되어 있지만, 굴절과 언어 외적 현실 사이에는 그러한 연결 관계가 존재하지 않는다.

따라서 이 하위 절의 주된 목적은 '분리'까지는 아니더라도, 단어 형성과 굴절을 '구분'하는 데 찬성하는 주장을 제시하는 것이다. 이는 단어 형성과 굴절이 단방향으로 관련된 두 가지 다른 구성 요소를 나타냄을 의미한다. 굴절은 어휘 부문의 일부로 간주되며, 그것의 기능은 단어 형성부로부터 제공받은 새로운 명명 단위에 그들이 속하게 될 계열체에 해당하는 형태통사론적인 자질들을 제공하는 것들로 구성된다. 통사 부문은 특정 계열체에서 필요한 형식을 검색하여 통사 구조에 삽입한다. 이 관계의 특정 메커니즘은 어휘적 요소를 다루는 후속 하위 장에서 설명될 것이다. 그러나 먼저 단어 형성과 굴절 사이의 관계에 대한 다양한 접근 방식에 대해 논의하겠다.

Selkirk(1986: 69)는 Chomsky(1970), Aronoff(1976), Siegel(1979)의 저작에서 제안된 굴절 형태론에 대한 변형적 설명을 거부하면서 다음과 같이 주장한다.

첫째, 의미적 특징 면에서 굴절 접사와 파생 접사 사이에 명확한 경계가 없다.

둘째, 굴절 접사는 합성 또는 파생 접사를 포함하는 구조 내부 및 외부 모두에 나타날 수 있다.

셋째, 변형을 통해 굴절된 형태를 유도하면 문법이 형태에 관한 진정한 일반화(예를 들어, 영어의 모든 규칙적 굴절은 접미사에 의해 발생한다는 사실)를 표현할 수 없게 된다.

기본 원칙, 즉 굴절에 대한 변형적 설명을 거부한 것에 동의하지만, Selkirk의 주장은 그 근거가 충분하지 않다. 내 생각에 두 종류의 접사의 의미는 구별하기 쉽다. 예를 들어 복수 또는 과거 시제를 의미하는 파생 접사는 없다. 파생 접사에 대한 굴절 접사의 위치는 단계 유순 이론(level-ordering theories)의 문제이며, 이는 이 책에서 제안한 나의 이론에서는 전혀 문제가 되지 않는다. 위치와 상관없이, 그들의 의미와 기능은 동일하게 유지된다. 그들은 항상 범주를 표현하고 굴절적 성격의 의미를 전달한다. 그들은 새로운 명명 단위를 생성하지 않는다. 일반화의 결여에 관한 주장은 진지하게 받아들일 수 없다. 존재하지 않는 곳에 일반화를 강요할 수는 없다. 이것이 Anderson(1993: 169)에 의해 주장된 것이다. "… 일반화의 손실 없이는 완전히 동질적인 방식으로 굴절과 파생을 설명할 수 없다."

일반화 문제와 관련하여, 파생과 굴절을 구별하는 핵심 요소 중 하나가 '일반성'이라고 주장하는 Bybee(1985)를 참조할 필요가 있겠다.

> 굴절 범주는 완전한 어휘 일반성을 가져야 한다. 통사 구조에 의해 범주가 요구된다면, 통사 구조의 빈자리에 맞는 어휘 항목에 대해 해당 범주의 요소(exponent)가 있어야 한다. 이것은 굴절 범주의 모든 표현들이 규칙적이거나 생산적이어야 한다는 것을 의미하는 것은 아니다. 영어 동사가 접미 파생이나 모음 교체에 의해 그것의 과거 시제를 형성하든 말든 그것은 중요하지 않다. 중요한 것은 모든 영어 동사의 과거 시제를 형성할 어떤 방법이 있어야 한다는 것이다.(Bybee, 1985: 84)

Bybee는 의도치 않게 논제에 대한 나의 접근 방식을 지지한다. 우리는 Bybee의 아이디어를 발전시켜, 주어진 의미를 표현하기 위해 어떤 종류의 단어 형성 규칙(과정 혹은 유형)을 사용하는 것은 중요하지 않다고 주장할 수 있다. 중요한 것은 특히 보편적인 단어 형성 의미를 표현하는 어떤 방법이 항상 있다는 것이다. 따라서 행동주의 의미가 (전통적 개념으로서의) 합성, 접미 파생, 또는 전환에 의해 표현되는지 여부는 (일반적인 관점에서) 중요하지 않다. 중요한 사실은 주어진 일반적인 의미론의 명명 단위에 대한 요구를 충족시킬 수 있는 장치가 항상 가까이에 있다는 것이다. 이러한 관점은 3장에서 더 발전시키기로 한다.

Williams(1981a)는 파생 접사 밖의 굴절 접사의 위치를 설명하는 데 별도의 규칙이 필요하지 않다고 주장한다. 다음 구조는 그의 주장의 예이다.

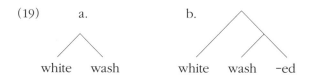

(19) a. white wash   b. white wash -ed

Williams에 따르면, 모든 경우 접사 결합이 합성에 선행하기 때문에 이것이 과거형 *whitewashed*(하얗게 칠한)에 대해 유일하게 가능한 파생 구조이다. 그의 관계 원칙은 위 구조의 역설적 본질을 '제거'한다.

Lieber(1981)는 하위 범주화 틀을 포함하여 굴절 및 파생 접사를 모두 나열하여 기본적으로 굴절과 파생을 식별한다. 또한 그녀는 독일어의 움라우트, 중첩, 모음 교체, 삽입, 굴절 및 동사 활용과 같은 굴절 과정을 단어 형성 과정으로 간주한다. 특히 중첩, 삽입, 움라우트 등은 Aronoff의 조정 규칙과 유사한 소위 문자열 종속 규칙(string dependent rules)으로 설명된다.

Aronoff(1976)는 파생 형태와 굴절 형태가 구별되어야 한다고 믿는다. 그의 관점에 따른 기준 중 하나는 굴절은 계열체이며 보충법을 나타낼 수 있다는 것이다. 파생 형태론은 계열체가 아니기 때문에 보충법이 있을 수 없다. 즉, "그것은 음운론적으로 다르면서 의미론적으로 관련된 단어들을 고려하지 않는다."(Aronoff, 1976: 2)[11]

Bauer(1983: 22-28)는 '단어 형성 대 어휘소의 대립형(lexeme opposition)', '단어 형태 내에서 높은 호환성 대 낮은 호환성', '문장 안에서의 낮은 대체 가능성 대 높은 대체 가능성', '단어 내에서의 위치의 다름', (일반적으로) '계열체 내에서 공백 있음 대 공백 없음', '(일반적으로) 의미론적으로 규칙적인 대 불규칙함' 등 여러 가시 차이섬을 논의한다.

나는 Bauer의 첫 번째 기준이 가장 중요하다고 생각한다. 왜냐하면 그것은 언어 외적 현실의 대상 혹은 현상에 대한 기호나 이름을 생성하는 것과 이들 이름들을 문장에 사용하기 위해 통사형태론적인 특징을 제공하는 과정의 기능적 차이를 의미하기 때문이다.

Bauer는 또한 마지막 두 가지 기준에서 법조동사(modal verbs)*의 계열체의 차이, 불규칙한 과거 시제 및 동사의 과거 분사(비록 공시적으로 새로운 동사들은 규칙적으로 활용되지만), 불규칙 복수 명사 등의 굴절과 파생 모두에 예외가 있다는 것을 인정한다. 반면에, 생산성이 높은 단어 형성 유형(공백이 거의 없는)은 많이 있으며, 게다가 의미론적으로 규칙적이다. Bauer는 영어 타동사로부터 -able을 가진 형용사가 형성되는 것에 대해 언급한다. 나는 여기에 -ing에 의한 명사화, 동사에 -er이 결합한 행동주 명사, un-에 의한 긍정 형용사의 부정화 등을 추가하겠다.

Dokulil(1962: 17)은 단어 형성 범주와 굴절 범주 사이의 실질적인 차이는 추상화의 정도 및 그 질과 관련이 있다고 주장한다. 전자의 범주는 특정한 종류의 단어로 제한됨으로써 덜 추상적이다. 그것들은 특정한 어휘-의미적 범주와 밀접하게 관련되어 있다. 한편, 단어 형성 범주는 한편으로

....
*   영어의 'can, must, may' 등 가능성, 허락, 의도 등을 나타내는 조동사를 말한다.

는 특정 어휘 그룹을 포함하고, 또 한편으로는 보다 일반적인 어휘-의미적 범주(사람, 사물, 행위)에 포함된다. 그러나 문법적 범주는 단순히 어휘적 의미에 대한 일반화 정도의 차이로 설명할 수 없다. 그것들은 특정한 어휘적 대상들로부터 독립적이다.

Anderson(1992: 185)은 다음과 같은 중요한 차이를 지적한다.

> 한편, 굴절 규칙의 구조적 설명은 형태통사적 표현의 속성을 참조하는 반면, 파생 규칙의 구조적 설명은 어휘 항목의 품사 정보를 참조한다. 다른 한편, 굴절 규칙의 구조적 변화는 그들의 음운론적 형태에만 영향을 미치는 반면, 파생 규칙은 일반적으로 항목의 의미 및/또는 통사 차원에도 영향을 미친다.(Anderson, 1992: 185)

Siegel(1979: 12-27)은 모든 굴절 특성은 문법의 통사 부문에 의해 도입되는 반면, 파생 형태들은 어휘 부문에 의해 도입된다고 가정한다. Siegel은 통사적으로 파생된 단어(굴절형)의 의미가 합성적이라는 사실과 어휘적으로 파생된 단어의 의미가 합성적이지 않다는 사실에서 주요한 의미적 차이를 확인한다. 그러나 이것은 단어 형성의 어기와 접사 사이의 일정한 규칙적 관계에 기초하는 단어 형성 규칙의 생산성 원리와 모순된다. Siegel의 예시들은 정확하지 않다. 'Markov 스타일의 해결책'의 의미로 쓰인 *Markovian solution*, 'Fallopius의 이름을 딴 관'인 *Fallopian tube*(나팔관)의 -*ian*의 의미가 다르다는 것은 파생 의미론의 비예측성을 입증하는 증거가 아니다. 그것들은 그저 두 개의 다른 의미를 가진 동음이의 접미사의 존재를 보여 줄 뿐이다. 굴절 분야에서도 이러한 경우가 있다. 예를 들어 -*s*는 '복수 및 3인칭 단수' 두 개의 서로 다른 굴절 접미사를 나타낸다.

좀 더 적절한 것은 그녀의 음성학적 주장이다. 음성학적 차이는 강세의 이동을 유발하고 다른 음운론적 변화[*divide*(나누다)-*division*(분할)]를 유발할 수 있는 형태소 경계 파생 접미사의 존재와 관련이 있다. 또한 접미사는 자신들이 결합하는 단어의 특질에 민감할 수 있다(예: -*al*은 모음 또는 전설 자음으로 끝나고 마지막 음절에 강세가 있는 단어에만 첨부된다). 이러한 특성은 굴절 접사에는 적용되지 않는다.

흥미로운 고려 사항은 지위 변화에 관한 것이다. 굴절 접사는 파생 접사가 될 수 있지만 그 반대는 불가능하다. Siegel은 두 가지 사례를 언급한다. 첫째, 불가산 의미로 쓰일 때는 *bananas, nuts, bats*는 명사가 아니다. 그들은 기동동사 go와 함께 사용되는 형용사이다. *went bananas, went nuts, went bats*는 비유적으로 썩은 것, 질투로 파래진 것, 쉬어 버린 것** 등을 의미한다. 이 예에서 -*s*는 파생 접미사가 되었다.

여기에 원래 소유격이었던 것의 형용사화와 속격 접미사의 파생 접미사로의 전환에 대한 Vachek(1976)의 설명을 덧붙일 수 있다.

Siegel이 제시한 또 다른 예는 근거가 충분치 않은 것 같다. Siegel은 원래 복수형 -*s*가 형용사와 동사로부터 명사를 파생한다고 주장한다[*the blues*(우울), *the hots*(매료), *the shakes*(떨림), *the jitters*(초조함)]. 이 제안은 모든 예들이 각각의 형용사와 동사의 전성형 복수로 설명될 수 있고, 단수 명사는 소위 '보조 명명 단위(auxiliary naming unit)'(생산적이고 규칙적으로 결합되나, '활성화되지 않은' 명명 단위로, 어휘부에 저장된 다른 명명 단위들처럼 다음 단계의 단어 형성에 참여한다. 추가적인 예는 4장의 '잠재어'의 예를 참고하

....

* 해당 표현들은 모두 같은 의미(매우 화가 났거나 흥분했거나 통제 불능인 상태 또는 정신적으로 문제가 있는 상태)로 사용되는 idioms이다. '-s'가 복수의 의미를 나타내는 굴절 접사의 역할이 아니라 파생 접사적 기능을 하고 있음을 보여 주기 위한 사례들이다.

라.)'로 설명될 수 있기 때문에 의문을 제기할 수 있다.

Anderson(1993)은 굴절-파생 관계에 대한 매우 심오한 분석을 제공한다. 그의 견해에 따르면, 형태론은 어간 기반이기 때문에, 즉 표면 단어에서 굴절 형태소를 빼기 때문에, 나머지 형태론에서 굴절 요소를 구별할 수 있어야 한다. 이에 더하여 Anderson은 다음과 같이 주장한다.

> 실문법증(agrammatism)이라고 불리는 유형의 실어증은 (적어도 한 부류의 환자에 대해) 통사 구조와 굴절 형태를 구성하고 조작하는 능력의 결핍을 수반하는 것으로 보이지만, 나머지 어휘부(파생 형태 포함)는 비교적 온전한 상태로 남아 있다.(Anderson, 1993: 171)[12]

더욱이, Anderson의 견해에 따르면, 강어휘론 가설은 (문법이 단어의 내부 형태를 조작하거나 접근하지 못하므로) 굴절 형태론을 포함하지 못하며, 결국 단어 형성론에 한정된다(Anderson, 1992: 84).

나는 위의 주장이 비록 제시된 표현론적 이론과 관련하여 동일한 가중치 및/또는 타당성을 가지는 것은 아니지만 주장 (18)을 뒷받침할 만큼 충분히 결정적이라고 믿는다. 따라서 이 책의 뒷부분에서 나의 이론을 발전시키면서, 나는 단어 형성이 굴절과는 다르게 다뤄져야 하고, 그것들이 모듈형 언어 체계의 두 가지 다른 구성 요소에 속해야 하며, 그것들 사이의 관계가 단방향적이라고 가정하겠다.

형태통사론적 자질의 할당 문제는 다음 절에서 논의하겠다.

2.6. 단어 형성과 어휘부

주장:

(20) 단어 형성 부문과 어휘 부문은 양방향으로 밀접하게 관련되어 있다. 전자는 어휘부에 저장된 명명 단위의 어기 및 접사를 기반으로 만들어진 새로운 명명 단위를 후자에 제공한다.

내가 생각하기에 단어 형성 부문을 독립적인 부문으로 간주하는 충분한 이유를 제공했으므로, 이제 단어 형성 부문과 어휘 부문과의 관계를 설명하고자 한다.

1장에서 설명했듯이 새로운 명명 단위를 만드는 과정은 여러 단계를 포함한다. 여기에서 우리는 명명 층위, 음운 층위를 초점화하고자 한다. 단어 형성 어기와 접사 형태소들을 표현 층위에서 만들어진 논리 의미론적 구조(logical-semantic structure)에 할당하는 과정이 명명 층위에서 일어난다는 점은 이미 언급하였다. 여기에 형태–의미 할당 원리를 적용하면 형태적으로 새로운 명명 단위가 생성된다. 이 시점에서 반드시 발생하는 질문은 새로운 명명 단위의 형태통사론적 특징에 관한 것이다. 이 문제는 단어의 '핵(head)' 문제로 자주 논의되어 다양한 해석을 낳았다.[13]

2.6.1. 품사 범주의 결정

나의 단어 형성 모델에서, 명명 층위에서 결정되는 유일한 특징은 단어의 품사이다. 단어의 품사에 따라 달라지는 강세 할당 규칙(모델의 음운 층위)이 있기 때문에 품사는 이 단계에서 결정되어야 한다. 예를 들어, '*construct*(구성하다/구성), *increase*(늘리다/증가), *replay*(다시 하다/재경기), *isolate*(고립시키다/고립된), *abstract*(추상적인/추상), *concrete*(구체적인/구체물), *absent*(부재의/결석하다)' 등[14]과 같이 개별 구성원의 품사에 따라 강세가 달라지는 일부 전환 쌍(표현론적 유형 V)이 있다. 이러한 차이점들은 표현론적 재범주화 사례에만 국한되지 않는다. 따라서 음운론적 구성 요소는 강세를 할당할 명명 단위의 품사를 '알아야' 한다.

다른 모든 특질들은 어휘부 내의 새로운 명명 단위에 할당된다. 그러나 이것은 단어 형성부에서 제공되는 명명 단위의 형태통사적 특징을 결정하는 구성 요소가 무엇인지 어휘부가 '알고' 있음을 의미한다. 이 책에 소개된 용어를 따르자면, 이 구성 요소는 표현론적 어기이다. 이것이 항상 대상의 부류, 생물의 속(屬) 등을 지칭한다는 것이 한번 더 강조될 필요가 있다. 이를 통해 '핵' 즉, 표현론적 어기는 형식적 특징보다는 논리-의미론적 기준에서 식별됨을 알 수 있다. Williams(1981a)의 우핵 규칙(right-hand head rule)으로 공식화된 가정과는 달리, 표현론적 어기가 논리-의미 구조의 오른쪽에 있는 경향이 강하지만, 위치에 따라 지정되는 것은 아니다.

Brousseau는 유사한 견해를 가지고 있는데, 그는 단어의 핵을 단어가 하위어인 항목으로 정의한다(Lieber, 1992: 30 재인용). 그러나 Liber는 *happiness*(행복) 혹은 *representation*(표현) 같은 단어에 기초한 Bauer(1990)의 반론을 언급한다(Liber, 1992: 206). 내가 보기에, 이 반례들은 근거가 없다. 접미사 *-ness*는 '추상적 자질'의 매우 일반적인 부류를 나타낸다. 이것은 다음과 같은 특정한 특질로 식별된다.

(21)　　　**특질**　　추상적 개념　　**특질**
　　　　　happy　　───────　　ness
　　　　　(행복하다)

접미사 -ation에도 동일하게 적용된다. 그 의미는 '추상적 행동' 즉, '과정(때로는 과정의 결과 또는 과정이 이끄는 상태에 영향을 주기도 함)'이다.

(22a)　**행동**　　추상적 개념　　**과정**
　　　　represent　　　　　　　　ation
　　　　(표현하다)

(22b)　**행동**　　　사실　　　　**상태**
　　　　represent　　　　　　　　ation
　　　　(표현하다)

의심할 여지 없이, 보다 일반적인 개념을 나타내는 구성 요소는 위의 두 예에서 모두 접미사이다.

cookie(쿠키)나 bluish(푸르스름한)의 의미적 핵이 cook(요리하다), blue(푸른)라고 말하는 Zwicky에 대해서도 비슷한 종류의 주장이 적용될 수 있다. bluish(푸르스름한)에서 접미사 -ish는 '유사성' 또는 '근접 정체'의 부류를 나타내는 개념 범주 특질에 해당하는 반면, 표현론적 표지는 '유사성'의 의미를 구체화한다.

(23)　　**특질$_1$**　　유사성　　**특질$_2$**
　　　　blue　　　　　　　　　　ish
　　　　(푸른)

cookie(쿠키)의 접미사 -ie는 '작은 것(지소사)'의 부류를 나타낸다. '작은 것'이 나타내는 것은 표현론적 표지인 cook(요리하다)이 지정한다.

(24)　　**실체**　　지소사　　**실체**
　　　　cook　　　　　　　　　　ie
　　　　(요리하다)

위 논리를 통해 새로운 명명 단위의 품사를 결정하는 접두사가 결합된 구조를 설명할 수 있다. 예를 들어 *behead*(참수하다)는 다음과 같이 분석해야 한다.

(25)　　**행동**　_____　**실체**
　　　　행동　　⟶　　대상
　　　　be　　　　　head
　　　　　　　　　　(머리)

여기서 행동은 표현론적 어기이다. 그것은 대상에서 지시되는 동작의 일반적 부류를 나타낸다.

좌측 표현론적 어기를 가진 구조는 *be-* 구조 사례들을 분석하는 다음 사례 연구에 의해 설명될 수 있다.

2.6.2. 사례 연구: *be-* 구조

접두사 *be-*를 포함한 46개의 명명 단위들이 분석된다.

(26) *becloud*(혼란시키다)　　　*befoam*(거품이 일다)

　　 becobweb(거미줄처럼 얽히다)　*befog*(안개가 끼다)

　　 bedevil(사악하다)　　　　*befool*(속이다)

　　 bedew(적시다)　　　　　*befoul*(더럽히다)

　　 bedim(흐리게 하다)　　　*befriend*(친구가 되어 주다)

　　 bedust(먼지를 뒤집어쓰다)　*befringe*(얼버무리다)

　　 bedwarf(난잡하게 굴레를 쓰다)　*begem*(보석으로 뒤덮다)

　　 beflower(꽃이 피다)　　　*begift*(재주가 있다)

begird(둘러싸다) *bemud*(진흙투성이가 되다)

beglamour(윤기가 돌다) *benumb*(마비시키다)

begloom(마음이 울적하다) *beplaster*(~에 회반죽을 바르다)

begrime(더럽히다) *bepowder*(~에 가루를 뿌리다)

behead(참수하다) *besaint*(성직자가 되게 하다)

bejewel(보석으로 장식하다) *beslave*(노예가 되게 하다)

heknave(악당처럼 굴다) *besot*(취하게 하다)

belace(끈으로 고정시키다) *bespangle*(번쩍거리게 하다)

belate(늦게 하다) *bespice*(향신료로 간을 맞추다)

belee(비굴하게 굴다) *bestar*(별을 장식하다)

belittle(축소하다) *bethrall*(박진감 넘치다)

bemean(비열하게 만들다) *betitle*(직함을 부여하다)

bemedal(훈장을 달다) *betroth*(약혼시키다)

bemire(미혹되다) *bewig*(가발을 쓴)

bemonster(괴물처럼 굴다) *bewitch*(마녀처럼 굴다)

이 중 7개의 명명 단위 *bedim*(흐리게 하다), *befoul*(더럽히다), *be-late*(늦게 하다), *belittle*(축소하다), *bemean*(비열하게 만들다), *benumb*(마비시키다), *besaint*(성직자가 되게 하다)는 접두사 be-와 형용사 단어 형성 어기를 결합한다. 각각의 경우에, 후자는 행동 결과(사실)의 논리적 의미에 첨부되는 반면, 표현론적 어기는 일반적인 행동을 표현하는 접두사로 표현된다.

후행 요소(표현론적 표지)가 실질적인 단어 형성 어기로 표현되는 나머지 39개의 명명 단위 중 표현론적 표지는 행동의 결과[12개, *befoam*(거품이 일다), *begloom*(마음이 울적하다), *beslave*(노예가 되게 하다), *betitle*(직함을 부여하다), …], 혹은 처치 결과를 나타내는 처치 도구[17개, *bemedal*(훈장을 달다), *bemire*(미혹되다), *bestar*(별을 장식하다), *begem*(보석으로 뒤덮다)]를 나타낸다. 이는 최대 29개의 명명 단위에 사실적 의미를 추가한다. 5개 유형의 경우, 표현론적 어기의 행동은 표지의 논리적 대상을 겨냥하고[*begird*(둘러싸다), *behead*(참수하다), *belace*(끈으로 고정시키다), …], 4개 유형에서 표지는 행동의 방식을 나타낸다[*bedevil*(악마처럼 굴다), *bemonster*(괴물처럼 굴다), *bewitch*(마녀처럼 굴다), *beknave*(악당처럼 굴다)]. 그리고 1개는 행동의 방향을 나타낸다[*belee*(비굴하게 굴다)]. 따라서 다섯 가지 유형의 표현론적 표지를 구분할 수 있다[결과(Fact), 도구 -> 결과(Instr -> Fact), 대상(Obj), 방식(Manner), 방향(Dir)].

일반적으로 생각되는 행동 분류 내에서, 어떤 결과를 산출하고, 어떤 것을 제공하는 등의 행동 유형을 구별할 수 있다. 또한, '무언가를 목표로 하는' 행위 유형의 하위 그룹이 있다. 또 다른 행위 유형은 어떤 패턴에 따른 활동을 다룬다. 무언가를 산출하는 대신 '제거'하는 행위의 경우는 한 가지 사례가 있다[*behead*(참수하다)].

분명히 그것은 전체 대상의 유형(다시 말해, 행위의 유형)으로 명명될 대상을 식별하는 첫 번째 구성 요소이기 때문에, 위의 46개 경우 각각에서 표현론적 어기로 기능하는 것은 이 구성 요소이다. 그런 다음, 어기는 확인된 5개의 논리-의미적 관계 중 하나의 표지에 의해 명세된다. 명명 단위의 품사를 결정하는 것이 표현론적 어기임을 고려할 때, (단어의) 유형을 결정하는 기능은 접두사 *be-*에 있음을 알 수 있다.

나는 새로운 명명 단위의 품사 범주를 결정하는 것이 표현론적 어기임을 논의하였다. 이 정보가 제공되면, 각 명명 단위는 강세를 받을 수 있고 '제3음절 이완 모음화 규칙(Trisyllabic Laxing Rule)'과 같은 음운론적 형식을 결정하는 또 다른 규칙들을 적용받을 수 있는 음운 층위로 전달된다. 이 문제는 다양한 용어로 이전 문헌에서 많이 논의되었으며(Siegel의 단계 유순 가설, Allen의 확장 유순 가설, Kiparsky의 순환 음운론 등), 많은 규칙들이 적절하게 만들어졌다. 따라서 나는 이 주제를 잠정 생략하고, 특히 개별 단어 형성 요소의 조합 가능성에 부과된 제약의 측면에서 단어 형성 요소와 어휘부 구성 요소 사이의 관계를 논의할 것이다.

2.6.3. 제약

일반적으로, 모든 형태소 조합이 허용되는 것은 아니라는 것이 알려져 있다. 일반적으로 허용 여부는 접사의 속성에 의해 결정되거나 접사 하위 범주화 틀에서 지정할 수 있다. 나의 모델에서 접사는 어휘부의 다른 명명 단위들과 마찬가지로 별도의 목록을 나타낸다. 그리고 각 접사는 특정한 항목을 가지고 있다. 명명 단위의 형태통사론적 속성은 각각의 계열체[규칙적인 경우, 표론론적 어기의 특징에 따라 각 명명 단위가 자동으로 통합된다. 혹은 속성(들)이 특수한 경우 개별 특이 포착 명세(idiosyncrasy-capturing specification)에 의해 결합된다.]에서 구성원의 자격을 따라 문장을 형성하기 위해 그것들을 결합하는 데 필요하지만, 접사 항목은 명명 단위를 형성하기 위해 접사와 단어 형성 어기를 결합하는 데 필요한 정보를 포함한다(해당되는 경우 품사 명세 정보도 포함).

또한 접사는 음운론적 변화를 일으킬 수 있다. 따라서 단어 형성 부문의 명명 층위와 음운 층위는 어휘부의 접사 부분과도 직접 연결되어야 한다. 다음은 현재 모델 내에서 제약 사항을 처리하는 몇 가지 예이다.

1. Kiparsky(1982a)는 '*arríval*(도착), *revérsal*(반전) 대 *depósital*, *recóveral*'의 예에서와 같이 마지막 음절에 강세를 받는 동사에만 겹합하는 접미사 *-al*을 언급한다. 그의 견해에 따르면 동사에 할당되는 강세 순환 법칙(cyclic rule of stress)은 접미사 *-al*의 결합에 선행해야 한다. 이

는 Kiparsky의 어휘 음운론 체계에 의해 예측된다. 내 모델에서는 이 조건이 접미사 *-al* 항목에 지정되어 있다. 내 모델의 음운 층위는 어휘 부문 내 접사의 목록과 계열적으로 분류된 명명 단위들 모두를 참조할 수 있기 때문에, 제약은 각 조건에 맞는 접사와 강세에 맞는 명명 단위를 모두 확인함으로써 간단하게 적용 가능하다.

2. 자주 언급되는(예: Halle, 1973), 기동 접미사(inchoative suffix) *-en*에 의해 부과되는 제약의 예도 유사한 방식으로 설명될 수 있다. 즉, 접사가 단음절 어간에만 결합되고, 또한 폐쇄음으로 끝나는 경우에만 선택적으로 공명음이 선행한다는 조건이 접사의 특성으로 명시된다[*blacken*(검게 하다), *whiten*(희게 하다), *toughen*(단단하게 하다), *dampen*(축축하게 하다), *harden*(단단하게 하다), **dryen*, **dimmen*, **greenen*, **laxen*].

또한 이 제약을 위반한 것으로 보이는 예도 있다. 왜냐하면 *-en*이 두 개의 폐쇄음으로 끝나는 어간(/ft/, /st/)에 부착된 '*soften*(부드럽게 하다), *fasten*(메다), *moisten*(촉촉하게 하다)'과 같은 사례가 있기 때문이다. 이러한 예는 /t/를 삭제하는 음운 규칙의 실현을 보여 준다. 그렇게 되면, *-en*은 음운론적 조건에 부합하는 어간, 즉 '*sof-*, *mois-*, *fas-*'와 결합하는 것이다. 이 형태 조정 규칙(form-adjusting rule)은 내 모델에서 음운론적 층위에 포함되며, 접미사와의 긴밀한 '협력'으로 작동한다. 왜냐하면, 음운 층위와 접사 목록의 직접적인 상호 연결 덕에 접사 항목에 명세된 제약들을 직접 조회할 수 있기 때문이다.

3. 접미사 *-able*에 대한 제약 항목은 이 접미사가 타동사와만 결합한다는 정보를 포함해야 한다. 다시 말하면, 명명 층위는 어휘부에 접근할 수 있다. 이 특별한 경우에는 형태 의미 할당 원리를 이용하여 각각의 단어 형성 어기가 접미사 *-able*과 결합하는 동사군을 포함하는 계열체에 접근한다. 논리적으로, 명명 층위에서는 어휘부의 모든 동사들을 검색하지

는 않는다. 그 작업은 '타동사 계열체'로 분류되는 모든 타동사들로 단순화된다.

4. 접두사 *un*-은 강세 할당에 대해 명세된다. 특히 접미사 *-able*이 포함된 형용사에 등장할 경우 제2 강세를 수반한다는 정보를 제공한다. 앞에서 언급했듯이 생성 중인 명명 단위의 품사는 명명 층위에서 지정된다. 따라서 강세 변화가 발생하는 음운 층위는 명명 층위에서 부가된 품사 정보를 기반으로 접미사에 명세된 강세 조건을 더하여 작동할 수 있다

분명 *un*-의 결합은 또 다른 조건을 포함하고 있는데, 그것은 형용사 어기, 그중에서도 긍정적 의미를 가진 형용사 어기와만 결합한다는 것이다. 따라서 명명 층위에서는 자동적으로 '긍정적 의미를 가진 형용사 계열체'를 검색한다.

5. Aronoff(1976)가 언급한 '절단 규칙(truncation rule)'의 사례[*nominate*(임명하다)-*nominee*(후보자), *evacuate*(대피시키다)-*evacuee*(피난민)]도 우리의 입장에 들어맞는다. 접미사 *-ee*의 항목에는 형태 의미 할당 원리에 의해 할당된 바로 앞의 구성 요소 (동사의 단어 형성 어기)가 *-ate* 자음군으로 끝나면 후자가 삭제된다는 조건이 포함된다. 형태 조정 작업은 접사의 입력 조건 정보에 기초하여 명명 층위에서 이루어진다. 동일한 원칙이 Aronoff의 이형태 규칙들[*electrify*(전화(電化)하다)-*electrification*(전화(電化)]의 예에 적용된다.

6. 물론, 선택 제약은 단어 형성 어기에도 또한 적용된다. 선택 제약들은 단어 형성 규칙의 적용에 의해 변경되지 않는다고 가정된다. 따라서 동사 *refuse*(거절하다)가 유정물 주어를 요구하는 경우, 이 제약은 *refuse*를 어기로 하여 만들어진 명사 *refusal*(거절)에도 그대로 옮겨진다. 결과적으로, *refusal*(거절)은 어휘부에서 이 기능을 자동으로 넘겨받으며, 모든 유사한 명사들을 포함하는 계열체로 분류된다. 모든 편차들은 어휘 부문

의 계열적 체계 내에서 각 명명 단위의 변경된 위치에 반영된다.

표현론적 단어 형성 모델의 운용에 대한 설명이 완료되었다. 이제 어휘부에서 개별 명명 단위가 명세되는 방법에 대한 설명을 요약해 보겠다. 앞서, 단어 형성 부문이 어휘부에 저장된 단어 형성 어기들을 활용하여 새로운 명명 단위를 형성하고, 다시 어휘부에 이들 새로운 명명 단위를 제공한다고 언급하였다. 각 새로운 명명 단위는 품사 범주 기능인 단일 범주로만 어휘 부문에 제공된다. 이제, 문장 생성 시 명명 단위가 통사 부문(syntactic component)에서 사용되기 위해 형태통사적인 특성들이 추가되어야 한다. 이제, 이러한 기능 할당 작업을 설명해 보겠다.

단어 형성 부문으로부터 제공되는 새로운 명명 단위(명사라고 하자)는 새로운 명명 단위를 그 표현론적 어기로 입력하는 명명 단위의 특성에 따라 규칙 또는 불규칙 명사의 각 부류에 할당된다. 이러한 특징에 기초하여, 새로운 명사는 거대 명사 그룹들로 분류된다(굴절 언어에서의 예를 들면, 동일 명사 격어미, 혹은 동사적 사람 명사 어미 등). 이들 계열체 기반의 그룹들은 '타동성-자동성' 등의 측면에서 다시 더 세분화될 수 있다.

이 접근 방식은 슬로바키아어와 같은 굴절 언어에서 가장 잘 설명될 수 있다. 예를 들어 행동주 명사는 동사 어간에 -el과 같은 접미사를 결합하여 구성할 수 있다. *riadit'-el*'(매니저), *učil'-el*'(선생님). 단수형과 복수형 모두에서 7개의 굴절 유형에 의해 명세되는 개별 격 형태소는 품사 범주(이 경우 명사), 성(이 경우 남성), [유정성]과 같은 특질, 마지막 음소의 모음/자음 대립, 바로 앞 음소의 특징 등에 의존하는 네 가지 패턴을 구별해 주는 대립성 굴절 패턴[각각의 형식적 성 – 남성, 여성, 중성, 후자는 슬로바키아어의 형태적 특성이다. 그러므로 예를 들어 *dievča*(소녀)는 중성 명사이다.]에 의존한다. 그런 다음, 문장 차원에서는 각각의 계열 기반 군집(paradigm-based groups)에 접근하여 접근하여 문장 생성 요구에 따라 특정 단어 형식을 검색한다.

영어에는 굴절 형태소가 부족하기 때문에 동일한 원칙을 상당히 단순화된 방식으로 영어에 적용할 수 있다. 또한 위에서 언급했듯이 동사의 논항 구조에도 동일한 원리가 적용된다. 표현론적 어기에 기초하는 구성 요소는 새로운 명명 단위에 품사와 하위 범주(자동사/타동사)를 할당한다. 이러한 종류의 기준 또는 논항 구조를 정의하는 다른 기준에 따라 신조어는 어휘 부문의 특정 논항 구조의 하위 범주로 식별되며, 구문이 그것을 필요로 할 때 활용된다.

2.7. 표현론적 모델과 그 위치

이제, 표현론적 모델에 관한 모든 주장을 요약하여, 언어적 부문들의 체계 안에서 그것의 위치를 도식화할 수 있다. 이것이 [그림 2-1]에 제시되어 있다.

이 그림은 앞부분에서 설명한 개별 부문들과 하위 구성 요소 간의 중요한 상호 연결을 나타낸다. 여기서 나는 그중 한 가지를 강조하고자 한다. 그것은 한편으로는 단어 형성과 어휘 부문, 그리고 다른 한편으로는 언어 외적 현실과 언어 공동체의 명명 요구 사이의 직접적 관계이다. 이것은 절대적으로 필요하다. 먼저, 각각의 명명 과정은 언어 외적 대상에 대해 이름을 할당하라는 언어 공동체의 특정 요구에 응답한다(가장 광범위한 의미에서). 둘째, 각 명명 과정은 명명 대상에 이름을 할당하고자 하는 특정 언어 구성원의 어휘부를 검색하는 과정에 후행한다.

어휘부 검색 작업에 따라 추가 절차가 결정된다. 단어 형성 부문의 전체 경로를 취함으로써 완전히 새로운 명명 단위가 만들어지거나, 아니면

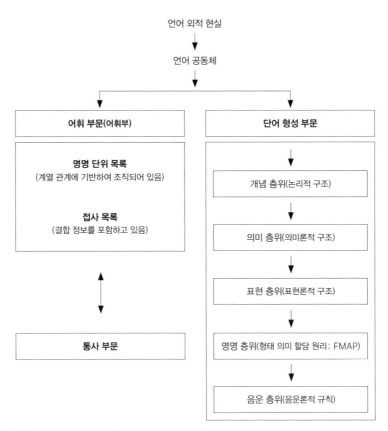

〔그림 2-1〕 단어 형성 부문과 다른 부문들과의 관계

만약 어휘 부문에서 의미 형성의 기반이 될 수 있는 단어 형성 요소들이 발견된다면 어휘 부문을 통한 지름길을 따라 명명된다. 이것은 1장에서 언급했던 단어 형성의 창조성과 생산성의 측면, 특히 명명 행위를 수행하는 언어 공동체 구성원 개인의 창조성과 단어 형성 부문의 표현론적 단어 형성 유형들의 생산성 사이의 상호 관계에 대한 또 다른 증거이다.

2.8. 어휘부의 위상

누군가는 어휘부의 위상이 명확하게 구분되고 정의되어 있을 것이라 기대할 수 있다. 하지만, 전혀 그렇지 않다. Bloomfield(1933: 274)를 시작으로 어휘부는 기본적으로 '불규칙한 것들의 항목'으로 간주되었다. 이 견해는 후에 Chomsky(1970년)에 의해 강조되었고 어휘주의 가설에 입각하여 연구하는 전 세대 언어학자들에 의해 계승되었다. 그럼에도 불구하고 그 역할, 내용 및 위치 등과 관련한 개별적 접근 방식은 다양하다.

Carstairs-McCarthy(1992: 23)에 의해 적절하게 강조된 것처럼 Halle(1973)가 '형태소 목록, 실재어 사전, 그리고 모든 가능어와 특이어(idiosyncratic word)들을 포함하는 여과 장치'를 포함하는 세 가지 '목록'으로 어휘부를 간주한 반면, Jackendoff(1975)의 어휘부는 모든 실재어를 나열한다(투명하거나 특이한 의미를 가진 규칙적이고 불규칙한 형식 모두).[15] 반면 Aronoff(1976)는 특이성의 본질에 관계없이 특이한 단어들만을 나열한다.

Lieber(1981)의 '영구 어휘 부문'은 분석 불가능한 모든 형태론적 요소, 즉 어간과 접사들을 포함한 소위 '어휘적 말단 요소'로 채워져 있다. 예를 들면,

(27) a. 접미사: -ize (음운론적 표현형)

　　　　　의미론적 표현형: 사역

　　　　　범주화/하위 범주화:]명사___]동사

　　　　　삽입 틀: 명사구___(명사구)

　　　　　발음 구별 기호: 층위 2

b. 어간: run   (음운론적 표현형)

의미론적 표현형: …

범주: 동사[＿＿]동사

삽입 틀: 명사구＿＿(명사구)

발음 구별 기호: [-라틴어]

Lieber(1992: 21)는 어휘부가 등재소에 대한 모든 특이 정보를 나열하며, 각 등재소는 어휘적 입력 정보를 가지고 있다는 입장을 유지한다. 어휘 입력 정보들에 관한 그녀의 수정 사항은 다음과 같다.

(28) a. 접미사   -ize   ]명사, 형용사＿＿＿＿]동사

[ayz]

어휘 개념 구조: [사역([사물   ], ['되다'(어기의 어휘 개념 구조)])]

서술어 개념 구조: x

b. 단어: run   [동사＿＿＿＿]

[rʌn]

어휘 개념 구조: [사건 '가다' ([사물   ], [경로   ])]

서술어 개념 구조: x

서술어 개념 구조는 어휘 개념 구조와 통사 구조 사이의 사상을 제공한다.

Cargaires-McCarthy(1992: 30)는 Lieber의 접근 방식이 반드시 다음

과 같은 의문을 제기한다고 적절한 지적을 한다. 분석 불가능한 항목만 어휘부에 나열되고 Halle가 제안한 종류의 여과 장치가 없다면, 예측할 수 없는 *transmission*(자동 변속기)의 의미와 '*arrivation'이 존재하지 않음을 나타내는 방법은 무엇인가? 그녀가 1992년 어휘부에(Di Sciullo & Williams, 1987에 따라) 복잡한 특이어 항목들[예: *transmission*(자동 변속기), 자동차의 한 부분]과 어휘화된 구절 및 문장[예: *to kick the bucket*(죽다), *the cat is out of the bag*(비밀이 새다), Cargaires-McCarthy, 1992: 21-23]을 포함한 것을 보면, Lieber 또한 이러한 종류의 비판을 인정하는 듯하다.

Di Sciullo와 Williams(1987) 또한 특이 단위(등재어들)를 나열한다. 그들의 접근법에서 참신한 것은 그들이 등재와 단어성의 개념을 동일한 것으로 보지 않았다는 것이다. 단어 외에도, 형태소는 의미적 또는 문법적 행동을 예측할 수 있는 내부 구조를 가지고 있지 않기 때문에 나열되기도 한다. 형태론적 대상들만 나열되는 것이 아니다. 등재소들은 형성 규칙에서 벗어나는 단어(또한 형태소, 구문 등)이며(예측할 수 없음), 따라서 암기되고, 어휘부에 저장되어야만 한다. 그렇다면 어휘부는 불규칙한 것들, 즉 '무질서한 것들의 모음'(Di Sciullo & Williams, 1987: 4)이다. Di Sciullo와 Williams 또한 관용구와 관용적 동사구를 나열하고 있는데, 이 둘 다 '통사적인 것들'이다. 그러나 많은 수의 '형태론적 개체', 특히 규칙적인 단어 형성 규칙에 기반한 객체는 나열되지 않았다.

Bauer(1983)의 어휘부 및 어휘 항목에 대한 논의는 매우 정교하다. 어휘부는 어휘소에 대한 독특한 정보, 즉 일반적 규칙으로 예측할 수 없는 정보를 제공한다. 이는 음운론(분절 및 초분절 음운), 형태론, 통사론, 문체론 등을 포함한 단어 형성 규칙으로부터의 모든 종류의 '일탈'에 적용된다.

음운론적 명세는 어간의 분절적(발음), 초분절적(영어에서는 오직 강세) 특이성을 포함한다. 형태론적 데이터에는 형태류, 어형 변화/활용,

복수/과거, 성, 연결 요소 등이 포함된다. 통사론적 특이성 역시 예측 불가능한 행동의 경우에 해당하는데, 예를 들어, 형용사 *former*(전자의)와 *afraid*(두려운)는 각각 속성적[*former*(전자의)] 또는 예측적[*afraid*(두려운)] 사용으로 제한된다는 점에서 대부분의 영어 형용사들과 다르다. 이러한 통사 정보는 항목의 각 상자에 나열되어야 한다. 의미론적, 문체적 정보에 대해서도 이와 유사하게 설명할 수 있다.

Allen(1979)은 형태론적으로 가능한 단어들의 집합인 '조건 어휘부(conditional lexicon)'와 실재어들의 목록인 '영구 어휘부(permanent lexicon)'를 구분한다. 이 국면에서 그녀의 과잉 생성 형태론의 원리가 반영된다. 즉, "단어 형성의 규칙은 가능한 올바른 형식의 단어 세트를 무한히 생성해야 하며, 그중 일부만이 실제의 또는 만들어진 단어(actual or occurring words)이다."(Allen, 1979: 185) 그러나 Allen은 합성의 재귀적 특성을 지적하는데, 이는 목록이 한정된 수의 항목을 내포한다고 가정할 때 복합 규칙의 잠재적 출력을 나열할 수 있는 방법이 없음을 의미한다. 따라서 어휘부는 단어 형성 규칙의 출력 목록으로 생각할 수 없다. 이러한 목록은 무한 길이(즉, 목록이 아님)[16]이고, "… 실제로 어휘부에 일부 복합어만이 입력된다. 이들 복합어는 형태 또는 의미의 어떤 면에서 예측할 수 없는 것들이다."(Allen, 1979: 188)

Lightner(1975)는 어휘부에 오직 어근만을 포함한다. 새로운 단어는 오직 어근 기반 단어 형성 규칙에 의해서만 생성된다. 어근은 음운론적 정보와 의미론적 정보의 복합체로 간주된다. 예를 들어, 단일 어근은 *quick*형용사(빠른), *quick*부사(빨리), *vivacious*(활달한), *biology*(생물학), *zoo*(동물원) 등과 같은 단어들의 기초가 된다. 어근의 의미론적 표현에는 *quick*(빠른/빨리), *vivacious*(활달한) 등에 공통되는 예측 불가능한 의미론적 정보가 모두 포함되어 있다. 그런 다음 단어 형성 규칙은 단일 어근에 의해 파생된 위에 언급된 각 단어에 필요한 추가 정보를 제공한다. 예를 들어 Lightner는 *quick*부사(빨리)을 도출하는 형용사 형성 규칙에 대해 말한다.[17]

Anderson(1992)은 어휘부를 목록으로 보는 전통적인 개념 대신, 그것을 일종의 지식, 특히 "화자가 통사 구조 안에서 그것을 어떻게 사용할 수 있는지에 대한 지식"(Anderson, 1992: 182)으로 간주한다. 그 주된 이유는 "어휘부인 지식의 내용을 다루기 위해 특정 목록을 취해서는 안 된다."라는 것이다(Anderson, 1992: 183). 이러한 관계가 (적어도 부분적으로) 체계적이어서 단어들에 대한 지식의 일부인 한, 이 지식의 중요한 부분은 단어들을 다른 단어들과 연결시키는 방법으로서의 단어 형성 규칙으로 표현된다.

Anderson은 어휘부에 대한 두 가지 '목록' 접근 방식이 근거 없는 것이 아님을 인정한다[그는 Aronoff의 출판되지 않은 논문인 「사전의 두 가지 의미(Two senses of *lexical*)」(1988)를 인용한다.]. 특히 어휘부는 특이한 장소이며 개방 혹은 주요 품사(open, or major word classes)에 속하는 모든 단어의 모음이라는 점을 인정한다. 한편으로, "화자가 특정 단어에 대해 알고 있는 독특한 것들은 확실히 '어휘적'이다." 다른 한편으로 "어휘부는 주요 어휘 범주(major lexical categories)를 채울 수 있는 단어에 대한 우리의 지식을 포함한다."(Anderson, 1992: 183) 따라서 Anderson은 '어휘 항목'이라는 용어를 계속 사용한다. 만약 어휘 항목이 어휘부 안에서 논의된다면 그것은 "(명시적 목록이나 규칙에 의해) 어휘부에 의해 직접 설명됨을 의미한다."(Anderson, 1992: 183)

마지막으로, 어휘 부문의 독립적 존재를 의심하는 몇 안 되는 사람 중 한 명인 Pesetsky(1985)를 언급하겠다. 두 단계로 묘사된 그의 주장은 다음의 예를 통해 간략하게 설명될 수 있다.

unruly(제멋대로 구는)라는 말은 '잘못 행동하다', '질서 없다'라는 뜻

이다. 그러나 *ruly라는 말은 없다. 따라서 unruly(제멋대로 구는)의 의미는 특이 해석 규칙(rule of idiosyncratic interpretation)에 의해 주어진다. 비교격 unrulier(더 제멋대로 구는)는 두 가지 모순된 조건을 충족해야 한다.

(1) un-과 ruly는 [[un+ruly]er] 구조를 전제 조건으로 하는 특이 해석 규칙을 적용하려면 자매항이어야 한다.

(2) -er는 단음절 단어와 일부 이음절 단어에만 첨부할 수 있다. 따라서 [un[ruly+er]]와 같은 구조가 요구된다.

해결책은 특이 해석 규칙과 음운론적 규칙이 두 가지 다른 차원에서 작동한다고 보는 것이다. 전체적으로 unrulier(더 제멋대로 구는)에 대한 완전한 정보를 제공하는 규칙은 없다. 따라서 Pesetsky는 어휘부를 다양한 수준에서 각 규칙의 적용을 결정하는 범례를 포함한 일련의 특이한 규칙의 집합으로 정의하는 것이 합리적인지에 대해 의문을 제기한다. 오히려 그는 다양한 표현 층위에서 다른 규칙이 적용된다고 제안한다. 특이 규칙의 속성은 적용되는 수준의 일반적인 속성에 의해 결정된다. 따라서 Pesetsky의 관점에 따르면, 이러한 상황에서 어휘 부문을 말하는 것은 예를 들어, 'α 이동' 요소를 말하는 것과 같을 것이다. 왜냐하면 'α 이동'은 속성의 각 층위에 따라 달라지는 규칙이기 때문이다.[18]

이 간략한 검토는 어휘부 개념에 대한 접근 방식의 범위가 상당히 광범위함을 보여 준다. 그렇다면, '단어 형성 부문의 모델, 어휘 부문과의 직접적 관계, 통사 부문과의 매개적 관계'로부터 논리적으로 이어지는 제안인 나의 입장은 무엇일까?

어휘부에 대한 나의 계열체적 접근 방식을 고려할 때 나는 '목록'이라는 용어를 '부문' 즉, '어휘 부문'이라는 용어로 대체하는 것을 선호한다. 이 구성 요소는 모든 기호소와 생산적, 규칙적으로 만들어진 모든 명명 단위, 불규칙한 신조어들(예: 다양한 유형의 통사 기반 언어) 및 차용어, 그리고 접사 하위 집합(별도의 목록)을 포함한다. 즉, 어휘부의 상당 부분은 특정 언어 공동체의 명명 요구에 대응하여 단어 형성의 규칙적이고 생산적인 규칙에 의해 만들어진 모든 명명 단위에 의해 표현된다는 것을 의미한다. 나는 규칙적이고 생산적인 속성에 중점을 둔다. 이들은 단어 형성 규칙(이것은 또한 다음 장에서 논의할 생산성 개념에 중요하며, 동시에 기존 개념과의 유의미하고 결정적인 차이다.)이 특이한 명명 단위를 생성하지 않는다는 것을 나타낸다. 어휘화 과정과 관련하여 기본적인 규칙적, 생산적 패턴에서 벗어난 부분은 어휘부에서 발생한다. 그러므로 *transmission*(자동변속기, 자동차의 일부), *professor*(교수, 앞의 논의 참조), 혹은 Chomsky의 예들을 사용하자면 *the French revolution*(프랑스 혁명)에서 *revolve*(돌다) 대 *revolution*(혁명), 혹은 *the Anglo-Saxon genitive construction*(고대 영어의 소유격 구성)에서 *construct*(구성하다) 대 *construction*(구성)은 단어 형성 규칙의 결과물이 아니다. 이들 및 기타 규칙적으로 만들어진 명명 단위의 특이한 의미는 어휘부 내에서 의미론적 형성(또는 의미론적 이동)의 작동에 의해 생성된다. 이것은 또한 Chomsky가 파생 과정의 변형적 처리를 인정하기를 꺼리는 것에 대한 대답이기도 하다. Chomsky는 파생적 과정이 통사적 과정보다 훨씬 생산적이지 않으며 그러한 파생 과정에서 나온 단어들이 종종 '기대되는 의미'에서 벗어난다고 가정했다. 나는 어떠한 변형된, 특이한 변경 사항을 규칙적으로 만들어진 명명 단위들이 저장된 어휘부 내에서 일어나는 것이라고 설명함으로써 단어 형성 규칙의 절대적인 규칙성을 주장한다. 그리고 이를 통해 생산적인 단어 형성 규칙으로부터 나온 의미론적으로 '불규칙적인' 결과물들의 문제를 극복한다.

　마찬가지로, 절단[*ad*(광고), *lab*(실험실), *maths*(수학) 등]은 단어 형성 부문에 포함할 수 없다. 첫째, 단어 형성은 새로운 명명 단위, 새로운 기호를 만드는 것을 다룬다. 그런데 절단어는 새로운 기호가 아니다. 그들은 대응하는 전체 형태와 동일한 의미를 전달한다. 따라서 이는 명명 과정이라기보다는 형식 축소 과정일 뿐이다. 둘째, 절단은 매우 예측 불가능하고 불규칙한 과정이다. 따라서 그것은 단어 형성 과정으로 간주될 수 없다. 이런 종류의 변화는 이미 만들어진 명명 단위에 영향을 미치므로, 어휘부에서 일어난다.

즉, 규칙적인 단어 형성 과정에서 의미적, 형태적 편차들은 모두 어휘부에서 발생한다.

어휘 부문은 단순한 목록이 아니다. 이미 언급했듯이, 그것은 여러 가지의 형태적, 어휘적, 의미적 관계를 반영하는 여러 그룹(계열체)으로 세분화되어 있다. 기본 기준은 품사 범주이다. 이에 더하여, 생산적이고 규칙적인 단어 형성 규칙에 의해 만들어진 각각의 복합 명명 단위는 개념적, 의미적 구조와 음운론적 특징을 함께 가지고 온다. 어휘 부문의 기호적(monematic) 부분은 어휘 부문의 특질에 직접 지정된다. 그리고 마지막으로, 모든 특이성은 어휘부의 계열체 구조 내에서 각 명명 단위의 변경된 위치에 자연스럽게 반영된다.

어휘 부문은 (단어 형성 규칙에 의해 만들어진) 규칙적인 명명 단위와 더불어 '의미론적 연산의 산물, 또는 통사적으로 기원한 것이 분명하거나, 혹은 불규칙성, 우연성의 정도가 높은 관용구 기반 신조어들' 같은 특이 신조어들을 모두 포함한다. 후자는 통사 부문과 어휘 부문 사이의 상호작용의 산물이다([그림 2-1] 참조). 어휘 부문은 별도의 접사 목록을 포함하고 있으며, 통사 부문과 직접 상호 연결되기 때문에 이러한 항목의 생성(그 통사적 기원을 나타내기 위해 '연어'라고 부르기로 한다.)은 아무런 문제가 되지 않으며, 어휘 부문에 이러한 결합물을 저장하는 것도 문제가 없다.

생산성

03

3.1. 개관

생산성은 단어 형성에서 관찰되는 언어의 보편적인 특징 중 하나이다. 생산성은 새로운 명명 단위가 필요할 때마다 이를 형성하는 것을 허락하기 때문이다. 그러므로 단어 형성은 생산성이 있는 단어 형성 유형을 다루며, 이는 공시적으로 단어 형성은 새로운 명명 단위를 만들어 내는 데 사용됨을 의미한다. 더욱이 생산성은 규칙성을 함의한다. 단어 형성 유형의 규칙성은 언어 사용자로 하여금 새로운 명명 단위를 배우고, 사용할 수 있게 한다. 규칙성은 적어도 명명 단위의 '역사'의 첫 단계에서 일종의 기억 기술(mnemotechnics)로 기능한다.

생산성의 개념은 단어 형성의 다양한 양상을 다루는 많은 연구와 만나게 된다. 그러나 생산성은 서로 다른 방식으로 해석되며, 따라서 모호하다. 이러한 문제들은 최근 들어 많은 주목을 끌었다. 이 장에서 나는 생산성과 관련된 몇 가지 일반적인 이론적 이슈에 대해 논하고, 생산성에 대한 연구의 일반적인 방법론적 가능성을 약술할 것이다. 또한 이에 대한 몇 가지 접근법에 대해 검토하고, 생산성의 몇 가지 핵심 개념을 분류하고, 이 책에서 제시된 표현론에 부합하는 나의 생산성 개념을 약술할 것이다. 이것은 두 사례 연구를 통해 명백해질 것이다.

이 장의 논의는 다음과 같은 주장으로 결론지어진다.

(1) 단어 형성 규칙(유형)은 통사 규칙이나 굴절 규칙보다 덜 생산적이지 않다. 더욱이 이것은 완전히 규칙적이며 예측 가능하다.

생산성의 개념에 대한 서로 다른 접근법에 영향을 주는 여러 요인들이 있다. 이것은 다음과 같이 요약될 수 있다.

(a) 특히 다양한 이론에서의 단어 형성론의 지위와 같은 일반적인 이론적 배경은 다음과 같은 질문을 포함한다.

(a1) 언어학적 체계에서의 단어 형성론의 위상(단어 형성론은 통사론, 형태론에 포함되어야 하는가, 어휘론에 포함되어야 하는가? 아니면 독립된 부문인가? 단어 형성론은 다른 부문과 어떤 관계를 맺는가?)

(a2) 단어 형성 유형(규칙)은 생산적이고 규칙적인가?(예를 들어, 단어 형성 규칙의 생산성이 통사 규칙 또는 굴절 규칙보다 훨씬 낮다고 주장하는 접근법을 봐라.)

요점 (a)는 다음 (b)와 밀접하게 관련된다.

(b) 단어 형성론 범위의 차이(예를 들어, 합성어가 단어 형성론에 포함되어야 하는가?), 결과적으로 생산성 범위의 차이, 특히 (c)에 의해 후자가 조건화된다.

(c) 잠재어의 개념에 대한 태도와 과잉 생성 형태론에 대한 개념. 이 들은 (d)에 반영되어 있다.

(d) 충분히 정교하지 않은 방법론(예를 들어, 생산성이 정확한 수학적 방법에 의해 구체화되었는가, 아니면 단지 추상적인 용어인가? Dokulil 의 생산성 분류에 대해서는 후술된다.), 다시 말해서 일반적으로 받아들여지는 생산성을 결정하거나 계산하는 방법이 존재하지 않으며, 또한 아직 정의되지 않았거나, 또는 잘못 정의된 기본 용어에 반영되어 있다.

일반적으로 복잡한 생산성 개념의 기초가 되는 일반적인 방법론의 타당성에 대한 질문들이 많이 있다. 다음 절에서는 기본적인 이론적 배경에 대해 논한다.

3.2. 이론적 배경

(1) 새로운 명명 단위를 생성하는 언어 체계(랑그)의 엄청난 잠재적 능력을 반영하는 근본적인 구분(division)은 특정 단어 목록(word-stock) (어휘부)에 존재하는 명명 단위로, 이는 언어 체계의 필수적인 부분이며 잠재적인 명명 단위(실재하지는 않지만, 필요시 만들어질 수 있는)로 구성된다. 명백히 후자 그룹의 범위가 훨씬 넓으며, 후자는 전자를 포함한다. 이러한 시각에서 생산성에 대한 근본적인 접근법이 세 가지 있다.

(a) 첫째, 우리는 좁은 의미에서의 실제 생산성을 논의할 수 있다. 이러한 접근법에서는 실제 명명 단위만을 고려한다. 이러한 명명 단위는 관습

화되고, 언어 공동체의 어휘에서 필수적인 한 부분이 된다. 이러한 경우에 우리는 언어 체계 층위와 잠재 층위 사이에 있는 중간 층위를 나타내는 임시어 형성(nonce-formations)은 고려하지 않는다. 이러한 방법론적 접근은 공시적 또는 통시적이 될 수 있다.

(a1) 생산성에 대한 공시적 연구는 언어의 역사적 발달 단계의 특정 부분에 형성된 단어 목록(예: 19세기의 마지막 10년 동안 만들어지고 기록된 명명 단위)으로 제한된다.

(a2) 생산성에 대한 통시적 연구는 언어의 발달 과정에서의 단어 형성 유형(규칙)의 생산성에 초점을 맞추고, 전체로서의 어휘를 고려한다. 우리는 최신의 경향은 무시하며, 오히려 어휘부 체계의 단어 형성 구조에서의 개별 단어 형성 유형의 전반적인 역할에 관심이 있다.

생산성을 단지 공시적 현상으로 생각해서는 안 된다. 그 이유는 어휘에서 공시적으로 생산적이지 않은 단어 형성 유형에 의해 생산된 명명 단위의 수가 생산적인 단어 형성 유형에 의해 생산된 명명 단위의 수보다 훨씬 더 많기 때문이다. 나는 이것을 생산성 모순이라 부른다. 이러한 사실은 명명 단위의 존재 체계에 대한 해석론적 기술에서 무시되어서는 안 된다.

(b) 우리는 Bauer(1983)의 용어를 사용하여 아직 관습화되지 않은 임시어의 풍부함에 초점을 맞출 수 있다. 이는 임시어가 언어 체계 역량의 구현, 즉 잠재 층위에서 제공한 기회를 나타냄을 의미한다. 그럼에도 불구하고 이러한 구현은 특정한 언어 공동체의 일반적인 혹은 특화된 지식에 대해서뿐만 아니라, 타당성, 화제성, 일반적인 요구와 언어적 '느낌'에 대한 '점검'을 거쳐야만 한다. 분명히 여기서 우리는 언어 체계 층위와 잠재

층위 사이를 이동하게 된다.

이러한 하위 체계 층위 또는 중간 층위 생산성은 언어 체계가 언어 사용자에 의해 어떠한 중간적 요구를 만나게 되는 가능성에 대해 중요한 정보를 제공한다. 하위 체계의 생산성은 언어의 실재어 형성에서의 생산성에서 우리가 도출한 좁은 의미에서의 실제 생산성과 섞여 있다.

흥미롭게도 중간 층위 생산성의 필수 소선이 (임시어가 언어 체계 층위에서 기능하는 생산적인 단어 형성 유형과 일치하여 형성된) 언어 체계 층위에서 설정되더라도 가능한 임시어의 공인화(institutionalization)를 확정하는 주요 장은 발화(파롤)이다.

결과적으로 언어 체계에서의 현상으로서 생산성은 발화 층위에서의 현상인 빈도 및 발생 범위와 긴밀히 맞닿게 된다. 여기에서 일종의 순환 경로가 만들어진다. 언어 체계 생산성은 우리가 특정 단어 형성 유형의 중간(하위 체계) 층위 생산성을 결정할 수 있는 기준으로 임시어의 기원을 조건으로 한다. 그러나 언어 체계에 새로운 명명 단위를 통합하는 조건은 임시어의 발생 빈도와 발생 범위, 즉 임시어 또는 그 일부에 대한 발화 공동체의 수용, 체계의 생산성에 영향을 미치는 가능성이다.[1]

이러한 관계는 다음과 같이 도식화될 수 있다.

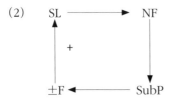

(2)

SL = 언어 체계 층위(생산적인 단어 형성 유형 + 어휘부)

NF = 임시어 형성

SubP = 하위 체계 생산성

F   = 발화 층위 여과 장치

± = 공인화 대 비공인화

(c) 마지막으로, 우리는 잠재 층위의 생산성, 즉 단어 형성 유형의 잠재 생산성(단어 형성 유형에서 실존하지는 않지만 생산 잠재력이 있는 단위에 초점을 맞춘 생산성. 이 경우 생산성은 새로운 명명 단위를 생산하는 개인의 단어 형성 유형의 거대한 역량을 진술하기에는 불충분하며 부정확하다.)을 논의할 수 있다. 그러나 만약 우리가 이러한 방법론적 오류를 피하고자 한다면 우리는 다른 함정에 빠지게 된다. 우리의 관심의 중심은 매우 주관적이고, 아마도 정의할 수 없는, 존재하지 않는, 잠재적인, 그리고 단지 연구를 위해 '만들어진' 명명 단위를 위한 수용성의 원리가 될 것이다. 즉, 잠재 생산성은 이러한 잠재적 명명 단위가 위의 순환 경로에 들어갔을 때 발생할 수 있는 결과로부터 상당한 영향을 받을 수 있도록 여러 언어 체계와 비언어 체계의 제한에 영향을 받는다. 잠재 생산성은 따라서 논의의 결과가 매우 주관적이고 증명할 수 없다.

위와 같은 고려를 통해 다음이 도출된다. 고려된 생산성의 세 가지 유형은 주관성과 객관성 척도에 대한 다양한 수준을 특징으로 한다. 가장 객관적인 결과는 언어 체계 생산성에 의해 제공된다. 다시 말하지만 중간 위치는 하위 체계 생산성에 의해 획득된다. 한번 만들어진 명명 단위의 존재가 아직 전체 언어 공동체의 요구에 의해 확정되지 않고, 단지 개인 또는 작은 그룹의 언어 사용자에 의한 것이기 때문이다.

(2) 또 다른 중요한 점은 언어 체계 생산성이 외부적/내부적 요인에 의해 영향을 받는다는 것이다.

(a) 외부적 요인: 존재하는 지식에 대한 재평가를 포함하는 인간 지식의 발달, 새로운 사물, 현상, 상황의 발견, 무한한 인간의 상상력을 포함한다. 이러한 모든 요인들은 명명에 대한 높은 요구를 부여한다. 외부적 요인은 특히 잠재 층위에서 언어 체계 층위 생산성으로 이행하는 범위와 속도에 영향을 끼치며, 첫 번째 여과 장치(Burgschmidt, 1977의 용어)를 나타낸다. 이제 문제는 생산성을 평가할 때 이러한 외부 요인을 어느 정도까지 고려해야 하는가, 아니면 이러한 요인이 생산성의 통계적 평가에 어떻게든 포함될 수 있는지의 여부이다. 다음에 제안하는 접근법에서 외부적 요인은, 후술되겠지만 생산성과 관련하여 극히 중대한 역할을 한다.

(b) 내부적 한계: 저지(blocking), 어원학, 음운론, 형태론 등등. 이러한 한계는 많은 논자들에 의해 다루어져 왔다(Bauer, 1983; Hansen 외, 1982; Clark-Clark, 1979, Aronoff, 1976; Burgschmidt, 1977 등). 따라서 이미 잘 알려진 결론을 반복하는 것은 불필요하다. '저지'의 수정된 개념은 후에 약술될 것이다.

(3) 가장 일반적인 층위에서부터 가장 상세한 층위까지, 생산성을 측정하는 여러 층위가 있다.

누군가는 합성, 접미 파생, 접두 파생, 전환 등과 같은 '전통적인' 단어 형성 과정의 생산성을 측정할 수 있다. 이어서 이러한 생산성은 (이 개념의 정의에 크게 의존하는) 각각의 단어 형성 유형의 시각에서 측정될 수 있다. 누군가는 보다 상세하게 다양한 접사의 생산성을 다룰 수도 있고, 또는 단어 형성 유형보다 상위 수준에서 문제에 접근하여 생산성을 조사할 수도 있다. 예를 들어, 품사의 변화와 관련되는 전환(명사 -> 동사, 형용사 -> 명사, 명사 -> 동사 등)을 포함하는 것이다.

가능성은 많다. 그러나 중요한 것은 공통된 기준의 한계, 즉 특정의 공통된 층위에 대한 시각에서의 생산성에 대한 비교이다. 이 주제에 대한 나의 접근은 단어 형성에 대한 일반적인 모델에 의해 미리 결정되어 있는데, 이는 전통적으로 사용되는 단어 형성 과정을 배제한다.

3.3. 논의

이 절에서 나는 단어 형성의 생산성 이론에 대한 몇 가지 중요한 접근법을 제시할 것이다. 나의 접근법은 이에 대한 논의 뒤에 제시된다.

Thompon(1975: 332)은 생산적인 과정을 "새로운 단어를 형성하고 이해하는 화자의 능력을 설명하는 것"으로 정의하였다. 생산적인 어휘 과정은 어휘부에 단어가 없는 사물을 명명할 기회를 제공한다. 생산적이지 않은 관계는 어휘부에 제시된 단어 사이의 관계이다. 이들의 기본적 차이는 일반적인 방법을 통해 새로운 형태를 만들어 내고, 이해하는 능력을 포함한다(Thompson, 1975: 333).

Thompson의 시각에서 이는 어휘부의 구조에 대한 함축을 담고 있다. 그녀는 다음의 모델을 제안하였다.

(3)

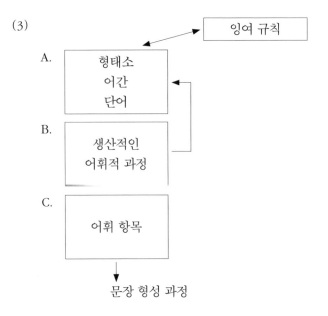

A 층위는 -able, wash(씻다), sincere(진실한), sincerity(진실), un-, kitchen(부엌) 등과 같은 형태를 포함한다. 관련될 수는 있지만 생산적인 규칙으로부터 어느 정도 벗어나는 것들[예: 이들은 예측 불가능하고, 특이한 의미를 가진다. 예를 들어 rewind는 '다시 감다'보다는 '반대로 감다'를 의미하고, rethink는 think(생각하다)와 달리 직접목적어를 취하면서, '다른 관점에서 생각함'을 의미한다.]은 Jackendoff의 잉여 규칙에 의해 포착될 수 있다. 생산적인 규칙은 아마 B 층위에서 적용되고, washable(씻을 수 있는), wash(씻다), sincere(진실한), sincerity(진실), kitchen(부엌) 등과 같이 새롭게 만들어진 단어는 C 층위에 저장된다.

생산적인 규칙은 예측 가능한 단어를 형성한다. 이러한 단어의 의미와 형태는 예측 가능하다. 형식적 동일성만으로는 충분하지 않다. 예를 들어, personable(풍채가 좋은)은 -able에 의해 파생된 것이지만, 일반적인 -able 규칙에는 맞지 않는다(일반적인 -able 규칙은 동사 어간을 요구하며, 의미 역시 다르다.).

　　Thompson은 마지막 수단을 제외하고, 형식적으로 동일한 형태소의 서로 다른 사용이 단지 동음어로 취급되어서는 안 된다는 시각을 제안하였다(Thompson, 1975: 339). 그녀의 제안은 접두사 *re-*에 의한 서로 다른 의미 변화(이전의 부적절한 상태를 바꾸거나 개선함, 이전의 상태를 되찾음, 결과를 다시 얻음.)와 같은 경우에서 옳다. 왜냐하면 이것들의 의미가 서로 밀접히 관련되기 때문이다. 반대의 경우는 단어 형성 요소인 *-er*의 서로 다른 의미이다(하나의 의미가 변한 것이 아님.). 최소한 다섯 개의 다른 접미사 *-er*이 존재한다.[2]

　　eligible(적격의), *susceptible*(느끼기 쉬운)과 같이 *-able* 단어 중 개별적으로 학습되어야 하는 단어에 Thompson은 *demonstrable*(논증할 수 있는), *navigable*(배가 통행할 수 있는), *memorable*(기억할 만한)을 포함하였다. 그러나 후자 그룹의 특성은 전자와는 다르다. 왜냐하면, 이들의 단어 형성 어기는 각각 *demonstrate*(시연하다), *navigate*(탐색하다), *memorize*(암기하다)와 대립하는 것으로 가정할 수 있기 때문이다. 또는 다른 접근법으로, 누군가는 Aronoff의 절단 규칙(truncation rule)을 사용하여 이를 설명할 수 있는데, 전자의 단어 그룹에서는 불가능한 타동사를 파생의 어기로 유지할 수 있다. 분명히 두 개의 짝은 서로 다른 두 개의 단어 그룹을 대표한다.

　　Thompson은 어휘 규칙의 생산적인 특성에 대한 진술에 부합하는 도구로 Jackendoff의 잉여 규칙을 거부하고, 결합 규칙(combinatory rules)을 제안한다. 이에 대한 몇 가지 예시는 다음과 같다.

(4) 부사에 대한 *-un* 규칙

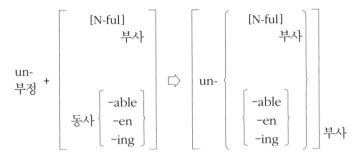

(5) *-able* 규칙

동사 + <u>-able</u> ⇨ [동사-<u>able</u>]형용사

'동사-ed'가 될 수 있음.

(6) 명사-명사 합성어

명사 + 명사 ⇨ [명사-명사]명사

Thompson의 논문에서 가장 생산적인 아이디어는 "과정의 생산성은 항상 특정한 투입과 연관되어 정의된다. 가능한 투입 형식의 집합이 얼마나 제한적인지와는 상관없이, 이것이 '자연' 부류인 한, 과정은 여전히 생산적인 것으로 묘사될 수 있다."(Thompson, 1975: 346)이다. 이러한 아이디어는 Aronoff(1976)에 의해 포괄적인 이론으로 발전된다.

아마도 가장 모순되지 않는 생산성 이론은 Aronoff(1976)에 의해 제안된 것이다. Aronoff는 단어 형성 규칙의 생산성을 숫자로 말하는 것을 거부한다. 그보다는 어떤 접사가 특정 형태론적 부류의 단어에 결합했을 때, 얼마나 생산적인지 물어야 한다.[*] 따라서 #*ness*가 *Xive*[예: *percep-*

....

tive(지각력 있는)] 형태의 형용사에 결합할 때에는 +*ity*보다 더 생산적이며, +*ity*가 *Xile*[예: *servile*(노예근성의)] 형태의 형용사에 결합할 때에는 #*ness*보다 생산적이다. 그러므로 어기의 형태를 고려해야 한다. 이러한 시각에서 단어 형성 규칙의 생산성은 언제나 규칙의 단일한 통사적 기반보다는, 어기 각각의 하위 부류와 관계된다. 예를 들어, +*ity*의 생산성은 라틴계 형용사의 전체 부류의 기능이 아니라, *Xile*, *Xous*, *X+able* 등과 같은 각각의 형태론적 부류의 기능이다. 이러한 하위 부류가 어기의 형태론적 조건, 즉 각각의 단어 형성 규칙에 독립적으로 정해져야 하는 조건을 명세하기 때문이다.[3]

Aronoff의 관점에서, 생산성을 계산하는 기계적 방법의 한 문제는 이 방법이 만들어진 각각의 단어가 반드시 사전에 들어가야 한다는 조건에 심각하게 의존한다는 것이다. 그렇지 않다고 하더라도, 실존하는 단어와 가능한 단어의 비율을 계산하는 효과적인 절차가 없고, 어기의 특정 형태론적 부류로 제한하더라도 생산성 지수를 계산할 방법이 없다.

Aronoff는 생산성을 요인들의 복잡한 상호 작용의 결과로 이해한다. 그는 생산성의 개념을 의미적 일관성(semantic coherence)과 관련짓는다. 후자는 특정 단어 형성 규칙에 의해 형성된 단어 의미의 예측 가능성에 의존한다. 따라서 *Xous* 어기에 #*ness*를 결합하여 추상 명사를 파생하는 규칙은 의미적으로 보다 일관성이 높은데, *Xousness**형태의 모든 명사는 세 가지 가능한 의미 중 하나에 속하기 때문이다. 반면에 *Xousity* 형태의 단어의 가능한 해석의 수는 훨씬 많다. Zimmer(1964)와 동일하게, Aronoff는 의미적 일관성과 생산성 사이에 명확한 연결고리가 있다고 믿는다.

....

* 원문은 'Xnousness'로 되어 있으나, 오기로 보이므로 바르게 수정하였다.

생산성과 밀접하게 관련되어 있는 또 다른 요인은 저지이다. Aronoff가 보인 것처럼, *Xous* 형태의 형용사이면서, 의미적으로 추상 명사와 연관되는 어간이 존재할 때 +*ity* 형태에 의한 파생은 불가능하다. 반대로 Xous 형용사에 대한 #ness 파생은 절대로 저지되지 않는다[*laborious*(고된)-*labor*(노동)-**laboriousity*-*laboriousness*(고된 일)]. 이러한 관계에서 Aronoff는 [어휘부는 문법의 온갖 임의적 항목의 저장소라는 Chomsky(1965)의 시각을 이어받아] 생산적이지 않은 부류의 구성원만이 그것의 (의미적 및/또는 형태적) 특이성으로 말미암아 어휘부에 등재되어야 한다고 지적한다. 그래서 목록에 오르지 않는 단어들(생산적인 단어 형성 규칙에 기반한)은 저지되지 않는다(저지는 단어 형성 규칙의 규칙성을 손상시키기 때문이다.). 범박하게 말해 어휘부에서 단어 형성 규칙의 결과물에 대한 목록화는 생산성의 상실을 가리킨다.

단어 형성 규칙의 결과물은 '실제 나타나거나 존재하는' 단어들이어야 한다는 Roeper와 Siegel(1978)의 견해를 인용하면서, Botha(1984)에서는 '나타나는 형태, 입증된 형태, 유사한 형태, 사용된 형태' 등과 같은 개념은 언어 수행 양상을 나타내며, 언어 능력의 창조적인 양상을 보여 주기에는 적절하지 않다고 언급하였다. 그의 관점에서 생산적인 단어 형성 규칙은 이와 같은 문제를 바로잡기 위해 시도되며, "단어 형성 규칙이 생산적이라고 주장하는 것은 특히 가능한 형태론적 복합어에 무제한으로 적용될 수 있음을 명시하는 것"(Botha, 1984: 18)이다. 그러므로 "생산적인 단어 형성 규칙의 결과물은 형태가 올바르며, 허용될 수 있고, 가능한 (형태론적으로 복합어인) 단어여야 한다."(Botha, 1984: 19)

Botha의 정의 중 후자는 완벽히 수용 가능한 반면, 전자에 대해서는 의문이 제기된다.

단어 형성의 생산성에 대한 나의 정의는 언어 외적 현실에 필요한 모든 측면을 규정하는 단어 형성 규칙의 능력을 표현하고자 한다. 이러한 수정된 생산성의 정의에는 단어 형성 부문(언어)과 언어 공동체 사이의 상호작용이 반영되어 있다. 반면에 단어 형성 규칙의 잠재적인 능력을 제한하지 않으며, 오히려 이는 과잉 생성 형태론(Halle, Allen 등)의 개념을 불필요하게 만든다. 결과적으로 단어 형성 규칙의 결과물은 실재어, 즉 언어적 요구(언어 공동체의 단일 구성원의 요구이든, 반복되지 않는 단일 행위의 요구이든 상관없다.)를 만족시키기 위해 형성된 단어이다. 실존하는(발생하는) 단어의 상태에 대한 기준으로 사용되는 사용 빈도, '공동의(common)(일반) 사용' 또는 '공동의(일반) 용어'는 '공동의 사용'이라는 개념의 모호함으로 인해 허용될 수 없다는 점이 강조되어야 한다. 사용 빈도는 이미 만들어진 단어, 예를 들어 실재 (존재하는) 단어(또는 임시어)에만 적용할 수 있다. 그러므로 단어가 실재 단어 지위의 자격을 갖추려면 해당 단어가 만들어졌어야만 한다. 단어의 사용이 전체 언어 공동체에 널리 퍼지는지(빈번한 사용), 개인 화자의 사용을 위해 만들어지는지는 중요하지 않다. 중요한 것은 각각의 언어의 생산적인 역량은, 필요가 발생할 때, 생산적인 단어 형성 규칙을 통해 새롭고, 올바른 형태를 지닌 언어적 기호를 제공하는 것을 통해 증명된다.[4]

결과적으로 나의 언어 체계에 언어 외적 요인을 포함하는 것은 과잉 생성의 개념을 배제할 수 있게 해 준다.

Aronoff의 생산성에 대한 상대화된 개념은 Di Sciullo와 Williams (1988)에 의해 발전되었다. 그들은 '생산성'이 통사론의 특징이며, '비생산성'이 형태론의 특징이라는 입장을 거부한다(Di Sciullo & Williams, 1988: 4).

그들의 주장은 두 가지 요점으로 정리된다.

(1) Di Sciullo와 Williams는 생산성이 접사 그 자체의 맥락적 제한으

로 계산될 수 있다고 제안하였다. 예를 들어, 접미사 -ness는 형용사로 제한되므로 이것의 생산성은 모든 형용사를 고려하여 계산되어야 한다. 반면에, -ion은 라틴계 어간으로 제한되므로 대단히 생산적이다(생산성=1). 이러한 시각에서 각각의 접사는 그야말로 100% 생산적이다(Di Sciullo & Williams, 1988: 8).

　(2) *deject*(낙담시키다), *desist*(그만두다), *defer*(늦추다), *inject*(주사하다), *insist*(주장하다), *reject*(거부하다) 등과 같이 라틴계 '접두사' + '어간' 조합의 형태론적 하위 체계와, *give up*(포기하다), *throw up*(던져 올리다), *stand up*(일어나다), *throw down*(내던지다), *stand down*(물러서다), *give in*(제출하다), *throw in*(던져 넣다)[5]과 같이 통사론적 동사-불변화사 하위 체계를 비교해 보면, 이러한 하위 그룹에 규칙적인 의미를 부여하는 규칙은 없다. 두 개의 하위 그룹은 (전자는 라틴계 하위 체계에, 후자는 비라틴계 하위 체계에) 제한적이다. 그러므로 그들의 생산성(또는 비생산성)에는 차이가 없는 것으로 보인다.

　단어 형성 규칙의 제한된 생산성은 일반적으로 특정 접사가 모든 가능한 어기에 결합하지 않는 사실로 '증명된다'. Di Sciullo와 Williams는 (1)의 지적을 통해 정밀한 반증을 제시하였다. 그러나 또 다른 중요한 요점이 있다. 존재하는 이론들이 통사론에서의 생산성과 단어 형성(형태론)의 생산성을 비교할 때 서로 다른 기준을 적용한다는 사실이다. 통사론의 '완전한' 생산성이 통사 규칙은 어떠한 제약 없이 무한한 수의 문장을 만들어 낼 수 있다는 주장에 의해 지지되는 반면, 단어 형성 규칙의 생산성에 있어서는 몇 가지 제약(및 그로 인한 빈칸)을 문제 삼는다.

　이 진술에 반대하여 제기될 수 있는 논쟁의 방향성은 크게 두 가지다. 첫째, 만약 우리가 형식적인 접근을 추구한다면, 우리는 통사론과 형태론

모두에서 작동하는 동일한 종류의 생산성의 제약을 생각할 수 있다. 예를 들어, 접미사 -ion이 모든 동사와 결합하지 않는다는 것은 사실이다. 그러나 동시에, 모든 동사가 명사–동사–목적어 문장 구조에 사용될 수 없음도 사실이다. 이러한 제약은 타동사만을 허용한다. 이러한 (통사론적 및 형태론적) 제약은 동일한 원리(구조적 단위의 결합 가능성에 속함)에 기반하고 있다. 더 많은 예는 Di Sciullo와 Williams(1988)를 보라. 이들은 Anderson(1982)의 주목할 만한 관찰에 영감을 받은 것으로 보인다.

> 서로 다른 동사는 서로 다른 형성 방식을 취한다[describe(기술하다)/description(기술), laugh(웃다)/laughter(웃음), recite(암송하다)/recital(암송) 등]. 그러나 요점은 몇몇 행위 명사 형성은 모든 동사에 가능하다는 것이다(주어만 의미적 제한을 받음.). 누군가 관련된 형태의 다양성이 과정의 생산성에 대한 제한이라고 말할 수는 없다. 다양한 활용 부류의 존재가 이들이 발견되는 언어에서 동사 굴절의 생산성에 대한 제한을 구성하는 것과 같다.(Anderson, 1982: 585-586)

Strauss(1982b: 23-24)의 언급 역시 고려되어야 한다. "우리는 파생 형태론이 다른 구조 생성적 규칙보다 더 특이하다고 말할 수 없다. 파생 형태론의 규칙은 다른 생성 규칙만큼 의미적으로, 음운적으로 규칙적이다."

두 번째 논쟁 방향은 화용–생성론적 특징이다. 만약 우리가 형성 양상에 집중한다면, 통사부와 단어 형성은 언어 공동체의 몇 가지 요구에 대응하며, 이들은 그러한 요구를 완벽히 충족시킨다. 이러한 관점에서 이들은 절대적으로 생산적이다. 따라서 단어 형성 유형의 체계는 예를 들어, 새로운 행동주 명사(더 정확히는 어떤 동장을 수행하는 사람을 나타내는 명사)가 요구될 때마다, 새로운 명명 단위를 제공할 수 있다. 게다가 단어 형성 유형 군집(cluster of word-formation types)은 필요할 경우 특정한 의미를 지닌 새로운 명명 단위를 만드는 것을 '보장한다'. 이 군집은 100% 생산적이다. 그러면 총생산성 내에서 특정 단어 형성 유형 군집 내의 개별 선택의 공유가 내부적으로 계산될 수 있다. 이러한 시각에서 개별 단어 형성 유형은 서로를 저지하지 않는다. 오히려 그들은 경쟁하고, 언어 공동체의 요구를 만날 때, 그들 각각의 행동반경 안에서 상호 보완적이다.

Lieber(1992)는 Schultink(1961)의 생산성의 정의를 다음과 같이 수용하였다.

> 형태론적 현상으로서의 생산성에 의해 우리는 언어 사용자가 의도하지 않고도 원칙적으로 셀 수 없이 많은 신조어를 형성할 수 있는 가능성을 이해한다.(Lieber, 1992: 3)

이 정의에서 다음 두 가지 요점이 중요하다.

(1) 생산적인 단어 형성 과정에 의한 새로운 단어의 비의도적 형성. 이를 통해 Lieber는 형성을 알아차리지 못하는 단어가 있음을 말하고자 한다. 이것은 사실 의도하지 않은 형성 과정이 아니므로, 객관적 현실을 반영하는 기본 원칙과 모순되는 것을 주장하는 것이다. 아마도 이것이 이 부분에서 Schultink의 정의에 Lieber의 설명이 필요한 까닭이다. 생산적인 단어 형성 과정으로 만들어진 단어는 자연스럽게 일상의 사용으로 들어온다.

(2) 비생산적인 패턴을 통해 끊임없이 새로운 단어를 만들어 내는 능력(이를 Schultink는 '형태론적 창조성'이라 부른다.). 사실상 생산적인 단어 형성 과정은 잠재적으로 무한한 수의 새로운 단어를 생성한다. 반대로 '형

태론적 창조성'은 고정되고, 셀 수 있고, 추측할 수 있는 적은 수의 새로운 형태만을 생성한다(Lieber, 1992: 3-4).

Lieber는 Schultink의 직관적인 정의와 대조되는 Baayen(1989)의 생산성에 대한 통계적 측정을 이어받았다. 이는 생산적인 형태를 생산적이지 않은 단어 형성 과정과 구분하게 해 주며, 다양한 수준의 생산성을 구별 지어 준다.

Baayen은 대규모 말뭉치에서 타입과 토큰의 비율을 비교하였다. 그는 직관적으로 생산적인 접사들은 상대적으로 단발어(hapax legomena)(데이터베이스에 단 한 번만 나온 타입)에서 높은 비중을 차지함을 발견하였다. 반대로 직관적으로 생산적이지 않은 접사는 고빈도 타입에서 높은 비중을 차지하였다. 이에 따라 그는 다음과 같은 공식을 제안하였다.

$$(7) \quad 생산성 = \frac{n_{1(타입)}}{N(토큰)}$$

여기서 n_1은 하나의 토큰(N)만 표시하는 타입의 수이다(Lieber, 1992: 4).[*] Baayen은 접사의 생산성 값이 단일어 부류보다 낮으면 해당 접사는 생산적이지 않다고 하였다.

....

[*] 생산성을 토큰과 타입의 관계로 설명하게 되면 자칫 잘못된 이해에 이를 수 있다. 이광호(2007: 22)에서 언급하듯이 생산성 지표의 분모는 그 접사가 만들어 낸 파생어의 총수이고, 분자는 단발어의 수로 이해하는 것이 Baayen(1989)의 취지에 맞는 설명이다. 자세한 설명은 다음 참조. 이광호(2007), "국어 파생 접사의 생산성에 대한 계량적 연구", 서울대학교 박사학위 논문. Baayen, R. H.(1989), "A Corpus-Based Approach to Morphological Productivity, Statistical Analysis Psycholinguistic Interpretation, Dissertation". Vrije University, Amsterdam.

다시 말해, 이 공식에 의한 생산성은 언어 체계 층위와 발화 층위라는 서로 다른 두 층위 사이에서 가능한 비율이다. 반면에 Lieber(1992: 5)는 빈도가 "생산성 계산에서 매우 중요하다."라고 믿지만, 이러한 접근 방식은 단어 형성 유형의 생산성 계산 측면에서 방법론적으로 받아들여질 수 없음을 다음에서 보여 줄 것이다. 그럼에도 불구하고 이와 같은 방법은 단어 형성 유형의 소위 효율성을 계산하는 방법으로 받아들여진다.

3.4. 제안

단어 형성의 생산성에 대한 나의 표현론적 접근법의 기본 개념은 다음과 같이 요약될 수 있다.

(1) 나는 표현론적 어기(또는 표현론적 유형 V의 경우 전환 쌍 중 전환된 단어)에 의해 대표되는 공통의 의미를 기반으로 한 단어 형성 유형 군집의 개념을 제안한다. 이러한 단어 형성 유형 군집은 표현론과 단어 형성 유형 전반에 걸쳐 있으며, 필요할 때마다 각각의 범위에서 새로운 명명 단위를 만드는 것을 '보장한다'. 이는 100% 생산적이다. 그리고 전체 생산성에서 각각의 표현론적/단어 형성 유형의 생산성은 내재적으로 계산된다. 이러한 시각에서 각각의 유형은 서로를 저지하지 않는다. 오히려 그들은 경쟁하고, 언어 공동체가 필요로 할 때, 그들 각각의 행동반경 안에서 상호 보완적이다. 명명 행위가 요구된 이름을 만들어 낼 때, 저지를 하는 단위나 저지된 단위는 없다.

특정 명명 상황에서 단어 형성 유형 군집 안에서 경쟁하는 몇 가지 유형 중 특정 단어 형성 유형의 선택은 영어에서의 일반적 명명 경향들에 영향을 받는 것으로 보인다. 특정 의미의 실현에 대한 예측 가능성은, 이에 대해 대단히 회의적인 Bauer(1983: 285-291)에 의해 간략히 논의되었다.

(2) 단어 형성 유형은 오직 규칙적이고 예측 가능한 명명 단위만을 생성한다. 특정 단어 형성 유형과 관련하여 일반적인 특징에서 일탈한 것들은 어휘부에 자리를 잡는다. 표현론적 유형 V를 통해 이에 대해 살펴보도록 하자. "He hammered the shoe on the table(그는 탁자 위에 있는 신발을 두들겼다.)", "The teacher hammered the grammatical rules into students' brains(선생님은 학생들의 머리에 문법 규칙을 주입하였다.)", "The children hammered circles in the sand(아이들이 모래에서 원을 만들었다.)", "They were hammering the target for two hours, however, they did not hit the bull's eye(그들이 2시간 동안 표적을 맞히었지만, 중앙을 맞히지 못하였다.)" 등과 같은 예에서 모든 전환된 의미(어휘소 내적, 어휘소 외적)[6]가 표현론적 재범주화(전환)의 독립적 과정에 의해 만들어진다고 가정하는 것은 부정확할 것이다. 동사 *hammer*는 이에 대응하는 도구 명사 "a device for forcing something into something(무언가를 어딘가에 박아 넣는 장치)"의 기본 의미를 지니지 않는다. 기본적인 명사의 의미는 다양한 방향으로 옮겨진다. 이러한 경우에 가능한 방법 중 하나는 표현론적 재범주화의 과정은 전환의 짝에서 동기를 부여받은 구성원의 내적 의미에서만 일어난다고 가정하는 것이다. 비명사적 동사의 (어휘 외적인) 다른 모든 의미는 기본 명사의 어떠한 참여 없이 비명사적 동사 그 자체 안에서 의미적 이동이 일어나는 것으로 설명될 수 있다. 이러한 유형의 의미 변화는 단어 형성 부문과는 별개로 어휘 부문에서 일어난다. 그러므로 이러한 가정은 위에서 제안된 단어 형성 규칙의 규칙성을 따른다.

이러한 접근법은 세 가지 근본적인 장점을 가진다.

무엇보다 이 접근법은 단어 형성 규칙에 대해, 굴절 규칙 및 통사 규칙과는 반대로 제한된 생산성을 가지고 있다고 인식하는 편견에서 벗어난다.

둘째, 이러한 접근법은 Aronoff의 모델처럼 접사로 제한되지 않으며, 다양한 구조의 복합어 단어 형성 유형과 다양한 전통적인 단어 형성 과정(합성, 접두 파생, 접미 파생, 전환, 역형성, 혼성)의 생산성을 비교할 수 있게 해 준다.

셋째, 이러한 접근법은 Halle(1973) 이후로 단어 형성 이론에서 빈번히 거론돼 온 '과잉 생성 형태론'의 개념이 필요 없게 해 준다.

Carroll과 Tanenhaus(1975: 52)는 (8)에서 a와 b와 같이 대응하는 명사 형태가 서로 다른 의미를 지니고 있다고 주장하였다.[*]

(8) a. reversal(반전), recital(연주회), proposal(제안), transmittal(전달)

　　 b. reversion(반환), recitation(암송), proposition(제의), transmission(전송)

　　 c. refusal(거절), rehearsal(리허설), acquittal(석방), arrival(도착)

　 *d. refusation, rehearsion, acquitation, arrivation

　　 e. derivation(파생), description(기술), conversion(전환), confusion(혼성)

　 *f. derival, describal, conversal, confusal

그러므로 두 가지의 명사화 양식은 서로 다른 단어 형성 규칙을 실현한다. 별표된 단어들은 형태적으로는 '가능하나', 언어 공동체의 요구가

....
*　(8a)와 (8b)의 대응하는 명사의 의미는 우리말로는 같은 단어로 번역될 수 있으나, 원저의 취지를 살려 의미의 차이를 살리는 방향으로 번역하였다.

결여되어 불필요한 단어들이다. 결과적으로, 표현론적 접근에서, 오직 명명 필요성에 부응하는 단어 형성 체계의 '빈칸'은 없다. 아마도 누군가는 어휘 단위의 체계가 언어 외적 현실의 동기화된 구조를 완전히 반영하지 못함을 주장하면서, 개념적으로 조건화된 가짜 빈칸에 대해 말할 것이다. 해당 요점에서의 예는 영어의 *cousin*(사촌)인데, 이 단어는 두 가지의 성을 모두 가리키는 일반적인 용어이다. 그러나 친족 관계의 개념적 영역에서 이 둘은 구분된다.

더욱이, 여기서 제안된 이론은 과잉 생성 형태론을 지지하는 다음의 논쟁에 쉽게 대처할 수 있다.

> 과잉 생성의 개념을 포함하지 않는 형태론 이론과 단어 형성 규칙이 오직 '존재하는' 단어에만 작용하는 이론은 어휘 항목으로서의 독립적인 상태를 지니지 않으면서도 합성어에 자유롭게 나타나는 단어의 발생 문제에 직면한다. 예를 들어, 합성어 *shirt-sleeved*(와이셔츠 바람의), *lion-hearted*(용맹한), *bowler-hatted*(중산모를 쓴), *pig-headed*(고집이 센)에 나타나는 *sleeved*, *hearted*, *hatted*, *headed* 등이다. 비과잉 생성 이론은 Selkirk가 했던 것처럼, 합성어의 바깥에 *-ed* 접미사를 결합하는 것을 통해서만 이러한 사례들을 다룰 수 있다. 따라서 존재하지 않는 어휘 항목의 괄호 매김을 피할 수 있다⋯.(Allen, 1979: 246)

Strauss(1980)는 몇 가지 단어 형성 규칙을 위한 기초를 통해 증명되지 않는 특정 단어를 설명하는 Allen의 과잉 생성 형태론에 동의하였다. 따라서 *handedness**와 같은 형태는 '비실재' 단어 *handed*에 *+ness*를 결

---

*   원문에는 'handidness'로 되어 있으나, 오기로 보이므로 수정하여 제시하였다.

합하여 생긴다. Strauss의 시각에서 *handedness*를 도출하는 유일한 다른 방법은 증명되지 않은 중간 단계를 우회하여, *+edness* 결합에 대한 새로운 명사 파생 단어 형성 규칙을 도입하는 것이다. 그러나 이러한 가능성은 Strauss에 의해 거부되었다. 여기서 제시된 표현론적 원칙의 적용을 통해 '세 번째 방법'이 제안될 수 있다. 예를 들어, 단어 *lion-hearted*(용맹한)에 대한 표현론적 설명을 고려해 보자. 이는 (9)와 같은 개념적 분석의 기초를 통해 거칠게 만들어졌다

(9) He/she is very courageous(그/그녀는 매우 용감하다.)

이러한 특질은 일반적인 사자의 행위(용감한 심장)를 닮는다. 대응하는 의미소는 [+특질], [+행동], [+용감한], [+행동 양식] 등을 포함한다.
표현론적 구조의 양단은 (10)과 같다.

(10) **실체 – 특질**

표현론적 유형 IV는 명명을 위해 선택되었다. 그러므로 형태–의미 할당 원리가 적용된 이후의 표현론적 구조는 (11)과 같다.

(11) 행동 양식 – 특질

lion   heart   ed
(사자) (심장)

여기서 *lion*(사자)은 표현론적 표지의 명세화 요소(specifying element), *heart*(심장)는 표현론적 표지의 명세된 요소(specified element)이

다(한정 요소, 피한정 요소가 아니다!).

비슷하게, '(몇몇 언어학자에 의해 제안된) 비실재 단어' *swallower*(삼키는 사람)를 포함하고 있는 *sword-swallower*(검을 삼키는 사람)도 문제를 가지지 않는다.

(12) **실체**　　　　　　**실체**

　　　대상 〈- 행동 - 행동주

　　　sword　　swallow　　er
　　　 (검)　　　(삼키다)

이러한 접근법은 다음과 관련된 문제를 극복할 수 있게 하기에 대단히 의미 있다.

(a) 동사성 합성어와 어근 합성어 사이의 차이[7]

(b) 실재어 대 잠재어에 기반한 단어 생성

(c) 통사적으로 조건 지어진 명명 단위의 생성

이 세 가지 지점은 그들의 상호 관련성 안에서 다음에 제시할 것이다.

거칠게 말해, '동사성' 합성어(verbal/synthetic compounds)*는 불완전 복합 구조 R 유형으로 분류되고, '어근' 또는 '기본적' 합성어는 불완전 복

....

* 'verbal compounds', 'synthetic compounds'에 대해 국어 문법에서는 '종합 합성어, 동사적 합성어, 통사적 합성어' 등의 용어를 사용한다. 우리 책에서는 다른 사정이 없는 한 대체로 이를 '동사성 합성어'로 번역하였다.

합 구조 L 유형으로 분류된다. 그럼에도 불구하고 이 두 가지 표현론적 유형은 동일한 논리적 의미 구조를 구현할 수 있으며, 유일한 차이점은 이들 행동의 명시성/암시성이다. 예를 들어 (13)을 비교해 보라.

(13)		불완전 복합 구조 L	불완전 복합 구조 R
도구/방법	목적 -행동—도구 (행동)	*light barrier* (차광막)	*computer control system* (컴퓨터 제어 시스템)
		photocell (광전지)	*photosensor* (감광 장치)
		vacuum pad (진공 패드)	*logic analyzer* (논리 분석기)
대상 〈-	목적 행동—도구 (행동)	*data bus* (데이터 버스)	*gear reducer* (기어 감속기)
		goods train (화물 열차)	*line sensor* (행 감지기)
		passenger coach (객차)	*tape reader* (테이프 판독기)
결과 〈-	목적 행동—도구 (행동)	*light source* (광원)	*single generator* (단일 발전기)
		power unit (동력 장치)	*program selector* (프로그램 선택기)
결과 〈-	행동—행동주 (행동)	*hatter* (모자 만드는 사람)	*bell-founder* (종 만드는 사람)
		saddler (마구 만드는 사람)	*dressmaker* (드레스 만드는 사람)
		potter (도공)	*scriptwriter* (각본가)

장소 〈-	행동-행동주	*countryman*	*mine-worker*
	(행동)	(촌뜨기)	(광부)
		islander	*rope-dancer*
		(섬사람)	(줄타기 하는 사람)

그러므로, 각각의 명명 단위의 의미적 해석은 '통사적 원리'의 대립에 의존하지 않으며, 표현론적 구조에 의해 구분지어진다.

Roeper와 Siegel(1978)은 단어 형성 규칙은 핵심 단어(실재어)에만 작용한다고 하였다. *sword-swallower*(검을 삼키는 사람), *heart-break-er*(무정한 사람), *church-goer*(교회 다니는 사람), *money-changer*(환전상), *type-setter*(식자공) 등과 같은 합성어는 기본적 합성어로 분류될 수 없는데, 뒤 요소가 독립어로 존재하지 않기 때문이다. 그러므로, 예로 제시된 합성어들은 반드시 동사성 합성어이다.[8]

Roeper와 Siegel(1978)이 단어 *breaker*(깨는 사람)를 비실재 단어로 보는 반면에, Allen(1979)는 *break*(깨다)가 직접 목적어를 위해 필수적으로 하위 범주화된 동사이기 때문에 *breaker*(깨는 사람)는 실재하는 단어라 주장하였다. *breaker*(깨는 사람)는 *of*-명사구 보문을 필수적으로 요구함으로써 이와 같은 하위 범주를 물려받는다.

(14) *He is a breaker

(그는 깨는 사람이다.)

He is a breaker of promises.

(그는 약속을 깨는 사람이다.)

반면에 *breaker*(깨는 사람)는 그 자체만으로는 통사 구조에 존재하지 않고, *of-명사구* 보문을 갖출 경우에만 사용된다. 이것이 Roeper와 Siegel 에 의해 불가능한 것으로 여겨지는 단어 *breaker*(깨는 사람)의 존재에 대한 Allen의 '통사적' 증거이다.

나의 모델은 하위 범주화 틀에서의 통사적 자료와 같은 사실을 고려하지 않는다. 결정적인 것은 명명 단위가 확립된 생산적인 단어 형성 규칙에 대응하느냐, 명명 단위가 언어 공동체에 의해 요구되느냐이다. 명명 단위 *breaker*(깨는 사람)는 (15)와 같은 양식으로 만들어지고, 동사 *break*(깨다)와 접미사 *-er*의 단어 형성 어기의 조합을 통해 언어적으로 표현되므로, 존재한다.

(15) **행동 – 실체**
　　　행동 – 행동주

하위 범주화 틀을 포함한 다른 모든 고려는 2장에 기술된 형태통사적 특징과 함께 새로운 명명 단위가 '제공되는' 어휘적 부문으로 옮겨 간다. 이러한 예는 단어 형성을 통사론으로부터 분리하는 것의 중요성을 강조한다. 통사 부문(그리고 일반적인 통사적 특징)은 새로운 명명 단위를 만들어 내는 데 어떠한 영향도 주지 않는다.

'통사적' 고려의 단점은 Allen의 '첫째 자매 원리(First Sister Principle)'의 적용을 통해 더 명백해진다. 예를 들어, *peace-thinker*는 첫째 자매 원리에 의해 동사적 해석(verbal interpretation)(*to think peace, or *thinker* _____ *명사구)을 할당할 수 없다. 그러므로 이 단어는 기본적인 합성어(평화를 좋아하는/필요로 하는/찾는 사색가)로 해석된다. '통사적' 해석은 따라서 '통사적' 고려에 의해 거부된다. 표현론적 방법은 *peace-thinker*(평화를 생각하는 사람)를 '동사적' 해석의 관점에서 불가능한 명명

단위로 생각하지 않는다. 이는 다음과 같은 표현론적 구조에 기반하고
있다.

    (16) **행동**   -   **실체**
     대상[=상태] 〈- 행동 - 행동주

이는 형태-의미 할당 원리에 따르면 다음과 같이 표현된다.

    (17) **행동**   -   **실체**
     대상[=상태] 〈- 행동 - 행동주
     peace   think   er
     (평화)   (생각하다)

    위와 같은 표현론적 구조를 가진 명명 단위로 *dream-seller*(마약 판매
상), *promise-breaker*(약속을 깨는 사람), *trouble-shooter*(분쟁 조정자) 등
이 있다. 따라서 표현론적으로 *peace-thinker*(평화를 생각하는 사람)의 존
재에 대한 언어적 방해물은 없다. 만약 언어 공동체가 습관적으로, 빈번
히, 심지어 전문적으로 평화에 대해 생각하는 사람을 나타내는 명명 단위
를 만들어야 할 필요성을 찾는다면, 이러한 명명 단위를 만들지 못할 이유
가 없다.
    단어 형성 부문의 출력물은 항상 실재 명명 단위라고 결론지어진다.
나는 실재 명명 단위를 '특정 언어 공동체 또는 언어 공동체의 개별 화자
의 요구, 혹은 반복되지 않는 단일 행위의 요구를 만족시키기 위해 만들어
진 명명 단위'라고 정의한다.

3.5. 생산성의 계산

실제 명명 단위에 대하여 제안된 정의는 생산성의 계산 방법에 있어 많은 함의를 가지고 있다. 필연적으로 어떤 단어 형성 유형 군집의 생산성도 전체 어휘에서 선택된 부분을 담고 있는 사전인 일반 사전(예를 들어 다양한 기술 사전), 또는 단지 연구 목적에 의해 우연히 모아진 예시로서의 사전에서의 명명 단위의 고정된 집합에 대한 시험을 거쳐야 한다. 이러한 접근법이 충분히 정확하지 못하다는 반론이 있을 수 있다. 왜냐하면, 위에 언급된 실제 명명 단위의 정의는 절대로 전체 명명 단위를 포함하지 못하기 때문이라는 것이다. 이러한 반론은 사실이지만, 또한 부적절하다. 우리의 출발 지점이 언어 공동체의 요구에 있지 다양한 단어 형성 유형의 무한한 형태적 역량에 있지 않기 때문이다. '포착되지 않은' 명명 단위의 수는 통계적으로 중요하지 않은 값을 부여함으로써도 상대적으로 줄어든다.

다음의 두 연구는 기본적으로 단어 형성에서 생산성을 계산하기 위한 단어 형성 유형 군집 원리의 적용 가능성을 보여 주는 데 초점이 있다. 주된 목적은 방법론적인 것이다. 그러므로 사례 연구는 분석된 명명 단위 각각의 예로 제한된다. 그럼에도 불구하고, 나는 이러한 예들이 영어에서 두 가지 개념장(행동주 개념장과 도구 개념장)을 위한 명명 단위와 관련된 두 가지 일반적인 경향을 가리킨다고 믿는다.

3.5.1. 사례 연구 I

사례 연구 I은 도구(INSTRUMENT), 즉, 도구(instrumeut), 장치(device), 기구(implement), 기기(apparatus), 기계(machine, mechanism), 설비(appliance, equipment) 등의 의미를 표현하는 명명 단위에 초점을 맞추고 있

다. 원칙적으로 도구 명명 단위는 의미소 [-유정물], [-인간], [±유형(有形, TANGIBLE)], [+목적], 그리고 당연히 [+도구]에 의해 범위가 정해진다. 어떤 경우에는 무언가를 수행하는 도구가 외부 행동주의 도움 없이 자동으로 일부 활동을 수행하거나 작업 자체와 관련이 없는 최소한의 참여로 작동하는 것으로 간주될 수 있다. 그럼에도 불구하고, 이와 같은 명명 단위는 의미소 [+인간]에 의해 범위가 정해지는 행동주 그룹(이에 대해서는 다음의 사례 연구 II를 보라.)에는 포함되지 않는다. 따라서 의미소 [±인간]은 행동주 명명 단위와 도구 명명 단위를 구분 짓는 필수적인 요소이다. 의미소 [±유형]은 단지 물질적인 것뿐만 아니라, 행동의 도구로서 이해될 수 있는 것을 가리킨다. 예를 들어, 어떤 아이디어도 하나의 도구로 간주될 수 있다. 여기서 제시된 도구의 개념에 기초가 되는 중요한 의미소 중 하나는 [+목적]이다. 도구는 특정 행동에 의해 표현되는 어떤 목적(purpose)을 만족시킬 '대상'으로 그 범위가 정해진다. 목적과 행동의 개념은 도구에 대한 나의 정의에 필수적이기 때문에, 예시들은 특질을 표현하는 상태를 나타내는 상태-피동주 단어 형성 유형에 속하는 명명 단위들[예: *secret switch*(비밀 스위치), *secondary coil*(2차 코일) 등]은 포함하지 않는다.

예시들은 『영어-슬로바키아어 기술 사전(*English-Slovak Technical Dictionary*』(Caforio, 1996)의 'S' 항목에 해당하는 명명 단위 192개이다. 이 알파벳을 선정한 의도는 없다. 선택은 우연이었다. 반면에 도구 명명 단위의 예시를 수집하기 위해 기술 사전을 이용하기로 한 선택에 대해서는 추가적인 설명은 필요 없을 것이다. 다음에서는 개별 명명 단위를 포함하여, 개별 표현론적 유형과 각각의 단어 형성 유형이 제시될 것이다. 도식은 표현론적 관계성, 즉 표현론적 구조의 구성원 사이의 논리-의미 관계를 표현한다. 각각의 도식 밑에 있는 '해석'은 도식에 대한 설명을 말로 한 것이다.

표현론적 유형 I

완전 복합 구조(complete complex structure)

1. 실체 – 실체

(a₁) 대상 〈- 행동 —목적— 도구

<u>해석</u>: 대상을 향해 명백히 표현된 행동을 위해 사용된 행동의 도구

saccharimeter(검당계)

sample injector(시료 주입기)

sandslinger(샌드 슬링거)

sand trap(모래 구덩이)

sclerometer(경도계)

screw driver(스크루드라이버)

screw-feeder(스크루 공급기)

seizmometer(지진계)

sensitometer(감광계)

servo-amplifier(서보 증폭기)

sheet-doubling machine(판금기)

sheet feeder(시트 피더)

sludge separator(폐기물 분리기)

signal connector(신호 연결기)

snow-plough(제설기)

sonometer(청력계)

soot collector(그을음 수집기)

spectrometer(분광계)

speed-indicator(속도계)

speedometer(속도계)

spherometer(구면계)

spirometer(폐활량계)

stalagmometer(적수계)

status indicator(상태 표시기)

step changing switch(단계 교환 스위치)

stone crusher(쇄석기)

straw chopper(짚 절단기)

sugar-beet topper(사탕무 수확기)

surge modifier(과도 파형 조정기)

(a_2) 행동 -〉 대상　　(도구)

saveall
(절약 장치)

비고:

(i) *snow-plough*(제설기)는 불완전 복합 구조 L에 속하는 것으로 보일 수도 있다. 그러나 형태-의미 할당 원리에 의해 주어진 구조는 사실 다음과 같다.

(18) 대상　-　행동　-　도구
　　　snow　　plough　　plough
　　　(눈)　(쟁기질하다)　(쟁기)

영어에는 다양한 중첩 합성어가 있는데, 동기를 유발하는 다른 단위를 중복하여 만들어지는 합성어는 생산적이지 않다. 언어의 경제성에 대한 이러한 사실과 경향은 형태적으로 동일한 두 개의 단위 중 하나를 제거하는 것이 필요하게 만든다.

(ii) (a_2) 유형은 동일한 논리-의미 범주를 가지고 있는데, 행동과 대상이 서로 자리를 바꾸었다. 게다가 표현론적 어기(장치, 단위 등)를 가진 '외심 합성어'인 *save-all*(절약 장치)은 삭제되었다. 이에 대해서는 4.3.을 보라.

　　　　　　　　목적
(b) 결과 〈- 행동 —— 도구

해석: 어떤 결과를 산출하는, 명백히 표현된 행동을 위해 사용된 행동의 도구.

signal-generator(신호 발생기)

smoke-generator(연기 발생기)

목적
(c) 도구/방법 - 행동 —— 도구

해석: 행동의 방법을 명세하는 '하위' 도구의 수단을 통해 수행된, 명백히 표현된 행동의 도구

sail-boat(범선)

steamroller(증기 롤러)

spirit duplicator(스피릿 복사기)

비고:

여기 포함된 *sail-boat*(범선)는 확실한 표현론적 표지가 결여된 것으로 보일 수 있다. 그러나 형태-의미 할당 원리에 의해 주어진 구조는 다음과 같다.

(19) 도구/방법 - 행동 —— 도구

  sail   sail   boat
  (돛)   (항해하다) (배)

형태적 축소의 과정은 위에 언급된 *snow-plough*(제설기)와 동일하다.

2. 제반 상황 – 실체

(a) 방법 – 행동 ——목적—— 도구

밑줄 <u>해석</u>: 행동의 방법에 의해 명세된, 명백히 표현된 행동의 도구.

selective amplifier(선택 증폭기)   *spectrum amplifier*(스펙트럼 증폭기)

self-acting switch(자동 작동 스위치) *square law rectifier*(자승 가변 조정기)

self-binder(자동 묶음 기계)   *stereocomparator*(입체비교측정기)

self-timer(자동 타이머)   *stereoprojector*(입체프로젝터)

self-transformer(자동 변압기)   *streotelemeter*(입체 거리 측정기)

semiadder(반가산기)   *subcooler*(과냉각기)

shackle insulator(섀클 애자)   *submodulator*(부변조기)

superheater(과열기)

비고:

streotelemeter(입체 거리 측정기)의 정확한 도식은 다음과 같다.

(20) 방법 ┐
         ├ 행동 ——목적—— 도구
    방법 ┘

이 경우, 행동은 동일한 상태의 두 가지 방법적 특징에 의해 명세된다.

(b) 장소 – 행동 ——목적—— 도구

밑줄 <u>해석</u>: 행동의 장소에 의해 명세된, 명백히 표현된 행동의 도구.

shaft exciter(갱도 여진기)

sea-rover(해적선)

3. 행동 – 실체

(a) 결과[=과정] 〈- 행동 — 도구^{목적}

해석: 결과가 과정인, 명백히 표현된 행동의 도구.

speech-generator(음성 생성기)

(b) 대상

해석: 사물을 겨냥한 행동의 도구. 행동은, 그 자체로 행동인 방법에 의해 명세된다.

summation wattmeter(가중 전력계)

비고:

개념적 분석을 위해 이 명명 단위를 다음의 두 부분으로 나눌 수 있다. 즉, '와트의 단위로 전력의 크기를 측정하는 도구'로 정의되는 *watt-meter*(전력계)와, 대상[표현론적 표지의 한정 요소의 명세된 요소인 *watt*(와트)]과 관련된 주어진 행동이 수행되는 방법인 기술을 명세하는 표현론적 표지의 한정 요소의 명세화 요소[*summation*(가중)]로 나뉜다. 다시 말해, 가중을 통해 와트가 측정된다.

표현론적 유형 II

불완전 복합 구조 R(incomplete complex structure R)

1. 행동 – 실체

(a) 행동 ^{목적}— 도구

해석: 명백히 표현된 행동의 도구

sacker(새커)

sailer(범선)

sampler(시료 채취 장치)

sander(전기 사포)

saturator(포화기)

scaler(치석 제거기)

scarifier(밭 고르개)

scooter(스쿠터)

scorer(점수 표시기)

scourer(문질러 닦는 도구)

scraper(긁어 내는 도구)

scratcher(긁는 도구)

scribbler(얼레빗질하는 기계)

scriber(선침)

scrubber(솔)

scutcher(타면기)

sealer(날인기)

search coil(탐지 코일)

searchlight(탐조등)

seeder(파종기)

seeker(탐색기)

selector(선별기)

sender(발송기)

sensing electrode(감지 전극)

sensitizer(민감제)

sensor(감지기)

separator(분리기)

service cable(구내 케이블)

sewing machine(재봉틀)

shaker(셰이커)

shaper(모양 잡는 도구)

shaping tool(모양 잡는 도구)

sharpener(깎는 도구)

shaver(면도 기구)

shaving brush(면도 솔)

sheeter(시이터)

sheller(껍질 벗기는 도구)

shield grid(차폐 격자)

shifter(이동 깁지)

shift key(시프트 키)

shredder(파쇄기)

shunter(전철 기관차)

shunting locomotive(입환 기관차)

shutter(셔터)

sifier(유화기)

silencer(소음기)

skimmer(더껑이를 걷어내는 도구)

skipping rope(줄넘기 줄)

slabber(조각기)

sleeper(잠을 재워 주는 도구)

slicer(얇게 썰어 주는 기계)

slider(슬라이더)

slide(슬라이드)

slipper(슬리퍼)

slitter(베는 도구)

sludger(진창을 처리하는 도구)

smoker(훈연기)

smoother(매끄럽게 하는 도구)

smuggler(밀선)

snap-ring(멈추개 고리)

snuffer(촛불 끄개)

solderer(납땜기)

soldering-iron(납땜 인두)

sorter(선별기)

sorting machine(선별 기계)

spacer(간격 띄우는 장치)

sparger(살포기)

spinning-wheel(물레)

splitter(쪼개는 도구)

spooler(스플링 해 주는 도구)

sprayer(분무기)

spreader(살포기)

spring-board(뜀판)

sprinkler(스프링클러)

squeegee(고무 청소기)

squeezer(압착기)

squirt gun(물총)

stabilizer(안정 장치)

stacker(적재기)

stamper(스탬퍼)

stapler(스테이플러)

start button(시작 버튼)

starter(시동 장치)

starting block(출발대)

steering-gear(조타기)

steering-wheel(핸들)

stemmer(줄기 따는 도구)

stimulator(자극기)

stirrer(휘젓는 도구)

stitcher(바느질 도구)

stoner(씨 빼는 기계)

stop button(멈춤 버튼)

stop-cock(꼭지)

stopper(정지 장치)

stop-watch(스톱워치)

store-ship(물자 수송선)

strainer(여과기)

stretcher(펴지게 하는 기구)

subsoiler(심토용 쟁기)

subtractor(감산기)

sucker(흡입기)

suction funnel(흡인 깔때기)

summation instrument(가중 기구)

suppressor(억제기)

synthesizer(합성기)

rule(자)

표현론적 유형 III

불완전 복합 구조 L(incomplete complex structure L)

1. 실체 – 실체

목적
(a) 대상 〈– (행동) — 도구

<u>해석</u>: 대상을 위해 명백히 표현되지 않은 행동의 도구.

saltcellar(소금통)

saucer(받침접시)

spectroscope(분광기)

stock-car(경주용 차)

seismograph(지진계)	*stove-pipe*(난로 연통)
slaver(노예 무역선)	*sugar-basin*(설탕통)
snuff-box(코담뱃갑)	*sugar-bowl*(설탕통)
soupspoon(수프 숟가락)	*suit-case*(여행 가방)
spectrograph(분광기)	

(b) 도구/방법 – (행동) — 목적 도구

<u>해석</u>: 행동의 방법을 가리키는 또 다른 도구에 의해 명세된, 명백히 표현되지 않은 행동의 도구.

sand-glass(모래시계)	*steamboat*(증기선)
spirit-level(기포 수준기)	*steamship*(증기선)

2. 제반 상황 – 실체

(a) 방법 – (행동) —— 목적 도구

<u>해석</u>: 행동의 방법에 의해 명세된, 명백히 표현되지 않은 행동의 도구.

speedboat(고속 모터보트)

stereoscope(입체경)

(b) 시간 – (행동) —— 목적 도구

<u>해석</u>: 행동의 시간에 의해 명세된, 명백히 표현되지 않은 행동의 도구.

summerhouse(여름 별장)

sunglasses(선글라스)

목적
(c) 행동 양식 – (행동) —— 도구

해석: 행동 양식에 의해 명세된, 명백히 표현되지 않은 행동의 도구.

sunlamp(태양등)

비고:

여기서 행동 양식의 논리-의미 범주는 모형, 원물, 견본 등으로 고안된 것과 관련된다. 기본적으로 물리적 유사성 또는 비슷한 특질과 특성이 고려된다. 위에 제시된 *sun-lamp*(태양등)는 태양과 비슷한 특징, 즉 빛나고, 따뜻함을 주고, 볕으로 태우는 특징을 가진 램프라는 비유적 의미의 표현이다.

목적
(d) 장소 – (행동) —— 도구

해석: 행동의 장소에 의해 명세된, 명백히 표현되지 않은 행동의 도구.

streetcar(노면 전차)

submarine(잠수함)

표현론적 유형 V

표현론적 재범주화(onomasiological recategorization)

1. 행동 ── 실체
도구

해석: 행동의 도구로서의 실체.

scutch squirt(삼 찌거기를 짜는 도구)

shunt stand(션트 스탠드)

sink stop(싱크대 마개)

spring substitute(스프링 교체기)

2. 특질 ── 실체
도구

해석: 특질에 의해 명세된, 도구로서의 실체.

steady(받침)

[표 3-1]에서 [표 3-3]은 분석에서 가장 중요한 결과의 요약이다.

결과

〔표 3-1〕 개별 표현론적 유형과 단어 형성 유형 명세

명명 단위의 총계	192
표현론적 유형 I **완전 복합 구조**	54
1. 실체 – 실체	35
(a₁) 대상 〈– (행동) $\overset{\text{목적}}{——}$ 도구	29
(a₂) 행동 –〉 대상 (도구)	1
(b) 결과 〈– 행동 —— 도구	2
(c) 도구/방법 – 행동 $\overset{\text{목적}}{——}$ 도구	3
2. 제반 상황 – 실체	17
(a) 방법 – 행동 $\overset{\text{목적}}{——}$ 도구	15
(b) 장소 – 행동 $\overset{\text{목적}}{——}$ 도구	2
3. 행동 – 실체	2
(a) 결과[=과정] 〈– 행동 $\overset{\text{목적}}{——}$ 도구	1
(b) 대상 ⎤ ⎥ 행동 $\overset{\text{목적}}{——}$ 도구 방법[=행동] ⎦	1
표현론적 유형 II **불완전 복합 구조 R**	105
1. 행동 – 실체	105
(a) 행동 $\overset{\text{목적}}{——}$ 도구	105
표현론적 유형 III **불완전 복합 구조 L**	24

1. 실체 – 실체	17
(a) 대상 ⟨– (행동) $\overset{\text{목적}}{\rule{1.5em}{0.4pt}}$ 도구	13
(b) 도구/방법 – (행동) $\overset{\text{목적}}{\rule{1.5em}{0.4pt}}$ 도구	4
2. 제반 상황 – 실체	7
(a) 방법 – (행동) $\overset{\text{목적}}{\rule{1.5em}{0.4pt}}$ 도구	2
(b) 시간 – (행동) $\overset{\text{목적}}{\rule{1.5em}{0.4pt}}$ 도구	2
(c) 행동 양식 – (행동) $\overset{\text{목적}}{\rule{1.5em}{0.4pt}}$ 도구	1
(d) 장소 – (행동) $\overset{\text{목적}}{\rule{1.5em}{0.4pt}}$ 도구	2
표현론적 유형 V **표현론적 재범주화**	9
1. 행동 $\overset{\text{도구}}{\rule{1.5em}{0.4pt}}$ 실체	8
2. 특질 $\overset{\text{도구}}{\rule{1.5em}{0.4pt}}$ 실체	1

〔표 3-2〕 표현론적 유형의 생산성(%)

불완전 복합 구조 R	54.688%
완전 복합 구조	28.125%
불완전 복합 구조 L	12.500%
표현론적 재범주화	4.688%

모든 생산성 계산은 3.5에 제시된 (22) 공식에 기반하고 있다.

〔표 3-3〕 단어 형성 유형의 생산성(%)

	A	B
불완전 복합 구조 R		
1. **행동 – 실체**	100%	54.7%
(a) 행동 $\xrightarrow{\text{목적}}$ 도구	100%	54.7%
완전 복합 구조		
1. **실체 – 실체**	64.8%	18.2%
(a₁) 대상 ⟨– 행동 $\xrightarrow{\text{목적}}$ 도구	53.7%	15.1%
(a₂) 행동 –⟩ 대상 / 도구	1.9%	0.5%
(c) 도구/방법 – 행동 $\xrightarrow{\text{목적}}$ 도구	5.6%	1.6%
2. **제반 상황 – 실체**	31.5%	8.9%
(a) 방법 – 행동 $\xrightarrow{\text{목적}}$ 도구	27.5%	7.8%
(b) 장소 – 행동 $\xrightarrow{\text{목적}}$ 도구	27.8%	1.0%
3. **행동 – 실체**	3.7%	1.0%
(a) 결과[=과정] ⟨– 행동 $\xrightarrow{\text{목적}}$ 도구	3.7%	0.5%
(b) 대상 ⎤ 행동 $\xrightarrow{\text{목적}}$ 도구 / 방법[=행동] ⎦	1.9%	0.5%
불완전 복합 구조 L		
1. **실체 – 실체**	79.8%	8.9%
(a) 대상 ⟨– (행동) $\xrightarrow{\text{목적}}$ 도구	54.2%	6.8%

	A	B
(b) 도구/방법 – (행동) $\overset{목적}{——}$ 도구	16.7%	2.1%
2. 제반 상황 – 실체	29.2%	3.6%
(a) 방법 – (행동) $\overset{목적}{——}$ 도구	8.3%	1.0%
(b) 시간 – (행동) $\overset{목적}{——}$ 도구	8.3%	1.0%
(c) 행동 양식 – (행동) $\overset{목적}{——}$ 두구	4.2%	0.5%
(d) 장소 – (행동) $\overset{목적}{——}$ 도구	8.3%	1.0%
표현론적 재범주화		
1. 행동 $\overset{도구}{——}$ 실체	88.9%	4.2%
2. 특질 $\overset{도구}{——}$ 실체	11.1%	0.5%

범례

A: 표현론적 유형 안에서 계산된 비율

B: 명명 단위의 총수를 고려하여 계산된 비율

논의:

단어 형성 유형 군집 원리에 기반한 생산성 계산 방법은 각각의 단어 형성 유형 군집으로 나뉘는 새로운 명명 단위를 만드는 데 있어 단어 형성 유형 각각의 적용 가능성을 가리킨다. 통계는 각각의 표현론적 유형에서 하나의 '강력한' 단어 형성 유형, 즉 불완전 복합 구조 R(그중에서도 행동-실체{행동-목적-도구}의 단일 단어 형성 유형)이 명백히 지배적이라는 것을 가리킨다. 완전 복합 구조에서의 주요한 단어 형성 유형은 54.7%를 차지하는 실체-실체(대상<-행동-목적-도구)이며, 불완전 복합 구조 L에서는 단어 형성 유형 군집 내의 총 명명 단위 수에 대한 각각의 점유율이 상당히 다르지만 전체 표현론적 표지의 점유율이 완전 복합 구조의 갖가지 유

형의 점유율과 거의 동일한 갖가지 **실체-실체**(대상<-(행동)-목적-도구) 유형이 지배적이다. 분명히, 표현론적 표지의 한정 요소가 표현되면, 이는 논리-의미적 사물인 경향이 있다. 표현론적 재범주화 역시 하나의 강력한 유형, 행동-도구-실체 유형이 지배적이다. 전체 군집에서는 명백히 하나의 단어 형성 유형, 즉 전체 명명 단위 군집에서 54.7%를 차지하는 불완전 복합 구조 R의, **행동-실체**(행동-목적-도구) 유형이 지배적이다.

표현론적 유형을 군집으로 비교하면, 동일한 경향이 발견되는데, 즉 군집에서 하나의 강력한 표현론적 유형 II(54.7%)가 지배적이다.

표현론적 재범주화에 대한 비율은 5% 미만이며, 이는 이전 경험에 기반하여 내린 나의 예상보다 조금 낮은 수치이다. 표현론적 재범주화의 비율은 일반적으로 5~8%의 범위를 가지는 경향이 있다.

만약 표본을 전통적인 용어로 분석한다면, -er/-or 접미 파생의 단어 형성 과정이 가장 빈번하다.

3.5.2. 사례 연구 II

사례 연구 II는 행동주, 즉 어떤 행동을 하는 사람의 의미를 표현하는 명명 단위에 초점을 맞추고 있다. 표본은 Hais와 Hodek(1991)의 『영어-체코어 사전(*English-Czech Dictionary*)』의 알파벳 'A'에 있는 144개의 명명 단위(행동주 명사)를 포함하고 있다. 공식적으로, 이들 명명 단위는 세 개의 '전통적인' 단어 형성 과정: 접미 파생[*adorer*(숭배자)], 합성[*aircraft-man*(공군 이등병)], 전환[*alcoholic*(알코올 의존자)]을 포함하고 있다. 제안된 다섯 가지 표현론적 유형에 기반한 분류는 다음에 제시하는 각각의 단어 형성 유형으로 하위 범주화 된다.

표현론적 유형 I

완전 복합 구조

1. 실체 – 실체
(a) 대상 〈– 행동 〈– 행동주[9]

army broker(육군 군납업자)　　　　　*art-director*(예술 감독)

army contractor(육군 군납업자)　　　*art-editor*(예술 감독)

(b) 도구 – 행동 – 행동주

arm twister(무리하게 강요하는 사람)

(c) 결과 〈– 행동 – 행동주

automaker(자동차 제조업자)

2. 제반 상황 – 실체
(a) 장소–행동–행동주

air hostess(승무원)

ambulance-chaser(교통사고만 쫓아다니는 악덕 변호사)

표현론적 유형 II

불완전 복합 구조 R

1. 행동 – 실체

(a) 행동 – 행동주

abductor(유괴범)

abstainer(기권자)

abstractor(추출하는 사람)

accepter(영수인)

acceptor(인수인)

accommodator(파출부)

accompanist(반주자)

accountant(회계사)

accuser(고소인)

actor(배우)

adapter(각색자)

adjudicator(심판관)

adjuster(정산인)

administrator(관리자)

admirer(찬미자)

adorer(숭배자)

adulator(아첨하는 사람)

adulterator(통화 위조자)

advertiser(광고주)

adviser/advisor(조언자)

aggressor(침략자)

agitator(선동자)

alarmist(인심을 소란케 하는 사람)

animator(만화 영화 제작자)

announcer(아나운서)

annunciator(알리는 사람)

anticipant(예상자)

apologist(변호자)

appellant(항소인)

appellor(항소인)

applicant(응모자)

appraiser(감정인)

arbiter(중재인)

arbitrator(중재인)

arbitress(여자 중재인)

assailer(괴롭히는 사람)

assassinator(암살자)   *assistant*(조수)

assayer(분석자)   *assurer*(보증인)

assentor/assenter(지지자)   *attendant*(참석자)

assertor(주장자)   *auditor*(회계 감사관)

assessor(사정관)   *aviator*(비행사)

assignor(양도인)   *avenger*(복수자)

(b) 행동 – 행동 양식 – 행동주

actress(여배우)

avengeress(여복수자)

aviatress(여비행사)

비고:

   actor(배우) 유형과 *actress*(여배우) 유형의 명명 단위가 서로 다른 하위 유형에 속하는 이유는, 전자가 진정한 행동–행동주 유형인 반면에, 후자는 단지 행동주의 논리 범주(접미사 *-er*, *-or*, 또는 *-ar*을 통해 표현론적으로 표현됨.)를 또 다른 행동주 범주(*-ess*를 통해 표현론적으로 표현됨.)와 조합함으로써 행동주 명명 단위를 '수정하였기' 때문이다. 후자의 기본적인 기능은 행동주 그 자체보다는 행동주의 성별을 가리키는 것이다. 이러한 관점에서 보면, *-er*이 결합한 행동주는 행동과 '여성' 행동주가 인수한 행동주 사이의 관계 패턴으로 생각할 수 있다.

표현론적 유형 III

불완전 복합 구조 L

1. 실체 – 실체

(a) 대상 〈– (행동) – 행동주

acoustician(음향학자)	*animist*(정령 숭배자)
adman(광고업자)	*anthropologist*(인류학자)
aeromechanic(항공 역학자)	*apiarist*(양봉가)
aesthetician(미학자)	*aquarist*(어류 사육사)
aestheticist(유미주의자)	*archaeologist*(고고학자)
agronomist(농경학자)	*archivist*(기록 보관인)
aircraftman(항공병)	*argumentator*(논쟁자)
aircraftwoman(여자 항공병)	*army chaplain*(군대 사제)
alchemist(연금술사)	*artist*(예술가)
algebraist(대수학자)	*ashman*(청소부)
allegorist(우화 작가)	*astrologer*(점성가)
analogist(유추론자)	*astronomer*(천문학자)
anatomist(해부학자)	*atomist*(원자학자)
anecdotalist(일화를 말하는 사람)	*audiophile*(오디오 애호가)
Anglophile(친영파 사람)	*aurist*(이과의)

비고:

(i) 행동주 명사에 대한 나의 개념은 상당히 광범위하다. 그러므로

audiophile(오디오 애호가)과 *Angolophile*(친영파 사람)과 같은 명명 단위 역시 예시에 포함되어 있다. 이들은 사실 이에 상응하는 의미의 행동을 하지 않는다.

(ii) *aircfraftman*(항공병)과 *aircfraftwoman*(여자 항공병) 명명 단위는 역동적인 또는 정적인 관점에서 설명될 수 있다. 앞의 기호는 전자를 반영한다. 정적으로, 이들은 비행기의 전 직원을 가리키며, 다음과 같이 포획된다.

(21) **실체 – 실체**
　　　상태 – 피동주

단순 구조의 실체(장소-행동-행동주) 유형인 *airman*(항공병)과 *airwoman*(여항공병)의 경우도 마찬가지다(정적으로 이들은 비행기의 승무원이다.).

(b) 도구 – (행동) – 행동주

accordionist(아코디언 연주자)　　　*artillerist*(포수)
archer(궁수)　　　　　　　　　　*artilleryman*(포병)

(c) 결과 〈– (행동) – 행동주

anthologist(명문집 편자)　　　*aphorist*(격언 작자)
autobiographer(자서전 작가)　*aquarellist*(수채화가)
annalist(연대기 편자)　　　　*armourer*(갑옷 만드는 사람)

2. 제반 상황 – 실체

(a) 대상[=장소] ⟨– (행동) – 행동주

Africanist['아프리카(학)' 연구자]   *Anglicist*['영국(학)' 연구자]

Americanist['아메리카(학)' 연구자]   *Arabist*['아랍(학)' 연구자]

Anglist['영국(학)' 연구자]

비고:

위에 제시된 [=장소]는 조건부의 성격을 띤다. 이 명명 단위는 아랍, 영국, 미국 등의 문화, 언어, 역사(이들은 전문가의 관심과 행동의 대상이다.) 등의 전문가를 뜻한다. 그러나 문화, 언어, 역사 등은 나라 또는 국경으로 한정된다.

(b) 방법 – (행동) – 행동주

activist(운동가)   *artificer*(기술공)

altruist(이타주의자)   *autocrat*(독재자)

(c₁) 방법 대상 ⟨– (행동) – 행동주

anticommunist(반공주의자)   *antisocialist*(반사회주의자)

anti-Fascist(반국수주의자)   *atheist*(무신론자)

antinomian(도덕률 폐기론자)

(c₂) 방법 대상 ⟨– (행동) – (행동주)[10]

anti-Semite(반유대주의자)

(d) 장소 - (행동) - 행동주

aerialist(공중 곡예사)　　*alpinist*(등산가)

aeronaut(열기구 조종사)　*altar boy*(사제의 복사)

airman(항공병)　　　　　*aquanaut*(잠수 기술자)

airwoman(여항공병)　　　*astronaut*(우주 비행사)

3. 행동 - 실체

(a) 대상[=과정] -〉 결과[=상태] (행동) - 행동주

abolitionist(폐지론자)　　*adulteress*(간통을 범한 여자)

abortionist(낙태 시술자)　*anaesthetist*(마취과 의사)

adulterer(간통을 범한 남자)　*analyst*(분석가)

(b) 대상[=과정] 〈- (행동) - 행동주

adventurer(모험가)　　　*arboriculturist*(수목 재배인)

adventuress(여모험가)　　*auctioneer*(경매인)

adventurist(모험가)　　　*aviculturist*(조류 사육사)

표현론적 유형 V

표현론적 재범주화

1. 특질 ——— 실체 (행동주)

academic(학구적인 사람)

adherent(들러붙는 사람)

alcoholic(알코올 의존자)

ancillary(보조하는 사람)

antiaquarian(물병자리인 사람)

authoritarian(권위주의자)

2. 행동 ——— 실체 (행동주)

addict(중독자)

associate(준회원)

[표 3-4], [표 3-5], [표 3-6]은 이상의 분석에서 가장 중요한 결과를 요약하고 있다.

결과

(표 3-4) 개별 표현론적 유형과 단어 형성 유형 상세

명명 단위의 총수	144
불완전 복합 구조 R	53
1. 행동 − 실체	53
(a) 행동 − 행동주	50
(b) 행동 − 행동 양식 − 행동주	3

불완전 복합 구조 L	75
1. 실체 – 실체	40
(a) 대상 ⟨– (행동) – 행동주	30
(b) 도구 – (행동) – 행동주	4
(c) 결과 ⟨– (행동) – 행동주	6
2. 제반 상황 – 실체	23
(a) 대상[=장소] ⟨– (행동) – 행동주	5
(b) 방법 – (행동) – 행동주	4
(c₁) 방법 대상 ⟨– (행동) – 행동주	5
(c₂) 방법 대상 ⟨– (행동) – (행동주)	1
(d) 장소 – (행동) – 행동주	8
3. 행동 – 실체	12
(a) 대상[=과정] –⟩ 결과[=상태] (행동) – 행동주	6
(b) 대상[=과정] ⟨– (행동) – 행동주	6
완전 복합 구조	8
1. 실체 – 실체	6
(a) 대상 ⟨– 행동 – 행동주	4
(b) 도구 – 행동 – 행동주	1
(c) 결과 ⟨– 행동 – 행동주	1
2. 제반 상황 – 실체	2
(a) 장소 – 행동 – 행동주	2
표현론적 재범주화	8
1. 특질 $\xrightarrow{\text{행동주}}$ 실체	6
2. 행동 $\xrightarrow{\text{행동주}}$ 실체	2

〔표 3-5〕 개별 표현론적 유형과 단어 형성 유형 상세

불완전 복합 구조 L	52.083%
불완전 복합 구조 R	36.806%
완전 복합 구조	5.556%
표현론적 재범주화	5.556%

〔표 3-6〕 단어 형성 유형의 생산성

구분	A	B
불완전 복합 구조 L		
1. 실체 – 실체	53.3%	27.8%
(a) 대상 ⟨– (행동) – 행동주	40.0%	20.8%
(b) 도구 – (행동) – 행동주	5.3%	2.8%
(c) 결과 ⟨– (행동) – 행동주	8.0%	4.2%
2. 제반 상황 – 실체	30.7%	16.0%
(a) 대상[=장소] ⟨– (행동) – 행동주	6.7%	3.5%
(b) 방법 – (행동) – 행동주	5.3%	2.8%
(c₁) 방법 대상 ⟨– (행동) – 행동주	6.7%	3.5%
(c₂) 방법 대상 ⟨– (행동) – (행동주)	1.3%	0.7%
(d) 장소 – (행동) – 행동주	10.7%	5.6%
3. 행동 – 실체	16.0%	8.3%
(a) 대상[=과정] –⟩ 결과[=상태] (행동) – 행동주	8.0%	4.2%
(b) 대상[=과정] ⟨– (행동) – 행동주	8.0%	4.2%
불완전 복합 구조 R		

	A	B
1. 행동 – 실체	100%	36.8%
(a) 행동 – 행동주	94.3%	34.7%
(b) 행동 – 행동 양식 – 행동주	5.7%	2.1%
완전 복합 구조		
1. 실체 – 실체	75%	4.2%
(a) 대상 〈– 행동 – 행동주	50%	2.8%
(h) 도구 – 행동 행동주	12.5%	0.7%
(c) 결과 〈– 행동 – 행동주	12.5%	0.7%
2. 제반 상황 – 실체	25.0%	1.4%
(a) 장소 – 행동 – 행동주	25.0%	1.4%
표현론적 재범주화		
1. **특질** —행동주— **실체**	75.0%	4.2%
2. **행동** —행동주— **실체**	25.0%	1.4%

범례:

A: 표현론적 유형 안에서 계산된 비율

B: 명명 단위의 총수를 고려하여 계산된 비율

논의

이상의 결과는 사례 연구 I에서 드러난 경향성, 즉, 단일 표현론적 유형(단어 형성 유형)이 단어 형성 유형 군집을 지배하는 경향성을 확정해 준다. 명명 단위가 행동주를 나타내는 경우에, 군집 안에서 총 명명 단위의 50%를 차지하는 것은 불완전 복합 구조 L 유형이다. 게다가, 불완전 복합 구조 R 유형이 상당히 많은 것은 어휘부에서 이 부분이 발화의 경제성에 대한 경향을 반영한다는 사실을 증명한다. 완전 복합 구조 유형이 상대적으로 작은 역할을 한다는 사실이 또 다른 증거이다.

가장 생산적인 두 가지 표현론적 유형은 매우 '강력한' 단어 형성 유형에 의해 지배된다. 이는 특히 불완전 복합 구조 R의 단어 형성 유형 '행동-행동주'에 적용된다. 이 유형은 불완전 복합 구조 R 유형 안에서 100% 생산적일 뿐만 아니라, 분석된 표본에서 가장 생산적인 단어 형성 유형이다(34.7%). 불완전 복합 구조 L 유형 역시 '대상-(행동)-행동주(내부적 생산성은 40%, 총 생산성은 20.8%)' 단어 형성 유형이 지배적이다. 불완전 복합 구조 L 유형은 행동주의 행동이 다양하게 유도될 수 있다는 것을 보여주는데, 이것이 다양한 단어 형성 유형이 꽤 많이 존재하게 되는 동기가 된다. 완전 복합 구조와 표현론적 재범주화 유형에 속하는 명명 단위의 수는 너무 적어서 통계적으로 유의미하지 않다. 그럼에도 불구하고, 표현론적 재범주화의 5.6%는 나의 이전 분석에서 얻은 비율과 대략적으로 상응하며, 이는 영어의 전체 단어 형성 생산성에서 표현론적 재범주화의 고정된 비율이 5~8%라는 것을 가리킨다.

흥미로운 결과는 각각의 표현론적 유형의 내적 구조에 대한 분석을 통해 얻어졌다. 접미사 -er이 불완전 복합 구조 R 유형에서 우세한 반면(-ant가 7회, -ist는 겨우 3회 나타난 반면, -er은 39회 출현하였다.), 불완전 복합 구조 L 유형에서는 -ist가 명백히 우세하였다(-er은 9회만 나타난 반면, -ist는 40회 출현하였다.). 표현론적 유형과 접미사의 유형 또는 일반적으로, 우세한 단어 형성 유형 사이에 모종의 상관관계가 있는 것으로 보인다.

3.6. 생산성, 빈도, 효율성

누군가는 개념에서 멈추지 않고 생산성에 좀 더 깊게 들어가고 싶어 할 것이 분명하다. 앞에서 나는 이미 생산성을 계산하는 데 있어 빈도의 개념을 통합하는 것을 거부하였다. 그럼에도 불구하고, 언어에서의 다양한 단어 형성 유형의 일종의 '값'에 도달하기 위해 두 개념을 관련시키는 것은 가능하다. 이는 Štekauer(1994a)에 의해 제안되었다. 여기서 나는 위에서 제시된 생산성 개념의 관점에서, 이 접근법의 기본적인 개념에 대해 간략히 요약하고자 한다.

생산성

생산성을 각각의 단어 형성 유형 군집에 속하는 모든 분석된 명명 단위에서 특정한 단어 형성 유형을 따라서 만들어진 모든 명명 단위의 비율이라고 이해해 보자. 이 관계는 다음과 같이 표현될 수 있다.

$$(22) \ \ P(\text{생산성}) = \frac{\Sigma \ \text{단어 형성 유형의 명명 단위들}}{\Sigma \ \text{분석된 단어 형성 유형 무리의 명명 단위들}} * 100$$

생산성은 언어 체계, 즉 단어 목록(word-stock)에 적용된다. 이러한 위치는 van Marle(1985)를 따른 Schultink(1988: 7)와 일치한다. 그는 생산성이 능력에만 국한된다는 것을 고수하였다. 앞에서 밝힌 것처럼, 나의 접근법은 실제 생산성은 특정 자료(예를 들어 사전)에 기반할 때에만 결정된다고 전제한다. 이러한 방법으로 나는 몇몇 논자에 의해 제안된 대단히 추상적인 분류의 모호함을 피하려고 한다. 이러한 생각을 보여 주기 위해 이 분야에서의 다양한 분류 중 하나를 언급하는 것은 가치가 있을 것이다 (Dokulil, 1962: 92).

(23) A. 생산적인 단어 형성:
    1. 무한한 생산성
    2. 제한적인 생산성-경쟁하는 유형의 존재로 인한 제한된 적용

가능성

(a) 높은 생산성-꽤 높은 창조성과 경쟁하는 유의어 유형에
  대한 높은 저항성

(b) 중간 생산성-중간 수준의 단어 형성 적용 가능성

(c) 낮은 생산성-새로운 명명 단위를 만들어 내는 데 있어
  제한적인 적용 가능성

B. 생산적이지 않은 단어 형성

이와 동일한 이유에서, 나는 반(半)생산성(semiproductivity)의 용어를
소개하는 것이 적절하다고 생각하지 않는다. Bauer(1983: 82)는 경쟁하는
접미사 *-ness*와 *-ity*에 관하여 말하였다. "두 접미사가 *-able*이 있는 어떠
한 어기에도 자유롭게 결합되지 못하는 것으로 보이므로, 완전히 생산적
이지 않고 반생산적이다." 내 목표는 생산성 문제를 최대한 엄격하게 고
려하는 것이다.

빈도

빈도는 분석된 텍스트에서, 특정 단어 형성 유형을 따라 만들어진 모
든 명명 단위와 텍스트에서 분석된, 각각의 단어 형성 유형 군집의 범위로
나뉘는 모든 명명 단위의 수 사이의 관계로 정의될 수 있다. 빈도는 생산
성과 반대로, 발화(파롤)와 관련된다. 이는 특정 발화에서 특정 유형의 이
용을 명시한다. 즉, 이는 특정 유형(타입과 토큰의 관계)의 이용 비율을 결정
한다. 이러한 관계는 다음과 같이 표현될 수 있다.

(24) $F(\text{빈도}) = \dfrac{\Sigma \text{ 텍스트에서의 단어 형성 유형에 속하는 명명 단위}}{\Sigma \text{ 텍스트에서의 단어 형성 유형 무리에 속하는 명명 단위}} * 100$

우리는 또한 소위 이상적인 빈도라 부르는 개념을 소개할 수 있다.

$$(25)_{\text{(이상적인 빈도)}}^{\quad I} = \frac{\Sigma \text{ 무한한 텍스트들에서의 단어 형성 유형에 속하는 명명 단위}}{\Sigma \text{ 무한한 텍스트들에서의 분석된 단어 형성 유형 무리의 명명 단위}} * 100$$

정말로 객관적인 결과를 제공할 수 있는 것은 변수 I(이상적인 빈도) 뿐이다. 그러나 무한한 수의 텍스트를 전제하는 것으로 이것이 결정되지는 못한다. 그럼에도 불구하고, 누군가는 결과를 가능한 한 객관적으로 만들기를 시도할 것이다. 이 때문에 '서로 다른 유형의, 서로 다른 주제를 담은, 다양한 목적을 가진 서로 다른 저자들에 의해 생산된' 것과 같은 여러 텍스트를 분석할 필요가 있다. 이것은 결과의 신뢰성을 높인다.

결과에 영향을 주는 또 다른 요인은 분석된 텍스트의 길이이다. 내가 절대적인 길이를 의미하고자 하는 것은 아닌데, 왜냐하면 텍스트에 있는 모든 단어가 관련성이 있는 것은 아니기 때문이다. 목표는 언어 체계 층위로 제한된, 매우 구체화된 명명 단위를 분석하는 데 있다. 이 상대적인 길이는 통계적 결과에 영향을 주기 때문에, 빈도는 일종의 관련성으로 다루어져야 한다(위의 식을 보라.).

효율성

나는 특정 단어 형성 유형의 실제 언어적 가치는 생산성과 빈도의 상호 관계에서만 도출될 수 있음을 보여 주기 위해 이 개념을 소개한다. 몇 가지 단어 형성 유형은 분명히 생산적이지만, 파롤에서 매우 빈번하게 사용될 필요는 없으며, 반대의 경우도 마찬가지이다. 효율성은 이러한 상황을 고려해 넣은 것으로, 생산성과 빈도를 보다 객관적으로 만든다. 효율성은 동일한 생산성 또는 두 개 이상의 유형의 빈도 중에서 주어진 단어 형성 유형 값이 더 높은 쪽을 결정하게 해 준다.

그러나 생산성은 언어 체계에서의 현상이라는 것을 기억해야만 한다. 특히, 생산성은 어휘 체계에 관한 것이다. 일반적으로 알려진 바와 같이, 어휘 체계 층위는 주어진 시점에서 (동시에) 더 또는 덜 일정하다. 그러므로 어휘 체계는 닫힌 체계로 간주될 수 있다(실존하는 용어와 관련하여 미미한, 최소한의 변경만 이루어짐.). 수학적 관점에서 이러한 닫힌 체계의 분석을 통해 얻어진 결과는 타당도가 1(100%)에 수렴한다.

반면에, 빈도는 텍스트(발화 층위)와 관련된 현상이다. 이미 언급된 바와 같이, 한정된 길이의 텍스트 하나만 있는 것이 아니며, 텍스트의 수는 무한하다. 이처럼 빈도는 열린 체계와 관련된다. 분석의 결과는 텍스트의 수와 길이, 주제, 목적 등에 의존한다. 결과의 객관성과 관련성은 텍스트의 수, 길이, 다양성과 비례한다. 텍스트의 길이로부터 추상화해 보면, 하나의 텍스트에 대한 타당도는 수학적으로 $1/\infty$과 같이 표현될 수 있다.

이상에서 보인 바와 같이, 생산성과 빈도의 관계는 두 모순되는 변수 사이의 관계이다. 생산성 결과의 타당도는 빈도의 타당도보다 훨씬 높음이 분명하다(효율성 매개변수의 관점에서). 만약 우리가 (26)과 같이 효율성이 생산성과 빈도에 정비례한다고 가정하면,

(26) E(효율성) = P(생산성) * F(빈도)

이 관계는 가능한 한 객관적으로 만들어져야 한다. 한 가지 방법은 타당도 계수를 도입하는 것이다. 생산성 결과는 빈도보다 더 높은 타당도(지수를 통해)를 할당받을 수 있다. 그러나 실제로 이것은 쉽지 않으며, 다른 문제를 야기한다. 지수의 결정이 고정된 관계에 기반을 두지 않기 때문이다. 게다가, 지수는 텍스트의 수에 의존하여 변화되어야 한다. 그러므로

나는 분산 계수 D를 소개하는 것을 선호한다.

(27) D(분산 계수) = 1 − $\dfrac{\delta}{2m}$

δ: 평균 제곱근 편차(root mean square of the deviation)
m: 빈도 평균(frequency average)

분산 계수는 활용 계수 U_F의 계산으로 통합될 수 있다.

(28) U_F(활용 계수) = F(전체 빈도) * D(분산 계수)

위의 식은 Juilland(Černý, 1983: 22에서 재인용)의 것을 약간 수정한 것이다. 이 식은 빈도의 결과를 객관화하는 것을 가능하게 한다. 예를 들어, 만약 특정 단어 형성 유형의 빈도의 분포가 퍼져 있다면, 해당 유형의 활용 비율은 평균 빈도보다 낮을 것이다. 효율성을 계산하는 공식은 다음과 같다.

(29) E(효율성) = P(생산성) * U_F(활용 계수)

Štekauer(1994a)의 결과를 제시한 사례 연구에서, 나는 (합성, 접미 파생 등의 전통적인 개념을 포함하는) '고전적인' 접근법을 사용하였다. 왜냐하면 단어 형성 유형 군집의 개념을 포함하는, 현재 제시된 표현론적 이론은 그 당시에는 아직 '태어나지' 않았기 때문이다. 그럼에도 불구하고, 나는 『로봇과 로봇 기술 사전(*Robotics and Robot Technology*)』(Štekauer, Prčiková, 1987)에 포함되어 있는 로봇의 기초 분야를 다루는, 서로 다른

특성을 지닌 다섯 개의 텍스트에 대한 분석 결과에 대한 고려를 보여 주는 것이 가치가 있다고 생각한다. 사전에 포함된 총 2,466개의 기술 용어가 분석되었다. 이들은 다섯 개의 텍스트에서 발견된 5,647개의 명명 단위와 관련된다. 사례 연구의 결과를 간략하게 요약하면 [표 3-7]~[표 3-12]와 같다.

[표 3-7] 단어 형성 과정의 생산성

1. 합성	40.362
2. 연어[11]	32.076
3. 접미 파생	16.464
4. 전환	7.421
5. 혼성/절단 접두 파생	1.703 1.703

[표 3-8] 단어 형성 유형의 생산성(10위까지만 제시)[12]

1. 표현론적 범주 전환 – 행동의 구체화(접미 파생) [programing(프로그래밍)]	7.299
2. 1C 행동 – 목적 – 행동주/도구(연어) [mobile robot(이동식 로봇)]	5.028
3. 1C 행동 – 목적 – 행동주/도구(합성) [inspection robot(검사 로봇)]	4.866
4. 1A 상태 – 피동주(합성) [gantry robot(받침 로봇)]	4.623
5. 1B 상태 – 피동주(연어) [rigid jaw(단단한 턱)]	3.690
6. 3A 대상 〈– 피동주(합성) [image analysis(이미지 분석)]	3.609
7. 1C 행동 – 목적 – 행동주/도구(접미 파생) [manipulator(조종자/조종기)]	2.798

8. 1B 상태 – 피동주(합성) 　　[slave arm(노예 팔)]	2.353
9. 3D 방법 – 행동(연어) 　　[concentric gripping(동심 압력)]	2.311
10. 표현론적 범주 전환 – 특질의 구체화(접미 파생) 　　[accuracy(정확성)]	1.500

〔표 3-9〕 단어 형성 과정의 빈도

1. 접미 파생	212.354
2. 합성	123.545
3. 전환	60.916
4. 연어	50.095
5. 접두 파생	9.211
6. 혼성/절단	5.542

〔표 3-10〕 단어 형성 유형의 빈도(10위까지만 제시)

1. 표현론적 범주 전환 – 행동의 구체화(접미 파생) 　　[programing(프로그래밍)]	126.991
2. 1C 행동 – 목적 – 행동주/도구(접미 파생) 　　[manipulator(조종자/조종기)]	45.690
3. 표현론적 범주 전환 – 특질의 구체화(접미 파생) 　　[accuracy(정확성)]	14.212
4. 1C 행동 – 목적 – 행동주/도구(합성) 　　[inspection robot(검사 로봇)]	14.192
5. 1C 행동 – 행동주(접미 파생) 　　[operator(조작자)]	12.264
6. 1A 상태 – 피동주(합성) 　　[gantry robot(받침 로봇)]	10.522

7. 1B 상태 – 피동주(합성) 　　[slave arm(노예 팔)]	9.336
8. 동사 – 명사 행동 도구/목적 실체(전환) 　　[trip(여행하다/여행)]	9.204
9. 동사 – 명사 행동 결과 상태(전환) 　　[wear(입다/입기)]	7.500
10. 3A 도구/방법 – 행동(합성) 　　[laser cutting(레이저 절단)]	6.920

〔**표 3-11**〕 단어 형성 과정의 효율성

1. 합성	5019.87
2. 접미 파생	3496.20
3. 연어	1606.85
4. 전환	452.06
5. 접두 파생	15.687
6. 혼성/절단	9.439

〔**표 3-12**〕 단어 형성 유형의 효율성(10위까지만 제시)

1. 표현론적 범주 전환 – 행동의 구체화(접미 파생) 　　[programing(프로그래밍)]	926.906
2. 1C 행동 – 목적 – 행동주/도구(접미 파생) 　　[manipulator(조종자/조종기)]	127.842
3. 1C 행동 – 목적 – 행동주/도구(합성) 　　[inspection robot, 검사 로봇)]	69.061
4. 1A 상태 – 피동주(합성) 　　[gantry robot(받침 로봇)]	48.642
5. 1C 행동 – 목적 – 행동주/도구(연어) 　　[mobile robot(이동식 로봇)]	29.224

6. 1B 상태 – 피동주(합성) [gantry robot(받침 로봇)]	21.958
7. 표현론적 범주 전환 – 특질의 구체화(접미 파생) [accuracy(정확성)]	21.318
8. 3A 대상 〈– 행동(합성) [image analysis(이미지 분석)]	14.389
9. 3A 도구/방법 – 행동(합성) [laser cutting(레이저 절단)]	9.543
IU. 명사—동사 실제 토쿠/목직 힝등(진환) [interface(접촉면/잇다)]	7.440

논의:

이상의 결과는 생산성과 빈도 사이에 직접적인 비례성은 없다는 초기의 가설을 확증해 주었다. 생산성에 있어서는 높은 순위를 차지한 단어 형성 유형이 빈도에 있어서는 분명히 낮은 순위를 보이는 예들, 그리고 그 반대의 예들이 아주 많다. 예를 들어, 접미 파생 유형 1C 행동-행동주는 매우 높은 빈도를 보였으나(5순위), 생산성은 낮았다(0.122밖에 되지 않음.).

단어 형성 유형의 생산성은 접미 파생, 합성, 연어가 상대적으로 고르게 분포되어 있다. 그러나 빈도를 고려하는 경우 접미 파생 유형은 분명히 지배적이다.

흥미롭게도 단어 형성 과정과 이것의 개별 유형으로서의 전환(conversion)은 높은 생산성을 보이지는 않았지만, 빈도는 상대적으로 높았다.

전체적인 효율성에 있어서는 합성과 접미 파생이 지배적이었다.

흥미롭게도 개별적인 단어 형성 유형은 단어 형성 역량이 다른 유형보다 훨씬 큰, 하나 또는 하나 이상의 '강력한' 유형이 지배적이었다(이러한 관계에 대해서는 사례 연구 I과 II의 결과를 보라.).

분명히, 이러한 방법은 단어 형성 유형 군집에도 적용될 수 있다.

예를 들어, 몇 가지 경쟁하는 단어 형성 유형에 의해 특징지어지는 행동주 명명 단위의 단어 형성 유형 군집에 이를 적용하는 것은 흥미로울 것이다.

적용

이 장에서는 영어 단어 형성에서 광범위하게 논의된 네 가지 문제에 대한 표현론적 방법의 적용을 논의한다. 이러한 문제들은 이 책에서 제안한 방법을 통해 쉽게 해결될 수 있음이 판명될 것이다.

4.1. 괄호 매김 역설은 있는가?

4.1.1. 개관

여기서는 영어 단어 형성에서 소위 괄호 매김 역설(bracketing para-doxes)과 관련된 복잡한 문제에 대해 다룬다. '괄호 매김 역설' 개념은 두 개의 모순적인 구조적 설명을 허용하는 명명 단위를 나타낸다. 예를 들어, *transformational grammarian*(변형 생성 문법학자)은 (1)과 같은 형태론적 구조를 할당받는데, 의미적 고려는 (2)와 같은 구조를 허용한다.

(1) [[transformational][grammarian]]

(2) [[transformational grammar][ian]]

unhappier(더 불행한)는 형태론적으로는 (3)과 같이 분석되어야 한다.

(3) [un [happy er]]

비교급 접미사 *-er*은 1음절 또는 2음절 단어에만 결합할 수 있기 때문이다. 그러나 *unhappier*(더 불행한)의 의미는 '더 행복하지 않다(not happier)'라기보다는 '더 불행하다(more unhappy)'의 의미이다. 그러므로 의미적으로 이는 (4)와 같이 괄호 매김 되어야만 한다.

(4) [[un happy] er]

4.1.2.에서 나는 Kastovsky, Kiparsky, Pesetsky, Lieber, Spencer, Carstairs-McCarthy가 제안한 이론들의 기본 원칙을 포함하여, 이러한 현상에 대한 다양한 접근법을 검토할 것이다. 그리고 4.1.3.에서는 이 문제에 대한 새로운 이론적 접근법을 제시할 것이다.

4.1.2. 기존 논의 검토

괄호 매김 역설에 대한 연구는 오랜 역사를 가지고 있다. Carstairis-McCarthy(1992)는 Pesetsky(1979)가 러시아어의 특징과 관련하여 이러한 현상을 처음으로 언급하였다고 하였는데, 이는 잘못이다. 1969년에

Kastovsky가 그의 논문 「단어 형성론과 영 형태소(Wortbildung und Null-morphem)」에서 이를 언급하였다. 예컨대, *book-seller*(책장수)는 *tea-merchant*(차 상인)와 같은 합성어와의 유추를 통해(*tea-merchant*는 차를 파는 상인이고, *book-seller*는 책을 파는 사람이다.) (5)와 같은 형태론적 구조를 할당받는다.

(5) book/sell-er

그러나 통사론적 관점에서 보면 동일한 합성어의 구조는 (6)과 같다.

(6) book-sell/er[1]

Kastovsky는 형태론적 층위에서 재해석(reinterpretation) 과정이 일어났다고 결론지었다.

Williams(1981a)는 어휘적 연결성(lexical relatedness)이라는 개념의 도입을 통해 어휘적 역설을 설명하고, 이를 '연결성 역설'이라 하였다. 그는 다음 네 가지 예를 들었다.

(7a) hydroelectricity(수력 전기), macroeconomist(거시경제학자), un-grammaticality(비문법성), reeducation(재교육)

형태론적 구조는 다음과 같다.

hydro + (electric+ity)
re+(educat+ion) 등.

*hydro-, macro-, un-, re-*는 접두사이며, *-ity, -ist, -ion*은 접미사이기 때문이다.

(7b) Gödel numbering(괴델의 수 매기기)

형태론적 구조는 다음과 같다.

Gödel + numbering

파생은 합성에 선행할 수 없기 때문이다.

(7c) atomic scientist(원자 과학자)

(7c) 역시 (b)와 같다.

(7d) whitewashed(희게 칠한)

(7d)의 형태론적 분석은 다음과 같다.

white + (wash+ed)

이러한 분석은 (굴절을 포함한) 모든 접사 첨가(affixation)는 합성에 선행한다는 가정에 기반을 두고 있다(Siegel, 1979; Allen, 1979; Selkirt, 1982는 이를 거부하였다.).

Williams는 이러한 단어들의 의미적 특이성이 다음과 같이 이들의 의미적 연결성을 반영하는 의미 구조를 요구한다고 주장한다.

(8) (hydroelectric) + ity

(*Gödel number*) + *ing*

(*atomic science*) + *ist*

(*white wash*) + *ed*

그러면 모든 역설의 구조는 다음과 같다.

(9)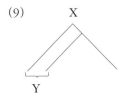

이러한 종류의 '연결성'은 '연결성'을 다음과 같이 정의 내린 구조에서 *X*는 *Y*를 연관 짓는 것을 통해 얻어진다.

(10) "만약 X와 Y가 핵 위치인지 비핵 위치인지의 여부만 다르다면, X 는 Y와 연관된다."(E. Williams, 1981a: 261)

이러한 정의는 X의 위치가 핵이고, Y의 위치가 φ인 경우(hydroelectric φ/ity) 또는 X의 핵의 위치가 Y의 핵에 의해 대체되는 경우(macroeconomic/macroeconomist)를 포함한다. 비핵의 위치 차이는 *macroeconomic*(거시 경제의) 대 *microeconomic*(미시 경제의)으로 설명된다. 비핵 은 '단어의 가장 왼쪽에 남은 가지'로 정의된다는 점을 주목해야 한다. 이는 단어가 하나의 비핵을 가짐을 뜻한다.

접사가 바깥에 결합하는 모든 합성어가 연결성이라는 새로운 개념으로 설명되는 것은 아니다. 예를 들어, *reaircondition*(재냉난방하다)은 (11a)와 같은 구조를 할당받을 수 없고, 반드시 (11b)가 되어야 한다.

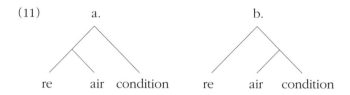

파생은 합성을 뒤따를 수 없다는 기본 원칙을 유지하기 위해 Williams는 "*air-condition*(냉난방하다)은 '어간으로 재분석'된다. 따라서 이론에 특별히 '표시된(marked)' 누락이 존재해야 한다."(Williams, 1981a: 263)라고 말한다.[2]

괄호 매김 역설에 대한 Lieber(1981)의 접근법의 핵심은 "단어 형성의 통사적 또는 구조적 측면은 … 어휘 의미로부터 자율적이다."(Lieber, 1981: 65)라는 그녀의 가정이다.

예를 들어, 그녀는 Aronoff(1976)에서 단어 형성 규칙에 따라 파생된 단어의 의미가 항상 합성적(compositional)이라는 것을 보여 준다. (자동차의) *transmission*(자동변속기)과 같은 단어가 비합성적(non-compositional) 의미를 가지고 있다면(불투명 단어), 구조적으로 불투명하게 여겨져야 한다. 결과적으로 Aronoff의 이론은 어휘 구조와 의미 구조의 동형적(isomorphic) 특성에 기반한다. Lieber의 시각에서 *hydroelectricity*(수력 전기), *macroeconomic*(거시 경제의), *ungrammaticality*(비문법성)와 같이 이러한 가정에 반하는 예가 무수히 많다. 이들의 형태론적 구조는 hydro

+ (electric+ity), macro + (econom+ic), un + (grammaticla+ity)인데, 이들의 접사가 2부류 유형이기 때문이다(# 경계). 그러나 의미적으로 이 단어들은 접미 파생 구조를 가지고 있다. 동일한 고려가 *nuclear physicist*(핵 물리학자), *transformational grammarian*(변형 생성 문법학자)과 같이 형태론적으로 합성어로 분석되는, 합성어에 적용된다.

(12) nuclear + (physic+ist)

transformational + (grammar+ian)

파생 접사는 합성어에 결합되는 것이 허용되지 않기 때문이다. 그녀의 견해에서 의미적 분석은 (13)과 같은 구조를 낳는다.

(13) nuclear physic + ist

transformational grammar + ian

Lieber는 "어휘 구조와 어휘 의미 사이의 동형성을 가정하는 단어 형성 이론은 이와 같은 경우를 설명할 수 없다."(Lieber, 1981: 67)라고 결론 짓는다. 다음에서 논증하는 바와 같이, 그녀의 형태 기반 이론에서 비롯된 이러한 주장은 원칙적으로 받아들여질 수 없다.[3]

Lieber(1981)가 제시한 아이디어는 Lieber & Booij(1989)와 Lieber(1992)를 통해 보다 정교화된다.

Lieber & Booij(1989)는 형태론적 구조와 운율 구조를 동시에 참조하는 것을 허용하는 이론에서 괄호 매김 역설은 역설이 전혀 아니라고 주장한다. 운율 구조는 '음운론적 요소가 정렬되는 운율 범주(음절, 음보, 음운론적 단어 등)의 위계'를 의미한다(Lieber, 1992: 149-150). Lieber와 Booij는

"형태론적 구조와 운율 구조는 협력 관계 안에서 만들어져야 하며, 동시적으로 표시되어야 한다."(Lieber, 1992: 150)라고 주장한다. 이는 이 두 위계가 공존해야 함을 뜻한다. 이러한 접근법은 어떠한 역설도 제거한다. 따라서 명명 단위 *unhappier*(더 불행한)의 '괄호 매김 역설'은 음운론적 관점에서 볼 때, 비교급 접미사 *-er*에 설정된 조건으로 인하여 *unhappier*(더 불행한)의 구조가 (14)와 같이 되어야만 한다는 사실에서 비롯된 것이라 한다.

(14) [un [[happy] er]]

접미사 *-er*은 1음절 형용사 또는 2음절에 강세가 놓이지 않는 2음절 형용사에만 결합할 수 있다. 그러므로 *-er*은 *unhappy*(불행한)에는 결합할 수 없다. 그러나 의미적 관점에서의 구조는 (15)와 같다.

(15) [[un [happy]] er]

이 단어는 '더 행복하지 않다(not more happy)'를 뜻한다기보다는 '더 불행하다(more unhappy)'를 뜻하기 때문이다.

위에 제시된 협력 관계 원리를 통해, Booij와 Lieber(1989: 33)에서는 *unhappier*(더 불행한)의 표현형을 다음과 같이 제시한다.

(16) -er $]_{형용사}$ _____ $]_{형용사}$

$\sigma \ (\sigma_C)]$ _____

이는 *-er*이 핵음절(core syllable) σ_C(핵음절은 CV만을 포함한다.)을 운

율적 단어의 두 번째 음절로 가지고 있는 형용사에 결합한다는 도식을 따른다. 단어 *unhappy*(불행한)는 un과 happy라는 두 개의 운율적 단어를 포함하고 있다. 그리고 *unhappy*(불행한)의 구조는 (17)과 같다(운율적 구조는 위에, 형태론적 구조는 다음에 제시됨.).

(17)

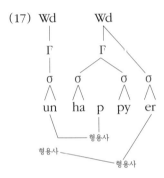

이 해법은 *transformational grammarian*(변형 생성 문법학자), *ungrammticality*(비문법성), *underestimation*(과소평가), *extrametricality*(음운 축약) 등의 다른 괄호 매김 역설에도 적용할 수 있다.

형태론으로부터 어휘 의미론을 분리함으로써 괄호 매김 역설에 대응하고자 했던 Lieber, Williams와는 반대로, Kiparsky(1982)는 그의 이론에서 중요한 원칙 중 하나를 위반하는 설명을 제안하였다. 그것은 괄호 매김 삭제 규칙(Bracketing Erasure Convention)이다. 이에 따르면 *hydroelectricity*(수력 전기)와 *ungrammaticality*(비문법성)의 기원은 다음과 같다. *grammaticality*(문법성)와 *electricity*(전기)가 층위 1에서 만들어지고, (18)과 같이 그들의 괄호 매김을 유지한다(!).

(18) [[grammatical]형용사 ity]명사

   [[electirc]형용사 ity]명사

결과적으로 다음 단어 형성 과정은 내심 구조로 설명될 수 있다. 그리고 전자의 예시에서 접두사 *un-*은 형용사에 결합할 수 있고(이것은 *un-* 접두 파생에 필수 조건이다.) 후자의 예에서 1부류 접미사인 *-ity*는 층위 2에서의 합성 과정의 생산물에 결합하는 것을 피할 수 있다. 앞에서 지적한 바와 같이, 이러한 괄호 매김 역설에 대한 설명은 Kiparsky의 이론의 원칙과 관련하여 많은 대가를 치른다.[4]

Guerssel(1983)은 자신의 접근법에서 단계 유순 가설(Level Ordering Hypothesis)을 거부한다. 예를 들어, *institutionalize*(제도화하다)와 같은 예에서, *-al* 접미 파생이 *-ize* 접미 파생에 선행되어야 한다는 단계 유순 가설의 주장은 본질적으로 각각의 접미사의 하위 범주화를 따른다. 핵(head)은 결합할 접미사를 선택한다. 따라서 이러한 접근법은 *re-air-condition*(에어컨을 다시 사용하다)과 같이 합성이 접두 파생에 앞서는 순서적 역설(이는 단계 유순 가설의 기본적인 원칙을 어긴다.) 또는 *derivability*(도출 가능성), *congealability*(응고성)와 같이 1부류 접미사인 *-ity*가 2부류 접미사인 *-able*로 파생된 단어에 결합되는 경우를 다루는 것을 가능하게 한다.

Guerssel이 지적한 바와 같이, 단계 유순 가설의 제안자는 Mohanan의 루프(loop)와 같이 일관성이 없는 다양한 장치에 의존해야만 한다. Mohanan의 루프는 합성어가 2부류 접두 파생의 입력을 허용한다.[5] Guerssel의 설명은 다음과 같다. *air-condition*(에어컨을 사용하다)은 공전 어휘부(Vacuous Lexicomp) 규칙[6]과 합성 규칙의 적용을 통해 얻어진다. 이러한 방법에서 그는 *re-air-condition*(에어컨을 다시 사용하다)을 형성하는, *re-* 결합이 가능한 *air-condition*(에어컨을 사용하다)을 만들어 낸다.

이와 비슷하게, *-able*은 '형용사' 범주를 만들어 낸다. 핵으로서의 *-ity*는 내부 구조와는 무관하게 *-able*이 결합한 형용사를 선택하기 위해 하위 범주화 된다.

Pesetsky(1985)는 괄호 매김 역설에 대한 그의 접근법을 다음 예시를 통해 설명하였다.

첫 번째 예시는 접두사 *un*-과 비교급 접미사 *-er*이 포함된 명명 단위 [*unhappier*(더 불행한)]와 관련된다. 일반적으로 이 접미사는 1음절 형용사에 결합되며, 제한적으로 2음절 형용사에 결합할 수 있다. *unhappier*(더 불행한), *unpleasanter*(더 불쾌한), *unluckier*(더 불길한)와 같은 단어들은 명백히 이러한 음운론적 조건을 위반한다. 이러한 모순은 만약 접미사가 1음절 어기에 결합한다면 사라진다. 예컨대, *un*-이 *-er* 접미 파생 후에 붙으면, 그 구조는 (19)와 같다.

(19) [형용사 un [형용사 happy er]].

그러나 이러한 구조는 의미적 분석에 위배된다. *unhappier*(더 불행한)는 위에서 언급한 바와 같이 '더 행복하지 않다(not more happy)'의 의미라기보다는 '더 불행하다(more not happy)'의 의미이기 때문이다.

또 다른 유형의 역설은 단계 유순 가설과 하위 범주화 틀의 모순을 통해 예시된다. 단계 유순 가설에서는 1부류 접사가 2부류 접사에 선행해야 한다. 따라서 *-ity*(1부류 접미사) 접미 파생은 *un*-(2부류 접두사) 접두 파생에 선행해야 한다. 반면에, 접사는 하위 범주화 틀 안에서 (또한 즉각적인 노드 지배의 삼투를 통해서) 이의 자매 노드의 범주를 명세화한다고(c-지배) 알려져 있다. 따라서 *un*-은 오직 형용사에만 결합한다. 이상의 두 가지 원칙은 (20a)와 (20b)에 제시된 두 개의 모순적인 구조를 낳는다.

Pesetsky는 따라서 소위 괄호 매김 역설은 표현형의 서로 다른 두 층위에서 두 개의 비동형적 구조를 가진다고 제안한다. 표현형 층위 1은 S-구조(S-structure)라 불리고, 표현형 층위 2는 논리적 형태(Logical Form)라 불린다. S-구조에서의 단어 구조는 단계 유순 가설을 포함하는, 음운론 및 형태론적 조건에 의해 한정된다. 논리적 형태 층위에서의 단어 구조는 c-지배(범주 선택)에 의해 한정된다. 그리고 층위 2는 직접적으로 의미, 특히 특유의 의미를 한정한다.

(20a) 하위 범주화에 의해 지배된 구조

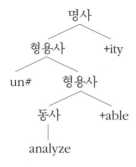

(20b) 단계 유순 가설에 의해 지배된 구조

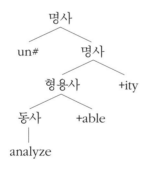

　　두 층위는 층위 1(S-구조)의 단어 구조 표상을 층위 2(논리적 형태)의 단어 구조 표상에 사상함으로써 관련된다. 사용된 장치는 양화사 규칙(Quantifier Rule)[7]인데, 이는 (21)과 같이 통사부에서 사용되는 변형 규칙(Move-alpha)의 일종이다.

(21) C를 지배하는 일부 노드에 범주 C를 연결하기

양화사 규칙의 작동은 다음과 같이 표현된다.

삼투 규칙(Percolation Convention, Lieber, 1981)에 기반을 두고, 단어 *unanalyzability*(비분석성)는 다음과 같은 S-구조(1 층위)를 할당받는다.

(22)

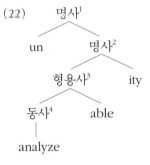

양화사 규칙을 적용하여 Pesetsky는 다음의 논리적 형태를 얻는다.

(23)

e_i은 양화사 규칙으로 위쪽으로 올라간 접미사와 함께 표시된 흔적이다. 더욱이 e_i은 영 범주 부류에 속하는데, 즉 이를 지배하는 노드를 c-지

배하지 않는다.

반면에 (22)는 단계 유순 원리를 만족시키며, (23)은 c-선택을 준수한다. -ity가 (23)으로 이동하면, 자매 노드 4가 흔적(trace)이 된다. 이것이 영 범주 부류 명세를 가지기 때문에, Lieber의 삼투 규칙 III이 적용된다. 노드 4의 자질은 노드 3을 삼투하고, 이에 대해 범주 A를 할당한다. un- 또한 영 범주 부류에 속하기 때문에,[8] 규칙 III이 노드 3의 자질을 노드 2에 삼투하고, 또한 범주 A를 할당받는다. un-과 -ity의 하위 범주화는 서로 만나는데, 이들이 둘 다 A의 자매이기 때문이다.[9]

괄호 매김 역설에 대한 Spencer(1991)의 접근법은 어휘부에 저장된 어휘 단위 사이의 어휘부 내적 관계에 기반을 둔다. Spencer의 관점에서, 괄호 매김 역설을 야기하는 단어는 '계열적 단어 형성', 특히, 비례적 유추(proportional analogy)의 과정을 통해 만들어진다. Spencer는 '사람 명사(personal nouns)', 즉 '근원적인(source) 명사 표현에 대한 어떤 종류의 관계를 가진 사람'(Spencer, 1991: 415)을 가리키는 명사에 집중한다. 예를 들어, 명명 단위 *transformational grammarian*(변형 생성 문법학자)은 어휘부에서 다음과 같은 관계에 의해 도출된다.

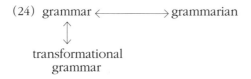

(24) grammar ⟵—————⟶ grammarian
         ⇕
      transformational
         grammar

비례적 유추를 통해 도식은 다음과 같이 완성될 수 있다.

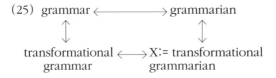

(25) grammar ⟷ grammarian

transformational ⟷ X:= transformational
grammar   grammarian

Spencer는 이러한 종류의 관계로 편입되는 어휘 항목의 어휘화(Baur, 1983의 용어로는 공인화) 조건이 [*baroque flutist*(바로크 플루트 연주자)와 상반되는 예로] **wooden flutist*와 같은 경우를 제거하는 것이 가능하도록 해 준다고 주장한다. **wooden flutist*와 같은 예는 어휘부에 저장된 어휘소들로부터 지지받지 못하기 때문이다[*wooden flute*(나무 플루트)는 구라고 주장되는 반면, *baroque flute*(바로크 플루트)는 어휘소라고 주장된다]. 분명히 이러한 주장은 근거가 없어 보인다. 이것이 연어(통사적 구)로 여겨지는 합성어의 정의나 한계 설정에 강하게 의존하기 때문이다.

'사람 명사'와 별도로, Spencer는 앞에서 언급한 계열적 단어 형성 과정을 통해 만들어진 단어로 또 다른 두 개의 그룹에 대해 간략히 언급한다. 이들은 *green-eyed*(초록색 눈을 가진) 유형(수식어가 특질을 나타내는 형용사 또는 숫자이고, 명사가 인체의 일부 또는 의복을 식별하는 구의 파생)과 *quarter-pounder*(1/4파운드) 유형(숫자 또는 측도 관련 단어를 포함해 표현하는 *-er* 접미 파생)을 포함한다. Spencer는 문제가 되는 구의 어휘화를 통해 그의 원리의 적용 가능성을 조건화한다.

Carstairs-McCarthy(1992: 96-97)는 어휘부에서의 빈칸을 메우기 위한 의미적 압력에 대한 Spencer의 아이디어를 발전시킨다. 예를 들어, 그는 형용사 *vice-regal*(총독의)은 형태론적 구성이 아닌 매트릭스에서의 위치에서 [명사 *viceroy*(총독), *governor-general*(총독)과 관련된] 그 의미를 파생시킨다는 것을 입증한다. 중요한 것은 Carstairs-McCarthy의 결론이다.

따라서 그 구조가 [[vice-][regal]]보다 [[vice-reg]al]]로 더 잘 표현되는지, 그리고 어떤 층위에서 잘 표현되는지 걱정할 필요가 없다. (7) (괄호 매김 역설에 대한 Spencer의 예시) 또는 *vice-regal*(총독의)에서 구조와 의미의 불일치를 주장하는 것은 적어도 일부 복잡한 단어와 구의 의미가 어떻게 한정되는지에 대해 근본적으로 오해하는 것이다.
(Carstairs-McCarthy, 1992: 97)

문제가 되는 주제를 다룬 많은 논자들이 있었지만, 이와 같은 간략한 설명은 괄호 매김 역설의 다양한 접근법에 대한 적절한 상(像)을 제공한다. 더욱이 마지막 인용문이 나의 접근법의 기본 원칙을 담고 있기 때문에, 영어에 괄호 매김 역설이 있는지의 여부는 차치하고, 나는 처음의 질문에 답하는 것으로 넘어가고자 한다. 해답은 1장에 제시한 표현론적 이론의 적용에서 나온 것이다.

4.1.3. 표현론적 모델과 괄호 매김 역설: 이론의 적용

형태-의미 할당 원리의 중요한 이점 중 하나는 괄호의 제거를 통해 괄호 매김 역설과 연관된 문제를 풀 수 있도록 해 준다는 것이다. 4.1.3.에서는 처음의 질문에 "없다"는 답을 보여 주기 위해 주장된 몇 가지 괄호 매김 역설에 표현론적 모델을 적용할 것이다.

예시 1: *transformational grammarian*(변형 생성 문법학자)

개념 층위: "변형 생성 문법을 (전문적으로) 다루는 사람"

표현 층위: 불완전 복합 구조 L(표현론적 유형 III)

형태-의미 할당 원리: 대상 - (행동) - 행동주

실체	-		-	실체
transformational		grammar		-ian
(변형 생성)		(문법)		

(*transformational*은 표현론적 표지의 명세화 요소이며, *grammar*는 표현론적 표지의 명세된 요소이다.)

예시 2: *untruth*(거짓)

개념 층위: '사실이 아닌 상태'

표현 층위: 단순 구조(표현론적 유형 IV)

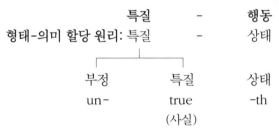

형태-의미 할당 원리: 특질 - 상태

특질	-	행동
부정	특질	상태
un-	true	-th
	(사실)	

(*un-*은 표현론적 표지의 명세화 요소이며, true는 명세된 요소이다.)

untrue(사실이 아닌) 또는 *truth*(사실)에 대한 참조가 없다. 따라서 괄호 매김 역설을 일으키는 내부 괄호가 필요하지 않다.

예시 3: *three-wheeler*(삼륜차)

개념 층위: '바퀴가 세 개 달린 타는 도구'

표현 층위: 불완전 복합 구조 L(표현론적 유형 III)

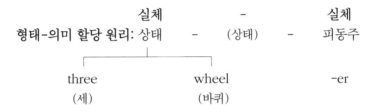

(*three*는 표현론적 표지의 명세된 요소, *wheel*은 표현론적 표지의 명세화 요소이다.)

예시 4: *Gödel numbering*(괴델의 수 매기기)

개념 층위: '괴델에 따라 숫자를 사용하는 과정'

표현 층위: 단순 구조(표현론적 유형 IV)

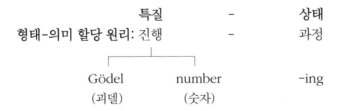

(Gödel은 표현론적 표지의 명세된 요소, number는 표현론적 표지의 명세화 요소이다.)

예시 5: *bookseller*(책 장수)

개념 충위: '(전문적으로) 책을 파는 사람'

표현 충위: 완전 복합 구조 (표현론적 유형 I)

	실체	–		–	실체
형태-의미 할당 원리: 대상	–	행동	–	행동주
	book		sell		er
	(책)		(팔다)		

예시 6: *re-air-condition*(에어컨을 다시 사용하다)

개념 충위: '에어컨을 한 번 더 사용하다.'

표현 충위: 단순 구조(표현론적 유형 IV)

	제반 상황	–			행동
형태-의미 할당 원리: 방법	–	대상	<-	행동
	re-		air		condition
			(공기)		(조절하다)

예시 7: *unhappier*(더 불행한)

개념 층위: '행복하지 않은 상태. 이 상태는 원래의 상태에 비해 더 높은 정도가 특징임.'

표현 층위: 완전 복합 구조(표현론적 유형 I)

	실체	–	실체
형태-의미 할당 원리:	부정	– 상태 –	방법
	un-	happy	-er
		(행복하다)	

4.1.4. 결론

위에 제시된 소위 '괄호 매김 역설'의 예들은 표현론적 유형 I, III, IV로 나뉜다. 그리고 표현론적 유형 III과 IV의 표현론적 표지의 한정 요소는 필수적으로 명세화 및 명세된 요소를 포함하고 있다. 이들이 전통적으로 '괄호 매김 역설'이라 분류된 것을 생성할 수 있는 세 가지 구성 요소이기 때문이다. 그러므로 표현론적 유형 II의 두 가지 구성 요소로 구성된 구조는 이러한 경우에는 의문의 여지가 없다(이러한 유형에서는 명세화 및 명세된 요소가 나타날 수 없다.). 이러한 제안의 요지는 괄호를 제거하는 것으로 구성되어 있는 경우로, 표현론적 접근 방식을 고려할 때 '괄호 매김 역설'의 경우를 특징 짓는 관계가 계층적이지 않기 때문이다. 시각적 표상이 일종의 계층 구조를 가리키는 것으로 보이지만, 표현론적 구조의 구성원(어기, 표지의 한정 요소 및 피한정 요소, 한정 요소의 명세화 및 명세된 요소)은 동일한 기술 층위(표현 층위)에서 기능한다. 이러한 시각적 표상의 목적은 앞에서 언급한 표현론적 구조의 구성원이 새로운 명명 단위를 만드는 데 참여한다는 것을 분명히 보여 주기 위함이다. 대안적인 시각적 표상은 예시 2를 통해 설명될 수 있다[**실체, 특질, 행동, 제반 상황**의 개념 범주로 표현되는 것은 단지 표현론적 구조의 양단(兩端)뿐이라는 것을 기억해야 한다.].

특질   —   **행동**

표현론적 연결: 부정 —— 특질 —— 상태

형태-의미 할당 원리: un-   true   -th

(사실)

요약하자면, 이 장에서 제시한 분석은, 제안된 방법을 통해, 처음의 질문에 대한 대답이 "없다"가 되어야 함을 가리킨다.

4.2. 복수형의 표현론적 표지를 가진 명명 단위들

4.2.1. 논의

Allen(1978)은 형태론(단어 형성론)과 통사론의 가장 중요한 차이 중 하나는 굴절 접사가 합성어 내부에 나타날 수 없다는 점이라고 주장한다. Allen은 *craftsman*(공예가), *tradesman*(배달원), *oarsman*(노 젓는 사람), *helmsman*(키잡이) 등의 첫 번째 구성 요소의 의미가 단수이며, 이 부류의 단어들[*kinsman*(친척), *deersman*(사슴 사냥꾼)]의 첫 번째 구성 요소의 몇몇은 복수를 가지지 않는다고 주장한다. 또한 소유자-소유격 분석이 의미

적으로 불가능하기 때문에 이러한 단어의 대다수에 대해 관형격 분석(즉, 앞의 명사가 뒤의 명사를 수식하는)은 거부된다[*swordsman*(검객), *linesman*(선심), *groundsman*(관리인), *kinsman*(친척), *marksman*(명사수)].

그녀의 두 번째 주장은 *-man*의 행태론적 지위와 관련된다. *-man*은 모음이 약화되어 발음되기 때문에 단어 경계의 접미사로 여겨진다. *-s*는 *man*에 강세가 놓이고 약화되지 않을 때에는 나타나지 않는다(그러므로 이때의 man은 합성어의 구성 요소이다.).

그러나 Allen의 예시의 범위는 너무 좁다. Selkirk(1986)는 구성 요소 *-man*을 포함하지 않으면서 (복수) 굴절 형태소가 합성어 내부에 나타나는 명백한 예시를 제시한다. 예를 들어, *parks commissioner*(공원 담당 위원), *programs coordinator*(프로그램 코디네이터), *arms-conscious*(무력을 의식하는), *sales-oriented*(판매 지향적), *pants-loving*(바지를 사랑하는) 등이다.

이러한 명명 단위들의 존재를 고려하여, Allen의 예시는 유사하게 설명될 수 있다. *linesman*(선심)은 경기에서의 (복수의) 선을 따라 이동하는 사람이며, *swordsman*(검객)은 고대 영어의 관형격 어미의 다양성을 염두에 두었을 때, 관형격 어미가 될 수 있으며, 아마도 '검의 사람' 정도의 의미일 것이다. *marksman*(명사수)은 어떠한 표적(많은 표적)도 맞힐 수 있으며, *oarsman*(노 젓는 사람)은 거의 대부분 두 개의 노가 필요하다는 의미이다.

명백히 단계 유순 가설은 이러한 경우에 위반되며, 이러한 종류의 단어 형성 모델에 심각한 이론적 문제를 야기한다. 더욱이 이러한 명명 단위의 존재는 단어 및 어간 기반의 단어 형성에 대한 중요한 이론적 함의를 지닌다. 마지막으로 이러한 명명 단위는 합성 명사가 구조적으로 지각되는 온전함에 기여하는 단어 내부의 굴절을 삭제한다고 주장하는 Carroll

과 Tanenhaus(1975)와 같은 일반화에 질문을 제기한다. 그러므로 (26),
(27)과 같다.

(26) someone who makes bagels … bagel maker.

   (베이글을 만드는 사람 … 베이글 만드는 사람)

   someone who makes scissors … scissor maker.

   (가위를 만드는 사람 … 가위 만드는 사람)

   (Carroll & Tanenhaus, 1975: 57)

(27) a three miler(3마일 경주 선수) - *a three mileser

   a nine footer(키가 9피트인 사람) - *a nine feeter(Carroll &
   Tanenhaus, 1975: 60)

Guerssel(1983: 206)은 다음과 같이 그의 어휘부 이론을 유지한다.

영어에서 합성어의 구성 요소(members)가 수를 표시하지 않는다는
가정을 뒷받침하는 증거는 다음과 같은 예에서 볼 수 있다.

   seven year itch(7년 동안 계속된 가려움)이지, *seven years itch가
   아니다.

   three man team(세 명으로 이루어진 팀)이지, *three men team이
   아니다.

   two dollar bill(2달러 지폐)이지, *two dollars bill이 아니다.

   four way stop(교차로의 정지 지점)이지, *four ways stop이 아니
   다(Guerssel, 1983: 206)

이는 단위를 단어에 투사하는 공전 어휘부 규칙을 통한 Guerssel의 체계를 통해 얻어진다.

(28) a를 핵심 어휘 단위 K^X가 되게 하자. 그리고 단어 L=a; $K^{X[\phi]}$를 만들자. $[\phi]$는 K^X의 범주 x와 관련된 모든 특성의 표시되지 않은 값을 나타낸다. 여기서 K는 특정 어휘 범주이다(Guerssel, 1983: 195).

4.2.2. 복수화된 표현론적 표지와 이것의 영향: 단어 형성 어기

이제, 복수화된 표현론적 표지가 포함된 명명 단위의 존재에 비추어 단어/어간 기반 이론의 논점에 대해 살펴보도록 하자. 이미 언급된 바와 같이 Selkirk(1986)는 첫 번째 구성 요소가 복수인 합성어의 예가 매우 많음을 지적한다. 이러한 예에 기반하여, Selkirk는 합성어에 포함된 것은 단어 범주이지, 어간 범주가 아니라는 결론을 이끌어 낸다. Selkirk의 결론은 오독의 여지가 있다. 만약 이러한 결론이 맞다면, 이러한 명명 단위의 첫 번째 구성 요소는 복수의 의미를 나타낼 때마다 복수가 되어야 한다. 일반적으로 알려진 바와 같이 이는 사실이 아니다. 따라서 car-ferry(자동차를 운반하는 연락선)의 표현론적 표지에서의 복수형의 부재는 이것이 단지 자동차 한 대만을 운반한다는 것을 의미하지 않는다. 이와 비슷하게, signal-processor(신호 처리기)는 단지 하나의 신호만을 처리하지 않으며, car-producer(자동차 생산자)는 한 대 이상의 자동차를 생산한다. 형태에 기반한 접근법은 이러한 질문에 답을 주지 못한다. 이는 반드시 개념 층위와 의미 층위에서 생각되어야 하기 때문이다.

나는 이미 나의 이론이 단어 형성 어기를 기반으로 한 이론임을 암시하였다. 이는 복합 명명 단위에 들어가는 구성 요소가 단어인지, 어간인지를 식별하는 것을 추구하는 일반화에 저항한다는 것을 의미한다. 단어 형성 어기는 단순하게 말하면 형태-의미 할당 원리에 의해 새로운 명명 단위에 도입된, 양면적인 특성을 모두 가진 단위이다. 이 정의는 너무 넓고 모호해서 구체화할 필요가 있다.

영어 명사에서 복수형을 표현하는 것은 *sheep*(양들)과 같은 단어를 제외하고는 형태적으로 표시되는 굴절 현상이라는 것은 사실이다. 복수형의 형태소를 가진 단어의 형태적 표지는 언어 외적 현실에 대한 개념적 분석을 반영하는데, 하나의 '사물' 이상이 존재한다는 사실이다. 만약 이러한 원리가 굴절 형태론에서 (거의) 완벽하게 작동한다면, 복합 명명 단위에 있는 복수형 형태의 존재가 오히려 규칙의 예외인 이유는 무엇인가? 유일한 정답은 표현론적 모델에서 유래하는 것처럼 보인다.

표현론적 표지에 의해 나타낸 개념은 복수의 관점에서 중립으로 간주되므로 의미 층위에서 의미소 [±복수]와 함께 작동된다. 이것은 명명 층위에서 형태-의미 할당 원리에 의해 사용되는, 어휘부에 저장된 명명 단위의 '비굴절' 부분임이 명백하다. 만약 복수화 분석이 필요하다면, 개념 층위에서 이러한 분석을 배제하는 것은 아무것도 없다는 것이 분명하다(이러한 분석의 목적이나 이유에 관계없이 복수형으로 표현된 표현론적 표지가 다른 일반적인 개념을 개별화한다고 추측할 수 있다.). 이와 같은 경우에 [+복수] 의미소가 의미 구조에 들어가면, 동기화된 명명 단위를 '굴절'시키는 데 반영되어야 한다.

앞에서 언급한 개념의 성김과 모호함은 불가피하다. 어쨌든 이는 다음과 같이 정리되어야 한다.

(29) 단어 형성 어기는 명명된 사물의 개념 분석 및 후속 의미 분석에 따라, 형태-의미 할당 원리에 의해 새로운 명명 단위에 도입된 양

면적 단위이다.

이러한 정의는 '모든 참가자가 고개를 항상 들고 있어야 하는 게임'을 뜻하는 *heads-up play*(Kiparsky의 예 중 하나이다.)의 복수형의 형태를 설명한다. 형태-의미 할당 원리의 작동은 다음과 같다.

(30) **실체**   -   **행동**
    주제[+**복수**]   -   방법   -   과정

      heads   up   play
      (머리)   (위로)   (경기)

따라서 복수형으로 표현된 *head*(머리)는 개념적 분석을 따르며, 통사 기반 설명은 필요하지 않다. Kiparsky는 합성어에 포함된 구(phrase)의 경우에 대해 말한다. 그는 구문 층위의 통사론이 형태론으로 재귀하는 것을 가정한다(Kiparsky, 1982a: 10). 또 다른 Kiparsky의 예는 *The save-the-whales campaign*(고래 살리기 캠페인)이다. 이 표현은 통사적 요소를 포함하고 있고, 생산적인 단어 형성 유형을 통해 만들어진 것이 아니기 때문에 나의 이론에서는 연어에 속한다.

이와 비슷하게, *excess profits tax*(초과 이득세)는 초과 이득과 관련된 세금으로 정의될 수 있다.

(31)   **실체**   -   **실체**
       상태[+**복수**]   -   피동주

      excess   profits   tax
      (초과)   (이익)   (세금)

표현론적 표지의 한정 요소는 명세화 요소[*excess*(초과)]와 명세된 요소[*profit*(이익)]로 구성된다.

computer systems analyst(컴퓨터 시스템 분석가)의 분석도 유사한데, 이 단어는 컴퓨터 시스템의 다양성을 강조한다.

(32)　　　**실체**　　　　　-　　　　**실체**
　　　　대상[+**복수**]　-　　행동　-　　행동주

　　　computer　systems　　analyse　　　ist
　　　(컴퓨터)　(시스템)　(분석하다)

요약하면, 표현론적 방법은 개념 층위에 의존함으로써 명명 단위의 표현론적 표지에서 나타나는 복수형의 형태적 표지의 발생을 설명할 수 있게 한다. 이는 복수형으로 표시된 해당 의미소에 복수[+**복수**]로 표현된 단어 형성 어기를 할당하여 표현할지의 여부가 결정되는 분석 층위이다.

기술적으로, 복수형의 형태소를 가진 단어 형성 어기는 아무런 문제를 야기하지 않는다. 왜냐하면 명명 단위는 어휘 부문의 계열체 안에 저장되기 때문이다. 결론적으로, 그것은 특정 계열체에서 도출되는 각각의 명명 단위의 복수 형태이다.

4.3. 외심 합성어는 있는가?

4.3.1. 개관

영어에서 전통적인 합성어 분류 중 하나는 내심 합성어(endocentric

compounds)와 외심 합성어(exocentric compounds)의 구분이다. 내심 합성어는 합성어가 피한정 요소의 하의어가 되는, 한정 요소(determinant)-피한정 요소(determinatum)의 이항적 형태 구조를 특징으로 하며, 외심 합성어[*redskin*(빨간 피부색을 가진 사람/아메리칸인디언), *pickpocket*(소매치기), *bunch-back*(척추 장애인), *paleface*(백인), *five-finger*(다섯 손가락 모양으로 갈라진 잎이나 꽃자루를 가진 식물), *scatterbrain*(덜렁이) 등]는 영(zero) 피한정 요소를 가진다고 한다. 즉 하나의 구성 요소는 합성어 바깥에 있다(Marchand, 1960: 11). 그러므로 합성어는 피한정 요소의 하의어가 될 수 없다.

이 장에서 나는 다른 접근법을 택하여 영어에는 외심 합성어가 없다고 주장할 것이다. 그리고 많은 언어학자가 분류한 몇 가지 유형이 전혀 합성어가 아니며 더욱이 외심 합성어가 아님을 설명할 것이다.

4.3.2. 이론

영어의 외심 합성어는 두 개의 다른 표현론적 유형으로 나뉜다. 첫째, 전통적으로 '동사적' 또는 '통사적' 합성어[*language teacher*(언어 교사), *truck-driver*(트럭 운전사), *house-keeping*(가사 돌보기) 등]라 불리는 합성어들은 명명 단위의 완전 복합 구조 유형에 속한다. 표현론적 구조의 세 구성원(어기, 표지의 한정 요소와 피한정 요소)이 형태-의미 할당 원리에 의해 표현론적으로 표현되기 때문이다.

둘째는 표지의 피한정 (행동 관련) 요소가 표현론적으로 표현되지 않는 불완전 복합 구조 L에 속하는 '기본적(primary)' 또는 '어근' 합성어[*policeman*(경찰), *timetable*(시간표), *mailbag*(우편물 가방), *mouse-trap*(쥐덫), *hand-towel*(손 타월)]이다. 이러한 관계에서 중요한 것은 다음과 같다.

(i) 명명 단위의 형성 과정에서 소위 식별-명세 원리(identifica-tion-specification principle)가 적용된다(이러한 원리가 수정되는 표현론적 재범주화(전환)는 예외이다.). 이 원리는 명명될 대상이 표현론적 어기에 의해 포착되는 유사한 대상의 전체 부류로 먼저 식별된다는 것이다.

(ii) 이 두 표현론적 유형은 전통적으로는 합성어로 불리는, 명명 단위의 대부분을 포괄한다.

(iii) 이러한 개념적 분석 방식이 일반적으로 명명의 본질이기 때문에 식별-명세 도식에서 벗어날 수 있는 소규모 '외심 합성어' 그룹의 기초가 되는 다른 과정이 있다고 가정할 이유가 없다.

이러한 사항을 고려하면, 영어에 '외심 합성어'가 없다고 가정할 수 있다. 나는 '외심 합성어'를 두 단계의 과정으로 설명하고자 한다. 이 중 첫 번째 단계만이 단어 형성과 관련된다. 첫 번째 단계는 **보조적이고**(auxil-iary), 표현론적으로 완전한(즉, 어기와 표지가 모두 포함된) 명명 단위의 형성으로 구성된다. 두 번째 단계는 **생략적 축약**(elliptical shortening)에 기반한다. 이와 같은 축약은 단어 형성 과정이 아님은 분명하다. 기저를 이루는 명명 단위의 어휘적 의미에 어떠한 변화도 없기 때문이다. 그러므로 후자가 비록 사용되지는 않지만(관습화되지는 않지만), 이러한 유형의 명명 단위는 기저를 이루는 '완전하고', 보조적인 버전과 동등하게 분석될 수 있다.

여기서 제시한 접근법을 지지하는 근거의 중요한 부분 중 하나는 불규칙 복수이다. 일반적으로 합성 명사는 합성어 전체에 복수를 결합하는 것을 통해 복수화되지 않는다고 알려져 있다. 그보다는 오른쪽 구성 요소가 복수 형태를 떠맡는다. 그러므로 *milktooth*(젖니)의 복수형은 **milk-tooths*가 아니라 *milkteeth*이며, *postman*(우체부)의 복수형은 **postmans*

가 아니라 *postmen*이다. 이제 Sproat(1988: 449)가 언급한 예시를 보자. '외심적'인 *sabertooth*(검치호)*의 복수형은 **saberteeth*가 아니므로 이는 예외에 해당한다. 암묵적으로 *tooth*(이)는 오른쪽 구성 요소가 아니다. 나는 단어 형성에서의 영 형태소 개념을 거부하기 때문에,[10] 해결책을 다른 곳에서 구해야 한다. 다른 곳이란 다름 아닌 앞에서 언급한 접근법이다. 개념적 분석에 기반하여, 제안된 표현론적 모델의 첫 번째 단계로 우리는 논리적 술어의 형태로 명명할 대상을 분석한다. 이러한 방법으로 우리는 표현론적 어기를 동물의 부류(더 정확히는 호랑이의 부류)를 나타내는 **실체**(SUBSTANCE)로 식별할 수 있다. 표현론적 표지는 이의 하위 부류를 식별한다. 그리고 형태-의미 할당 원리는 보조적인 명명 단위 *saber-tooth tiger*(검치호), 또는 보다 일반적으로 *saber-tooth animal*(검치 동물)(보다 일반적인 형태와 보다 구체적인 형태 모두 우리의 목적에 맞는다. 다시 말해 중요한 것은 표현론적 구조이지 명명 구조가 아니다.)을 산출한다. 어쨌든 실제 표현론적 어기와 동시에 명명 단위의 오른쪽 구성 요소는 규칙적인 방식으로 복수형을 형성한다(즉, *tigers*, *animals*). 복합 명명 단위의 오른쪽 구성원(표현론적 어기)이 복수형이기 때문에, *sabertooth*(검치)의 복수형은 *saberthoots*가 되어야 한다.

4.3.3. 사례

이 이론에 대한 사례를 보자. 명명 단위 *redskin*(빨간 피부색을 가진 사람/아메리칸인디언) 또는 *hunchback*(척추 장애인)은 전통적으로 '외심 합

....

*   고양잇과의 화석 동물. 크기가 사자만 하고, 사벌형의 송곳니가 특징이다. 강한 목의 힘과 어깨와 동체의 무게를 이용하여서 송곳니로 먹이를 물어 죽인 것으로 생각된다.

성어'라 불린다. ('내심 합성어'와 반대로) *redskin*(빨간 피부색을 가진 사람/
아메리칸인디언)은 *skin*(피부)의 일종이 아니며, *hunchback*(척추 장애인)
은 *back*(등)의 일종이 아니기 때문이다.

단어 형성에 대한 표현론적 모델을 적용하여 우리는 *redskin*(빨간 피부
색을 가진 사람/아메리칸인디언)에 대한 다음의 요약적 분석에 도달하게 된다.

(33) 이름을 붙이고자 하는 대상은 **사람**이다.
사람은 그/그녀의 빨간색 피부에 의해 특징을 부여받는다.

분명히 이름을 붙이고자 하는 대상이 전체 부류에서 '식별'된다. 이러
한 경우에 이들은 '사람'이다. 새로운 명명 단위에서 표현론적 어기가 되
는 것은 이 의미소이다. 사람의 피부색을 가리키는 이 의미소는 식별 의미
소이다. 그러므로 이는 표현론적 표지가 된다. 그리고 표현론적 구조는 다
음과 같이 된다.

(34) **실체** - **실체**
실체 - 피동주

형태-의미 할당 원리를 이 구조에 적용하면 우리는 다음을 얻는다.

(35)   실체   -   피동주
         redskin   person
      (피부색이 빨간)   (사람)

보조적인 명명 단위는 '내심 합성어'를 얻는다. 두 번째 단계는 구조

의 기반 구성원을 괄호 매김하는 것으로 표기에 반영되는 생략적 축약으로 구성된다. 모든 절단과 마찬가지로 전체 명명 단위의 어휘 및 문법적 특징이 절단된 버전으로 전달된다(이와 같은 특정한 경우에, 이는 명사 부류이며, 어휘 범주는 인간이다.). 이는 화살표를 통해 표시된다.

(36) redskin person(빨간색 피부를 가진 사람) -〉 redskin　　[person]

4.3.4. 논의

4.3.4.에서는 앞에서 제안한 이론의 관점에서 '외심 합성어'에 대한 몇 가지 접근법에 대해 논의한다.

Marchand(1960)는 매우 상세한 공시적-통시적 설명을 통해 '외심 합성어'를 분류한다.

그는 이들을 5가지 유형으로 구분한다. 1. pickpoket(소매치기), 2. runabout(소형차), 3. blackout(정전), 4. hunchback(척추 장애인), 5. dug-out(대피호). 이 중 첫 번째와 네 번째 유형만이 생산적인 합성어 범주에 들어간다. 그러므로 나는 이들에 대해 먼저 논의할 것이다. *pickpoket*(소매치기) 유형은 행동주가 사람[*pickpoket*(소매치기), *cutthroat*(살인자), *kill-joy*(흥을 깨는 사람), *turncoat*(변절자)], 동물[*wagtail*(할미새), *swishtail*(조랑말), *turnstone*(꼬까물떼세)], 식물[*catchfly*(끈끈이대나물), *heal-all*(청자색 꽃이 피는 작은 초본 유럽 식물), *kill-lamb*(칼미아), *cut-finger*(식물의 일종)], (구체적/추상적) 사물[*turnpike*(유료 고속도로), *breakwater*(방파제), *make-way*(진행) 등]인 (Marchand의 시각에서) 행동주 합성어를 포함한다.

(37)과 (39)에 표현된 두 개의 서로 다른 구조는 나의 모델에서 동일

한 완전 복합 구조의 표현론적 유형으로 식별된다.

(37) **행동**   -   **실체**

    행동 -〉 대상   (행동주)

괄호 매김된(절단된) 행동주(즉, 표현론적 어기)는 '사람, 새, 벌레, 식물'로 각각 식별될 수 있다. 따라서 *pickpoket*(소매치기)은 '소매치기를 하는 사람(*man*)'이다. 형태-의미 할당 원리에 기반하여 우리는 (38)을 얻는다.

(38) 행동   대상   행동주

    pick   pocket   person

    (뽑다)   (주머니)   (사람)

이와 유사하게

*killjoy*는 '자주 흥을 깨는 **사람**'이며, [*killjoy person*(흥을 깨는 사람)]

*wagtail*은 '꼬리를 흔드는 특징을 가진 **새**'이며, [*wagtail bird*(꼬리를 흔드는 새)]

*turnstone*은 '일반적으로 돌을 뒤집는 **새**'이며, [돌을 뒤집는 새(*turnstone bird*)]

*catchfly*는 '일반적으로 파리를 잡는 **식물**'이다. [파리를 잡는 식물(*catchfly plant*)]

(39) **행동**   -   **실체**

    행동 -〉 대상 - 도구

형태-의미 할당 원리: break　　water　　device

(부수다)　　(물)　　(장치)

여기서 표현론적 어기는 장치의 부류를 나타낸다.

의심할 여지 없이 합성어를 나타내는 Marchand의 두 번째 유형은 *hunchback*(척추 장애인) 유형이다. 이는 소위 소유 합성어(bahuvrihi compound)['합성어에서 표현되는 것을 특징으로 하는 사람 또는 사물을 나타내는 합성어'(Marchand, 1960: 42)]를 포함한다. 소유 합성어는 사람[*paleface*(백인), *hunchback*(척추 장애인), *scatterbrain*(덜렁이), *highbrow*(식자층의), *redcap*(헌병), *egghead*(지식인)], 동물[*blackface*(얼굴이 검은 양), *redbreast*(울새), *open-bill*(황새의 일종), *white-throat*(목이 흰 명금), *thick-knee*(물떼새의 일종)], 식물[*five-finger*(다섯 손가락 모양으로 갈라진 잎이나 꽃자루를 가진 식물), *blue-bell*(청색이나 흰색의 작은 종 모양 꽃이 피는 식물), *whitethorn*(산사나무), *longleaf*(왕솔나무), *red-root*(털비름)]을 나타낼 수 있다. 이러한 유형은 *redskin*(빨간 피부색을 가진 사람/아메리칸 인디언)의 예를 통해 앞에서 설명되었다.

Marchand의 *blackout*(정전) 유형[*clean-up*(정화), *hold-up*(지체), *hand-out*(유인물), *dust-up*(언쟁), *sell-out*(매진)]은 표현론적 재범주화, 즉 나의 이론에서의 전환에 포함된다. 동사구가 명사로 전환된다.

Marchand가 언급한 것처럼 *dugout*(대피호) 유형은 생산적이지 않다. 이 유형은 매우 적은 단어들만을 형성하기 때문이다. Marchand의 시각에서 *cast-away*(조난자), *cut-away*(장면 전환), *come-by-chance*(사생아) 등과 같은 명사가 이 유형에 속해야 하지만, 그의 책에서 이들은 *runaway*(도망자) 유형의 합성어로 다뤄진다. 앞에서 언급한 이유들로 인해, 나의 접근법에서 이 단어들은 합성어에 포함되지 않는다.

마지막 유형인 *runabout*(소형차) 유형은 내부적으로 일관성이 없는데, 이는 a) 전환[*standby*(예비품), *knockdown*(때려눕히기), *holdback*(방해), *pickup*(픽업트럭)]과 b) 합성[*diehard*(보수주의자), *go-between*(중개자)], c) 연어[*never-do-well*(게으로고 무가치한 사람)]를 포함하고 있다.

　　Liber(1983: 255)가 *diehard*_{명사}(보수주의자)와 같은 예를 전환으로 설명한 것에 주목해야 한다. 나의 이론에서 통사 구조(구 또는 문장)에 의한 명명 단위의 형성을 허용하지 않기 때문에 나의 분석은 이와는 달라야 한다.

(40)　*diehard*(보수주의자)[*]: **행동**　　　　　　**실체**

행동　–　방법　–　행동주

die　　　hard　　　person
(죽다)　　(어려운)　　(사람)

(41)　*go-between*(중개자): **행동**　　　　　　**실체**

행동　–　장소/방법　행동주

go　　　between　　person
(가다)　　(사이에)　　(사람)

　　Kastovsky(1995: 106)는 위에 제시된 Marchand의 유형을 한정 요소가 영 형태소로 표현된, 영 형태소 파생으로 분석한다. *pickpoket*(소매치기)/∅ '소매치기 하는 사람(=∅)', *blackout*(정전)/∅ '행동, 정전되는 일(=∅)' 등이다. Kastovsky의 관점에서 이들 단어는 *back-bencher*(평의원),

....

* 　케임브리지 영어 사전에 따르면, 'diehard'는 '바꿔야 하는 합당한 이유가 있음에도 불구하고, 자신의 생각이나 행동 방식을 바꾸려고 하지 않는 사람'을 뜻한다. 따라서 'diehard'는 직역하면 '쉽게 죽지 않는 사람'의 의미이며, 비유적으로 '보수주의자'를 뜻한다.

four-wheeler(4륜차)와 같은 명백한 파생어와 일치한다. 그의 입장은 원칙적으로 Marchand와 동일하다. Kastovsky 역시 이러한 유형의 단어 형성에 '나의' 전환을 포함한다. 단어 형성에서 영 형태소를 거부하는 이유는 Štekauer(1992)에 설명되어 있다. 이 예시는 제기되는 반대의 이유 중 하나를 지지한다. 그것은 '행동'과 '결과'를 위해 영 형태소가 두 개 요구된다는 것이다.

Kiparsky(1982: 20)는 Kastovsky처럼 영 접미사를 도입하여 전통적으로 '외심 합성어'의 범주에 포함된 많은 사례들을 설명한다. 그러나 그는 (a) *killjoy*(흥을 깨는 사람), *cutthroat*(살인자), *pickpoket*(소매치기), (b1) 행동: *showdown*(마지막 결전), *blackout*(정전), *shakeup*(대개편), *pullback*(철수), *puton*(속임수), (b2) 행동주: *showoff*(과시하는 사람), *pickup*(처음 만난 잠자리 상대), *giveaway*(폭로하는 사람), *standby*(대기자), *standout*(아주 뛰어난 사람)와 같은 사례를 첫째 자매 원리(first sister principle)[11]에 따라 동사성 합성어로 분석한다. 이러한 합성어를 생성하는 그의 규칙은 다음과 같다.

(42) [V X _____]$_{명사}$의 환경에서 φ를 넣어라.

X는 품사(명사 또는 형용사)를 나타낸다. 그리고 _____은 접미사가 들어가야 하는 자리를 가리킨다(이 경우에는 영 접미사).

사실 Kiparsky의 예는 두 가지 명명 단위 유형을 포함한다. (a)는 *redskin*(빨간 피부색을 가진 사람/아메리칸인디언)을 통해 설명된 두 단계 과정을 통해 설명될 수 있는 명명 단위들이다.

(b) 그룹은 표현론적 재범주화 유형, 즉 명명 단위가 존재하는 복합 명명 단위로부터 전환되는 것을 포함한다.

(43) *showdown*(마지막 결전) 유형: 행동 ——행동의 추상화—— 과정

(44) *showoff*(과시하는 사람) 유형: 행동 ——행동주—— 실체

Selkirk(1982: 25-29)는 그녀의 관점에서 다른 모든 합성어와 달리 핵을 가지고 있지 않은 외심 합성어를 세 가지 유형으로 구분한다. 이들은 [동사 명사]_명사 유형[*cutthroat*(살인자), *pickpoket*(소매치기), *scarecrow*(허수아비)], 소유 합성어[*redhead*(빨강 머리), *dimwit*(멍청이), *heavyweight*(헤비급)], 영 접사 파생[*sit-in*(연좌 농성), *run-away*(폭주)와 같이 동사–첨사(particle)로 형성된 명사]이다. 그녀의 시각에서 전자의 두 유형은 핵을 가진 합성어(동사/형용사나 명사 모두가 핵이 아닌)로부터의 유추를 통한 바꿔 쓰기 규칙(rewriting rules, 명사 -> 동사 명사, 명사 -> 형용사 명사)에 의해 생성된다.

Williams(1981: 250)는 이와 비슷한 관점을 취한다. 그는 이러한 단어들을 핵 삭제 규칙(headless rule)으로 파생된 핵이 없는 외심 합성어라 본다. 핵 삭제 규칙은 단어가 구가 되는 규칙이다(명사 -> 동사구). Williams가 이러한 예를 그의 우핵 규칙[12]에 대한 체계적 예외로 본 반면에, Selkirk는 복합어의 핵을 위치적으로 정의하는 Williams의 규칙이 부적절함을 보여 주기 위해 이들을 사용한다.

앞에 언급한 논자들 중에 순수하게 형태적인 접근법을 취한 것은 Lieber(1981: 67-60)이다. 그녀는 *paleface*(백인), *redcap*(헌병)과 같은 외심 합성어를 그녀의 자질 삼투 규칙 IV에 기반하여 형용사 + 명사 조합으로 분석한다.[13] 그녀에게 있어 이러한 조합은 합성어가 구조적으로 규칙적이면서 동시에 의미적으로 합성적이지 않을 수 있다는 증거를 제공한다.

4.3.5. 결론

이상의 검토에 따르면 기본적으로 '외심 합성어'의 전통적인 처리에 함정으로 보이는 두 가지 지점이 있다. 첫째, 단어 형성에 정당하지 않은 영 형태소를 도입하는 것이다. 둘째는 첫째보다 나의 시각에서 보다 심각한 결점인데, 그것은 순수하게 형태적인 접근법으로 반드시 피한정 요소 (즉, 표현론적 어기)를 이러한 부류의 명명 단위 바깥에 배치하는 것이다. 나는 나의 표현론적으로 동기화된 접근법이 이러한 이론에 대한 실행 가능한 대안을 제시한다고 믿는다. 나의 이론은 개념 구조(의미)를 출발점으로 삼고, 결과적으로 표현론적 어기를 이러한 유형의 명명 구조의 필수적인 부분으로서 명명 단위 안에 보존한다. 결과적으로 나의 이론은 이 장의 제목에서 제시한 질문에 답하는 것을 가능하게 한다. 그 대답은 영어에 외심 합성어는 없다는 것이다.[14]

4.4. 역형성은 있는가?

4.4.1. 논의

Marchand는 그의 책(Marchand, 1969)에서 단어 형성의 범위는 한정 요소와 피한정 요소로 구성된 통합체(syntagmas)로 제한되어야 한다고 주장한다(Marchand, 1960: 3). 그리고 그는 또한 어떤 단어가 형태적으로도, 의미적으로도 두 개의 형태소로 분석되지 않을 때 이를 파생어가 아닌 기호소(moneme)로 본다. 이러한 관점에서 그는 어두 음절 생략(aphaeretic) 단어의 연구가 단어 형성과 관련이 없다고 본다(Marchand,

1960: 4, Kastovsky, 1973: 173). 모순적이게도 역형성(back-formation)이나 역파생(back-derivation, 앞에 언급한 논자들의 용어)은 단어 형성의 범주에 포함된다. 나는 '모순적이게도'라고 말했는데, 역형성의 생산물, 예를 들어 *peddler*(행상인) -〉 *peddle*(행상하다)이 기호소임이 분명하기 때문이다. 이는 앞에서 언급한, 형성된 명명 단위의 통합적 언어 단위 구조에 대한 원리에 반한다. 이 불일치를 극복하기 위해 Marchand는 전환의 경우와 마찬가지로, 영 형태소의 개념을 도입하여 이러한 예를 영 형태소에 의한 역파생이라는 파생의 특별한 경우로 설명한다. 따라서 농사 *burgle*(도둑질하다)은 *burglar*(절도범)로부터 영 파생되었으며, 이는 명사 *father*(아버지)로부터 파생된 동사 *father*(아버지가 되다)와 동일하다[Marchand의 시각에서 유일한 차이는 *burglar*(절도범)에서 절단된 의사 형태소 /ə(r)/에 의해 표현된다, Marchand, 1960: 310].

나는 Štekauer(1992, 1996)에서 다룬 바와 같이, 여기서 영어의 영 형태소에 대한 나의 부정적인 입장을 논의하고 싶지 않다. 오히려 Marchand, Kastovsky(1968, 1982), Quirk 외(1972)를 포함한 몇몇 논자들이 역형성의 통시적 적절성만을 인정한다는 지점이 추가적으로 언급되어야 한다. 공시적 분석을 위한 공식은 (45)와 같다.

(45) peddle(행상하다) : peddler(행상인) = write(쓰다) : writer(작가)

이는 접미 파생 모델, 동사 + -er/-or/-ar이 *peddler*(행상인)-*peddle*(행상하다) 유형 등과 같은 역파생에 대한 패턴으로 기능함을 의미한다.

Kiparsky(1982a: 22)는 공시적인 역형성의 존재를 부정한다. 역사적으로 그는 형태론적으로 단일어가 동사로부터 파생되었다고 인식되는 재분석(reanalysis)의 과정을 이야기한다.

(46) [beggar]_{명사}는 [[beg]_{동사}ar]_{명사}로 재분석됨.

　　[injury]_{명사}는 [[injur]_{동사}y]_{명사}로 재분석됨.

이러한 종류의 설명은 첫눈에는 모호하다. 모든 '더 긴' 단어들이 생산적인 접미사와 동음이의인 요소를 포함하고 있기 때문에 이는 일반적이지 않은 우연으로 보인다. 만약 이러한 우연이 이러한 명명 단위의 작은 파편에 속한다면, Kiparsky의 제안은 수용 가능할 것이다. 그러나 영어에서 주어진 사실에 비추어 이러한 개념은 기각되어야만 한다.

　　Kiparsky는 공시적으로 '역형성'을 (47)과 같은 도식을 통해, 즉 다른 모든 합성어와 마찬가지로 설명한다.

(47) $[Y \ Z]_X$

air-condition(에어컨을 사용하다)과 같은 합성 동사는 $[Y \ Z]_X$에 있는 X가 동사로 고정될 때 획득된다. 이는 특히 다음에 제시하는 내 이론의 관점에서 볼 때 주목할 만한 견해인데, 나는 '역형성'의 개념을 버린다.

　　재분석은 동사의 기반이 된다. Adams(1973: 106)의 설명도 마찬가지다. 역형성을 통해 *globetrortter*(세계 여행자) 또는 *globe-trotting*(세계 여행)에서 형성된 *globe-trot*(세계 여행 하다)와 같은 합성 동사를 Adams는 이들 구성 요소의 구조에 대한 일종의 재분석으로 설명한다.

(48)

globe - trotter　　　　　　　　　-> 　globe - trotter
(세계) (늘 뛰어 돌아다니는 사람)　　　　(세계 여행자)

결과적으로 접미사 *-er*은 단일어 어간 *tort-*에 결합하지 않고, 합성 어간 *globe-trot*에 결합한다. 그러므로 *-er*은 삭제될 수 있고 합성 동사 *globe-trot*(세계 여행 하다)를 남긴다.

Hansen(1982: 13)의 접근법 역시 여기에 관심이 있다. 그는 몇 가지 경우에 역형성이라는 용어가 축소된 형태를 뜻하기 때문에 형태적 측면만을 나타낸다고 하였다. 그러나 의미적으로, 도출되는 단위는 축소되지 않는다. 이러한 관점에서 그는 *peddle*(행상하다)-*pedlar/peddler*(행상인) 유형과 *burglar*(절도범)-*burgle*(도둑질을 하다) 유형을 구분한다. 전자는 공시적으로 '행상을 하는 사람'으로 분석될 수 있으며, Hansen은 이를 접미파생으로 분류한다. 후자는 '절도범처럼 행동하다'의 환언이며, *burgle*(도둑질을 하다)보다 복잡한 의미 구조를 가지기 때문에 역형성에 속한다.

사실 이러한 접근법은 Marchand의 책(Marchand, 1969) (1판에 제시된 관점에서 약간 수정된) 2판에 제시된 관점과 일치한다. 여기서 Marchand는 영 파생에 더하여 "의미(content)는 모든 단어 쌍의 파생 관계에 대한 최종적인 준거여야 한다(Marchand, 1969: 392)."라는 주장을 고수한다.

역형성을 매우 심오하게 다룬 몇 안 되는 언어학자인 Pennanen은 역형성과 관련하여 Marchand의 어떠한 준거도 수용하지 않는다. Pennanen(1972: 299)에서 그는 명명 단위의 통사론적 특성에 대한 원리가 보편적으로 타당한 원리인지에 대해 의문을 제기한다. Pennanen(1966: 1.3.)에서 그는 역파생이 통시적으로만 적절하다는 Marchand의 관점을 부정하였고, Pennanen(1975: 219)에서는 영 파생의 기준과 파생 관계에서의 의미적 한정 기준에 대해 의문을 제기하였다. 후자의 경우, 의미적 준거가 일반적으로 적용되지 않기 때문이다. Pennanen(1966)에 제시된 그의 이론은 다음과 같이 요약될 수 있다.

이해 가능하기는 하지만, 어기와 파생어에 대한 각각의 길이를 너무 많이 강조한 것은 불행한 일이다. 대부분의 경우 역형성된 '어근'이 시작점, 즉 가정된 또는 실제 파생어보다 짧다. 그러나 이는 필수적인 것은 아니다. 역형성 단어는 아마 동일한 길이나 더 긴 길이의 단어에도 가능하다.(Pennanen, 1966: 3.2.1.)

중요한 환경은 과정의 방향(direction)이다.

따라서 만약 한 언어에서 동사가 해당 행동주 명사에 비해 기본(primitive) 단어일 경우, 행동주 명사보다 늦게 출현한 동사는 명사의 역형성으로 정당하게 간주될 수 있다.(Pennanen, 1966: 3.2.1.)

첫 번째 기준은 파생어로부터 기본 단어로의, 역진적인(regressive) 방향의 과정이다.

그의 두 번째 기준은 단어에 포함된 두 단어와 관련된 연대순의(chronological) 자료이다. 이러한 자료는 조심스럽게 사용되어야 하는데, 진정한 역형성 단어가 원래의 단어보다 역사적인 문어 자료에 먼저 등장할 수 있기 때문이다. 그러므로 역형성과 같은 단어의 정의는 연대순 자료에만 의존해서는 안 된다.

역형성의 세 번째 특징은 이것이 유추에 기반하여 작동한다는 것이다. "어근 단어와 이것의 파생어의 평행한 존재는 일반적인 패턴이며, 역형성의 경우에도 마찬가지이기 때문에 누락된 구성원이 만들어진다."(Pennanen, 1966: 3.4.) 한편, Pennanen은 유추만으로는 역형성 과정을 움직이는 충분한 동력이 되지 않음을 강조한다.

Pennanen이 의미적 일치(meaning agreement)의 역할을 역형성의 필

수적 기준으로 강조한 것은 중요한 지점이다. 이는 다음과 같이 설명될 수 있다. *unwish*(바라는 것을 그만두다)와 *unwished*(환영받지 못한)의 관계는, *unwished*(환영받지 못한)가 1583년에 나타나고, 동사 *unwish*(바라는 것을 그만두다)가 1594년에 나타났음에도 불구하고, 역형성으로 간주될 수 없다. 이들 각각의 의미에 대한 정의가 서로 달라 이러한 관계를 배제하기 때문이다. 그러므로 이는 *wished*(환영받는)와 *wish*(바라다)에 *un*-이 각각 결합한 접두 파생의 예이다. 요약하면, 만약 "새로운 단어로 간주될 정도로 단어 형태의 변경이 표시되고 … 이 형성 과정이 역진적인 방향성을 지니고, 이 단어가 연대순 기준과 의미적 기준을 따르면(Pennanen, 1966: 3.5.)" 이 단어는 역형성된 것이다.

Zandvoort(1961)은 앞서 언급한 Marchand의 공준(postulate)에 대해 다음과 같이 논평한다.

> 왜 '역파생이라 불리는 과정(역형성)'은 '통시적 적절성만'을 가지는지 나는 그 이유를 찾지 못한다. 그리고 왜 어두 음절 탈락 단어에 대한 연구는 단어 형성과 관련되지 않는가? … 파생 형태소 없는 파생은 왠지 'Bottom의 꿈'을 생각나게 한다.*(Zandvoort, 1961: 123)

보다 구체적으로, 단어 형성에서 또 다른 저명한 전문가인 Bauer의 관점을 인용하는 것은 가치 있다.

> 역형성은 접미사(가정된 접미사 포함)의 삭제를 통한 새로운 어휘소, 즉

....

*   Bottom은 셰익스피어의 〈한여름 밤의 꿈〉에 나오는 인물이며, 'Bottom의 꿈'은 밑바닥 (bottom)이 없는 모호한 꿈을 뜻한다. 따라서 여기서 Zandvoort는 'Bottom의 꿈'이라는 비유를 사용하여 Marchand의 공준을 비판하고 있는 것이다.

접미사가 결합한 형태와 접미사가 결합하지 않은 형태 모두 어휘소인 다른 예시에 대한 유추를 통해 형성된 명백한 복합어의 형성이다. 이와 같이 *craze*(열풍)/*crazy*(정상이 아닌)와 같은 짝에 대한 유추를 통해, *laze*(느긋하게 지내다)는 실제로 이전의 형태인 *lazy*(게으른)에서 파생된다. 이러한 부류의 역형성은 순수한 통시적 현상이라고 빈번히 말해진다. … 그러나 이는 사실일 수 없다.

meddle(간섭하다)	*peddle*(행상하다)
meddler(간섭하려는 사람)	*pedlar*(행상인)

위의 계열체가 동일하게 보이는 것이 사실인 반면, 두 번째는 역형성의 경우라고 말할 수 없다. 동시에 형태 *peddle*(행상하다)이 어휘소로 처음 사용되었을 당시에는 유추를 허용하는 몇 가지 공시적 과정이 있었음이 틀림없다. … 이것이 여전히 어휘소를 형성하는 현재의 방법이라면 공시적 문법으로 허용되어야 한다.(Bauer, 1983: 64-64)

Bauer의 역형성에 대한 정의는 원칙적으로 Koziol(1937)의 정의와 동일하다. Koziol 역시 역형성을 실제로 또는 가정적으로 파생된 단어의 마지막 부분을 없앰으로써, 긴 단어에서 짧은 단어가 만들어지는 파생으로 정의한다.

이러한 정의는 본질적으로 모순적인데, 그 이유는 논리적으로 간단하다. 접미 파생 과정이 선행되는 역형성 과정을 거의 기대하지 않기 때문이며, 후자가 이미 접미사를 없애는 단어 형성 어기의 결합을 기반으로 하기 때문이다. 따라서 접미사를 없애는 반대의 과정은 필요하지 않다.

Allen(1979)는 *baby-sit*(아이를 돌보다), *air-condition*(에어컨을 사용하다), *chain-smoke*(줄담배를 피우다) 등과 같은 단어를 그녀의 과잉 생성 형태론(Overgenerating Morphology)과 확장 유순 가설(Extended Ordering Hypothesis)을 지지하는 증거로 사용한다. *beach-comber*(해변에서 물건을 줍는 사람), *life-saver*(인명 구조원), *furniture-mover*(가구 운반공) 등은 다음의 두 가지 방식의 괄호 매김을 허용한다. [beach] [comber] 또는 [beach-comb]er. 첫 번째 괄호 매김이 확장 유순 가설에 부합하는 반면, 두 번째 방식은 이것에 반한다. 여기서 과잉 생성 형태론의 원리가 도입된다. *comber*(무언가를 빗는 사람), *saver*(무언가를 구하는 사람), *mover*(무언가를 옮기는 사람) 등은 잘 만들어진, 가능한 단어로 취급된다. 이러한 종류의 괄호 매김은 영어에 합성 동사 형성 과정이 없다는 사실로부터 입증된다(앞에서 언급한 Kiparsky의 관점과 비교하여). *beach-comb, life-save, furniture-move*가 존재하는 합성어가 아니라는 사실은 관련이 없다. 과잉 생성 형태론에서 이들은 그저 우연적인 빈칸이기 때문이다. 이러한 주장은 *baby-sitter*(아기 돌보는 사람), *air-conditioning*(에어컨 사용), *chain-smoking*(줄담배 피우기)으로부터 역형성을 통해 만들어진 단어인 *baby-sit*동사(아이를 돌보다), *air-condition*동사(에어컨을 사용하다), *chain-smoke*동사(줄담배를 피우다) 등의 존재를 통해 지지된다. Allen의 개념에서 역형성은 과잉 생성 형태론의 원리를 도입하여 설명된다.

더욱이 접두사가 층위 3 합성 동사 바깥에 결합하는, *re-air-condition*동사(에어컨을 다시 사용하다), *pre-type-write*(초고를 쓰다)와 같은 단어들이 있다. Allen은 이러한 합성 동사들이 층위 3에서 파생된 합성어가 아니고, 영구적인 어휘부에 있는 항목으로 제한되는 역형성의 과정[즉, 합성어가 특이한(어휘화된) 의미를 지님.]을 통해 발생된다고 주장한다.

그러므로 이러한 단어들은 형태론의 유순 가설에 의한 과잉 생성 규칙에 의해 만들어진 것이 아니며, 또한 위의 예시들은 확장 유순 가설을 전혀 위반하지 않는다.

이러한 분석은 두 가지 핵심적인(salient) 논평을 필요로 한다.

첫째, 다른 논자들과 마찬가지로, Allen은 '역형성'의 기저가 되는 명명 단위, 간단히 말해 명명 단위의 기원을 설명하려고 하지 않는다. 그녀는 단순히 "*air-condition*(에어컨을 사용하다)과 같은 동사는 관련된 합성 명사 또는 합성 형용사로부터의 재분석과 접사 탈락의 과정을 통해 파생되며, 이것의 두 번째 요소는 반드시 동사에서 파생된 것이어야 한다."(Allen, 1979: 229)라고 말한다. 여기에는 '관련된 합성어'의 단어 형성 기원에 대한 언급이 없다.

사실 '더 긴' 단어의 존재가 일반적으로 역형성이라 분류되는 현상을 이해하는 핵심이다. 이러한 현상은 두 가지 방법으로 설명될 수 있다.

첫째, 우리는 잠재적인 '더 짧은 단어'의 존재를 상정할 수 있다. 예를 들어, *stage-manage*(무대를 감독하다)_{동사}는 '더 길고', 실재하는 단어인 *stage-manager*(무대 감독)_{명사}의 기저가 되며, 이후에 어휘 부문의 일부로만 실현된다.

둘째, 우리는 우리의 이론의 일반적인 원리에 따라 두 개의 독립적인 형태-의미 할당 과정을 상정할 수 있다. 두 경우 모두 '더 긴' 명명 단위와 '더 짧은' 명명 단위 사이의 밀접한 관계가 유지되며, 주로 특정 공통 언어 구성 요소의 적용에 반영되는 의미 관계를 기반으로 한다.

그러나 두 경우에서 역형성의 개념은 사라졌다. 간단히 말해, 어떤 식으로든 '더 긴' 명명 단위를 구성하지 않고는 '더 짧은' 명명 단위의 기원을 설명하는 역형성 이론을 받아들일 수 없다. 이는 대부분의 역형성 이론에서 놀랍도록 빈번히 발견되는 결점이다. 만약 누군가 '더 긴' 명명 단위의 존재를 설명하려고 하면, 역형성의 개념을 다른 관점에서 볼 수 있다.

다음으로 Allen(1979: 228)은 역형성이 특이한 의미를 가진 단어로부터만 가능하다고 생각한다. 그녀의 관점에서, *air-condition*(에어컨을 사용하다)과 *tape-record*(테이프에 녹음하다)와 같은 동사는 어휘적으로 명사화된 합성어인 *air-conditioner*(에어컨), *tape-recorder*(테이프 녹음기) 각각과 연관이 있다.

> *to air-condition*은 '공기를 조절하다'를 의미하지 않으며, '*air-conditioner*(에어컨)를 사용하다'를 의미한다는 것에 주목하라. *air-conditioner*(에어컨)는 그 자체로 매우 특화된 의미를 가지고 있다. ··· 반대로 *water conditioner, book-recorder*는 가능한 합성어 명사임에도 불구하고 특이한 의미를 지닌 어휘적 합성어가 아니다. 이 경우에 어휘적 합성명사가 없을 뿐만 아니라, **to water-condition*, **to book record*와 같은 관련된 합성 동사도 없다(Allen, 1979: 228).

나는 이러한 '불가능한 역형성'의 예시가 정말로 불가능하다고 생각하지 않는다. 이 '더 긴' 단어들의 의미와 관련하여 특이한 것은 없다. '역형성' 단어에서 특이한 의미로 간주되는 것은 단지 단어 형성 원리의 발현일 뿐이다. 새로운 어휘소는 결합되는 구성 요소의 의미의 단순한 합이 아니다. 단어 형성 유형은 일반적인 의미를 명세한다. 그러므로 *to tape-record*(테이프에 녹음하다)가 어떠한 특별한 수단 없이 테이프에 녹음하는 것을 나타내지 않는다는 사실은 특이하지 않다. 이는 *blackbird*(찌르레기)의 의미가 어떤 검은 새를 나타내지 않는다는 것이 특이하지 않은 것과 같다. 이러한 사실은 나의 표현론적 모델의 개념 층위에서 포착된다. 그러므로 *water-condition, book-record, ocean-ski, touch-read*와 같은 명명 단위들은 언어 공동체의 실용적 요구가 있다면 생성될 수 있다.

여기서 마지막으로 언급하고 싶은 것은 Anderson(1992)이다. 그는 *editor*(편집자)-*edit*(편집하다)의 역형성을 규칙 기반 과정으로 간주하지 않고, 산발적인 과정으로 간주한다. 예를 들어, *submersible*(물 속에서 쓸 수 있는)은 *-able* 단어 부류에 해당한다. 어떤 화자는 대응하는 동사 어간이 없음에도 불구하고, 있어야 한다고 추정할 수 있다. 이러한 추정은 화자로 하여금 *submerse*(물속에 넣다)를 만들어 내게 한다. Anderson의 관점에서 *submerse*(물속에 넣다)의 존재는 추론(inference)의 문제이며, 단어 형성 규칙의 직접적인 적용과 구별된다(Anderson, 1992: 191).

4.4.2. 결론

'역형성'에 대한 나의 취급 방식이 급진적으로 보일 수 있다. 그러나 이는 내가 설명한 표현론적 이론의 원리에서 나온 것으로 이와 일치한다.

각각의 논자들의 관점에 대한 나의 논평과 관련하여 내가 주장하고자 하는 것은 '역형성'의 개념은 여기서 제시한 단어 형성 이론에서는 있을 자리가 없다는 것이다. 역형성에 대한 전통적인 설명의 개념적 오류는 이러한 설명이 '더 긴' 명명 단위[예: *stage-manage*(무대를 감독하다)]가 존재하게 된 방식을 설명하지 않고, '더 짧은' 명명 단위[예: *stage-manager*(무대 감독)]의 기원을 설명한다는 것이다. '더 긴' 명명 단위는 어떠한 방식으로든 만들어져야 하며, 이들이 단지 '뜻밖에' 나타날 수는 없다. 더욱이 '더 긴' 명명 단위에 포함된 접미사는 '명사' 접미사의 모든 특징을 가지고 있다. 그러므로 나는 역형성의 개념과 관련된 이 '짝'의 구성원은 별도로 생성되며, 이는 표현론적 모델 및 형태-의미 할당 원리와 완전히 일치한다고 생각한다. 이것은 (49)와 (50)의 예를 통해 설명된다.

(49)와 (50)은 역형성은 없다는 것을 분명하게 설명한다.

(49) stage manager(무대 감독)

개념 층위: '무대를 감독하는 사람'

표현 층위: 완전 복합 구조(표현론적 유형 I)

실체   -   **실체**

대상   〈-   행동   -   행동주

stage   manage   er
(무대)   (감독하다)

(50) stage-manage(무대를 감독하다)

개념 층위: '무대를 감독하다'

표현 층위: 단순 구조(표현론적 유형 IV)

대상   〈-   행동

stage   manage
(무대)   (감독하다)

　　peddler(행상인) 유형의 명명 단위의 경우 '더 긴' 단어만이 단어 형성의 범위에 속한다. 앞에서 지적한 바와 같이, *peddler*(행상인)는 어떠한 방식으로든 존재하게 되었을 것이다. 그러므로 보조 명명 단위 *peddle*(행상하다)은 '더 긴' 단어의 형성을 위해 상정된다. 이후, 이것은 언어 공동체의 요구에 기반하여 실존하게 되며, 기호소이기 때문에 어휘부에 직접적으로 구현된다.

결론

단어 형성 연구에 대한 표현론적 방법의 장점은 다음과 같이 간략히 요약될 수 있다.

(1) 단어 형성은 독립적이며, 그 행동과 특정 작동 규칙에 있어 독립적인 장(field)을 가지고 있는 완전히 본격적인 부문이다. 다른 언어 체계의 부문들, 즉 통사부, 굴절부, 음운부 등과 동등하게 다루어진다.

(2) 내가 사용하는 방법은 모든 명명 단위의 형성을 균일하게 함으로써 전통적인 단어 형성 과정(접두 파생, 접미 파생, 합성, 전환, 역형성, 혼성)을 없애 버린다. 이것은 단계 유순 가설(Level Ordering Hypothesis)의 다양한 버전(Siegel, 1979; Kiparsky, 1982a, 1982b, 1983, 1985; Mohanan, 1982; Kaisse & Shaw, 1985 등)과 연결된 심각한 문제들을 피할 수 있게 해 준다.

(3) 형태소는 다른 접근 방식과 달리 일관되게 양면적 단위로 취급된
다. 즉, 가끔은 순수 형태 단위로, 가끔은 의미 단위로 취급된다.
이러한 사실은 더 작은 단위가 더 높은 층위의 단위의 요소가 되
는 나의 언어학적 계획의 위계적 구조를 유지하게 해 준다.

(4) 단어 형성 그 자체의 이론 안에서 언어 공동체의 실용적인 명명
요구를 언급한다. 이것은 과잉 생성 형태론(overgenerating mor-
phology) 및 이와 관련된 개념인 가능한 명명 단위, 어휘적 빈칸
(lexical gap) 등의 원리 없이 단어 형성 이론을 다루는 것을 가능
하게 한다.

(5) (이 책에서 단어 형성 유형이라 명명된) 단어 형성 규칙은 이전의 언
어적 전통과 상반되게, 통사 규칙 또는 굴절 규칙처럼 생산적인
것으로 여겨진다. 단어 형성 규칙은 완벽하게 규칙적이며, 예측
가능하다.

(6) 단어 형성의 생산성에 대한 계산은 파생으로 제한되지 않는다.
이는 모든 구조적 합성어의 다양한 단어 형성 유형을 관련시킬
수 있게 해 준다.

(7) 나는 이분지 가설(Binary Branching Hypothesis)을 거부한다.

(8) 나는 단계 유순 가설을 거부한다.

(9) 나는 연어(collocations)와 비형태소 기반 형성을 단어 형성 부문
으로부터 배제한다.

(10) 나는 소위 '외심 합성어(excocentric compounds)', 괄호 매김 역
설(bracketing paradoxes)을 포함한 단어 형성에서의 다른 문제
에 대한 새로운 설명을 제안한다.

나는 이 책에 제시된 이론이 1960년 이후부터 논의된 단어 형성과 관

련된 모든 문제에 대한 만병통치약이라고 생각하지 않는다. 책의 서두에 강조된 바와 같이, 이 이론은 일반적인 이론에 대한 실행 가능한 하나의 대안으로 생각되어야 한다. 나는 이 책을 통해 표현론 이론의 다양한 양상과 관련된 의미 있는 논의가 일어나기를 희망한다. 어떠한 연구 분야든 논의야말로 가장 주요한 동력이기 때문이다.

도입

1 나는 이 주제에 대한 문헌에서 아직 합성과 연어에 대한 만족스러운 구분이 제공되지 않았음을 알고 있다. 이 책에서, 나는 Štekauer(1993)에서 설명한 것처럼 영어 단어 형성의 이 심각한 문제에 답하기 위한 나의 시도에서 요약된 원칙을 따른다. 결과적으로, 'sorting machine(선별 기계), sewing machine(재봉 기계), start button(시작 버튼)'은 복합 명명 단위(compounding namaing units)로 다루어진다(3장의 사례 연구를 참조하기 바란다).

2 이 개념을 다룰 때 Allen(1979)은 확장된 접미사(stretchable suffixes)의 개념을 소개한다. 이들은 "… 영구 어휘부에 입력된 비합성 구문(non-compositional phrases)에까지 적용 영역을 '확장'할 수 있는 접미사이다."(Allen, 1979: 239) 접미사 '-ness, -ish, -y'는 'black and blueness(멍), everydayness(일상), matter-of-courseness(당연함), tries and trueness(입증됨), New-Dealish(뉴딜의), at-homeish(집과 같은), dog-in-the-mangerish(구유 속의 개 같은), open-airy(야외의), down-towny(시내의), field-and-streamy(현지의), spider's web-by(거미줄의)' 등과 같이 관용구에 결합할 수 있다. 외부 접미사에 의한 괄호로 묶인 이 단어에 대한 Allen의 설명은 이들은 모두 (접미 파생 이전에) 관용적인 구, 의미상 불규칙하고 어휘화된 관용구를 나타낸다는 것이다. 이들은 비합성적 의미 때문에 영구 어휘 목록에 등재되어야 한다. 반면, 구조적으로 비슷하지만 온전히 합성적인, 어휘화되지 않은 구는 접미사 '-ness, -ish, -y'의 결합을 허락하지 않는다(*[intelligent and attractive]ness, *[matter of principle]ness, *[happy maid]ish, *[terrific deal]ish, *[baby's cur]ly, *[open woods]y). 따라서 확장 접미사는 규칙적인 단어 형성의 일부가 아니라 소수의 파생 접미사의 한정적이고 특이한 특징일 뿐이다. 따라서 Allen은 이러한 접미사가 복합 형식에 결합하는 경우, 어휘화된 합성적 복합 형식에 부착되어야 한다고 결론짓는다.

goosefleshy(소름 끼치는)	*deer-fleshy
headachy(두통을 일으키는)	*leg-achy
birthdayish(생일 같은)	*deathdayish
color-fastness[염색견뢰도(堅牢度)]	*lightning-fastncss

따라서 이러한 경우는 확장 유순 가설(extended ordering hypothesis)을 위반하는 것으로 해석될 수 없다. 그러나 앞에서 언급한 예는 다음 장에서 제시하는 표현론적 이론으로는 다르게 설명된다. 'black and blue(멍이 든), matter-of-course(당연한), dog-in-the-

manager(구유 속의 개)' 등의 사례는 어휘 부문과 통사 부문의 경계에서 생성된 연어 또는 관용화된 연어들로, 모두 어휘 부문에 저장되어 있다. 따라서 그 구조적 복잡성을 잃고 형태-의미 할당 원리(FMAP)를 적용받아 단어 형성 어기로서 새로운 명명 단위에 도입될 수 있다. 결과적으로, 접미사 결합 문제는 제시한 이론을 적용함으로써 쉽게 설명된다. 이 같은 원리는 규칙적으로 만들어져 어휘부에서 의미 형성 과정을 겪는 명명 단위에도 적용된다. 자세한 내용은 2장을 확인하기 바란다.

3   분명, 해석론적 관점에서는 이들 명명 단위를 분명한 형태소 '*-berry, -day, -ible*'과 그 나머지 부분으로 분석할 수 있다. 이 나머지 부분은 음소와 동일한 기능을 수행한다. 그것들은 고유의 형태는 있으나 의미는 없다. 음소의 중요한 특징은 의미 변별 기능이다. 예로 든 명명 단위에서 분석된 형식들도 마찬가지이다. 그것들은 의미가 없지만, 예를 들어 *Sunday*(일요일), 그리고 다른 요일들로부터 *Monday*(월요일)를 구별할 수 있게 한다. 이 문제는 2장에서 논의할 것이다.

4   순수한 어간 기반 접근 방식을 보려면 Anderson(1992, 1993)을 참고하라. 단어 기반 이론의 '고전적인' 설명을 확인하려면 Aronoff(1976)를 참조하라. Dressler(1988)는 자연 형태론의 배경과 관련 선호 원리들에 반하여 단어 기반 개념을 지지한다.

1장

1   나는 단어 형성 연구에 관하여 두 가지 접근 방식이 있음을 잘 알고 있다. 단어 형성과 단어 형성물(word-formedness)에 대해 말하는 Dokulil(1962), 과정과 결과를 구분하는 Stepanova(1973), 단어 형성과 단어 분석(word-analysis)을 구분하는 Aronoff(1976), 단어 형성론(wortbildung)과 단어 분석론(wortbildungsanalyse)을 구분하는 Hansen 외(1982) 등이 그 예이다.

2   이 책에서, 나는 단어 형성에 대한 나의 접근법 내에서 생성된 단위를 언급할 때 항상 명명 단위라는 용어를 사용한다. 이 용어는 Mathesius(1975)에서 처음 제안되었다. 내 접근 방식에서 이 용어는 단어(word), 어휘소(lexeme), 어휘 단위(lexical unit) 등과 같은 용어들을 대용한다. 왜냐하면 이들이 언어학적 문헌에서 일관되지 않게, 다양한 함축적 의미로 사용되기 때문이다. 단어 형성에 대한 표현론적 이론은 '명명 단위를 만드는 것'을 다룬다.

3   제안된 체계는 도출된 단어의 내부 구조가 항상 이분법적이라는 이분지 가설(binary branching hypothesis)과는 분명히 다르다.

4   (개인적 서신에서) Horecký가 말하는 표현론적 유형 II와 III의 차이는 표현(onomasiological) 차원보다는 명명(onomatological) 차원의 성격을 띤다. 나는 그 의견에 동의할 뿐이다. 또한 완전 복합 구조도 여기에 포함될 수 있다. 세 유형은 모두 일반적인 표현론적 구조에 대한 명명 층위의 구현 양상이 다른 것이다.

표현론적 표지 - 표현론적 어기

한정 요소   피한정 요소

그럼에도 불구하고, 나는 '명명론적 유형'보다 '표현론적 유형'이라는 용어를 선호한다. 왜냐하면 우리의 근본적인 방법론이 '표현론적인 방법'이고, 명명론적으로 구현되는 것이 표현론적 구조의 요소들이기 때문이다. 대체로 이것은 어떤 관점이 선호되는지에 대한 문제일 것이다.

5 이 원칙들은 Štekauer(1996)를 기반으로 한다. 영 형태소 이론을 거부하는 이유, 전환의 음운론적 측면, 전환된 명명 단위의 의미 예측 가능성, 고유명사의 전환 및 기호학적 특성 등과 같은 기타 세부 사항은 앞의 책을 참조학 수 있다. 단계 유순 가설(level ordering hypothesis)의 맥락에서 '영 파생' 문제를 처리하고자 할 때는 Kiparsky(1982a)를 참고할 수 있다. 나의 단어 형성 이론은 단계 유순 가설을 채택하지 않기 때문에, 영 파생에 관한 Kiparsky의 결론은 나의 전환 이론과 무관하다.

6 영 파생 이론을 거부하는 이유는 Štekauer(1996)에서 확인할 수 있다.

2장

1 완전히 반대되는 입장을 보려면 Sproat(1985a) 등의 연구를 참고하라. Sproat는 별도의 단어 형성 부문의 존재에 반대한다(어휘론자들의 이론에서는 '어휘부(lexicon)'라는 용어가 자주 확인된다). 그에 따르면 "단어 형성은 통사론적 차원과 음운론 차원으로 나뉘어 있다. 왜냐하면 단어가 통사적으로 적격한 형성을 결정하는 것은 통사적 원리이고, 음운론적으로 적격한 형성을 결정하는 것은 음운론적 원리이기 때문이다."(Sproat, 1985: 4) 한편, Sproat의 어휘부는 어간과 접사, 특이한 언어 구성체에 관한 정보를 포함한다.

2 어휘 음운론 맥락에서의 두 종류의 음운 규칙에 대해서는 어휘 음운론의 음운 규칙과 후어휘(postlexical) 음운론의 음운 규칙을 구별하는 Kiparsky(1982a, 1982b)를 참조하라.

3 예를 들어, 형태소에 대한 Jensen의 정의를 참조할 수 있다. "형태소는 주로 구조적인 단위이며, 필수적이지는 않지만 전형적으로는(typically) 의미 있는 단위이다."(Jensen, 1990: 2) (강조는 필자)

4 Motsch(1988: 8)을 보라.

5 문장에 기반한 합성어의 도출에 대해서는 다양한 접근 방법이 있다. 예를 들어, Carroll 과 Tanenhouse(1975)는 문법적이지 않은 규칙에 의해 문장에서 온 자원을 어휘 항목으로 만드는 것으로 합성어의 형성을 설명한다(account for the formation of compounds by collapsing a sentential sourse into a lexical item by rules which are not grammatical). 그에 따르면, 합성 명사 형성에 대한 규칙 체계는 주제 명사 앞에 있는 서술어의 '핵심 부분(salient part)'을 전제로 한다. 그런 다음 전치 항목은 주제 명사와 어휘적 공동성을 드러내기 위해

강세를 받는다. 그러나 유의해야 할 점은 '핵심 부분'이라는 용어가 다소 모호해 보인다는 점이다. 이 접근법의 보다 정교한 버전은 '주제화(topicalization), 기저 문장(underlying sentence), 핵심 문장(kernel sentence)'이라는 용어를 사용하는 Kastovsky(1969)에 의해 제안되었다. 또한 Carroll과 Tanenhouse는 합성어가 발화 맥락 밖에서 의미론적으로 모호하다고 주장한다. 나는 이미 다른 연구(Štekauer 외, 1997)에서 모호성은 잠재적 합성어의 잠재적 의미 수와 관련하여 명명 이전 단계와 관련된다고 언급했다. 그러나 어휘부 체계에서, 특정 합성어는 언어 외적 현실의 특정 대상을 언어적으로 표현하는 것이기 때문에 의미론적으로 정확하게 정의된다. 여타 복합어나 단일어들과 합성어 사이에는 모호성의 측면에서 차이가 없다. 더욱이, 이 책의 다른 곳(4.2.)에서 논의했듯이 단어 내부적인 굴절의 삭제는 보편적인 규칙으로 간주될 수 없다.

6   보다 상세한 논의는 Dokulil(1966)을 보라.

7   '대용적 섬(anaphoric islands)' 현상을 다룰 때, Lieber(1992: 121)는 통사적 동일 지시성 (syntactic coreference)과 단어 형성의 생산성 간의 관계를 점검한다. 그녀는 동일 지시성이 하위어 요소의 특성(복합적 어휘소의 구성 요소), 복합어 안에서 그들의 위치(핵인지 아닌지의 여부), 생산성 등 여러 요소에 의존한다고 주장한다. 예를 들어, 동일 지시성은 단어 형성 과정이 생산적이고, 하위어 요소가 고유명사인 동시에 핵이 아닌 경우 가장 잘 허용된다.

Harry is a New Yorker, but I wouldn't want to open a store there.
(해리가 뉴요커지만, 나는 거기에 가게를 열고 싶지 않다.)
Anti-Reagan forces believe him to be a threat.
(반(反)레이건 세력은 그가 위협적인 존재라고 믿고 있다.)

비핵 요소가 일반명사인 경우 상호 참조가 더 어렵지만, 여전히 가능하다.

The long-legged girl wanted to insure them.
(다리가 긴 그 소녀는 그녀의 다리를 보험에 들고 싶었다.)
Their jam has a fruity flavour, because they use so much of it.
(그들이 그것을 아주 많이 사용하기 때문에 그들의 잼은 과일 맛이 난다.)
Abortionists don't like having to perform them.
(낙태 시술자들도 낙태를 수행하는 것을 좋아하지 않는다.)

만약 하위 명사가 핵의 위치에 있다면 참조가 불가능하다.

*The neoNazi thought that he could get away with it.
(네오나치는 그가 그것을 피할 수 있다고 생각했다.)
*The exgovernor believes that he is doing a good job.
(전 총독은 그가 잘하고 있다고 믿는다.)

이러한 경우 *he*(그)는 *Nazi*(나치) 혹은 *governor*(총독)만을 지칭할 수 없는 대명사로, 항상 전체 복합어를 참조한다. 이러한 사실은 지시하기 원리(pricniple of indexing)에 의해 설명된다. "… 단어의 핵은 전체로서의 단어와 구별되는 지시를 허용하지 않는다."(Lieber, 1992: 131) 즉, 핵의 지시는 전체 복합어의 지시를 의미하는 것이다. 동일 지시성에 영향을 미치는 가장 중요한 요소는 접사의 생산성이다. 생산성이 낮거나 비생산적인 경우, Lieber 의 견해에 따르면, 그러한 접사를 포함하는 복합어들은 어휘부에 등재된 것이기 때문에, 그것들은 내부 구조를 가지고 있지 않으며, 따라서 통사 규칙 및 원칙과 관련하여 분석할 수 없는 하나의 덩어리기 때문에 참조가 불가능하다.

*Fred is a *visionary*, but he doesn't have one/them very often.
(프레드는 선견지명을 가지고 있지만 아주 자주 가지고 있지는 않다.)
*The town subsidizes the *orphanage*, but he still doesn't like it there.
(마을는 고아원에 보소름을 시급하시민, 그는 씨진히 그곳을 흥이허끼 않는다.)

위 설명에 근거하면, *vision*이나 *orphan*은 분석 불가능한 단어의 일부이기 때문에 독립적인 지시를 받을 수 없다. 오직 고유의 색인(index)이 있는 요소만이 참조 가능하다. 물론, 여기에 제시한 표현론적 이론에 비추어 보면, 이러한 명명 단위의 분석 가능성에 대해 다른 그림을 그릴 수 있다. 그것들의 의미는 충분히 규칙적이고 예측 가능하다. 따라서 Lieber가 그녀의 이론적 맥락에서 '형태론적 창조성'을 말하는 반면, 나의 설명은 생산적이고 규칙적인 단어 형성 과정에 기반한다. 그러나 더 중요한 것은 대용적 섬과 관련된 논제들은, 그들의 수용이 접사의 생산성에 의해 조건화된다는 사실과 관계없이, 단어 형성보다는 통사의 영역에 포함된다. 왜냐하면 여기에서 중요시하는 문제가 문장 안에서의 명명 단위의 사용, 명명 단위 간의 통사적 관계이며, 새로운 명명 단위를 만드는 과정이 아니기 때문이다.

8   그녀의 다른 증거들은 그다지 결정적이지 않다. 그것은 굴절 접사는 합성어 내부 혹은 접사 내부에 나타나지 않는다는 Allen의 추측과 관련이 있다. 이 문제와 관련한 나의 이론적 설명은 4.2. '복수형의 표현론적 표지를 가진 명명 단위'를 참조하라.

9   자세한 논의는 Kastovsky(1969)를 참조하라.

10 Scalise는 8가지 본질적인 차이를 제안한다. 그러나 Scalise에 의해 단어 형성 규칙에 할당된 모든 특성이 허용 가능한 것은 아니라는 것이 이 책에서 입증될 것이다(단어 형성 규칙의 이분지적 특성, 하위 범주화 틀을 변경하는 기능, 단어 형성 규칙과 관련된 특이 정보, 단어 형성 규칙의 순서화 등은 이 책의 기술 과정에서 문제시될 것이다.).
Anderson이 제안한 차이들은 다음과 같이 요약할 수 있다.

(ⅰ) 통사 규칙이 아닌 어휘 규칙은 반드시 보존되는 구조이다. 모든 어휘 항목(기본 항목이든 어휘 규칙에 의해 도출된 것이든)은 동일한 기본 구조에 삽입되어야 하기 때문이다.
(ⅱ) 어휘 규칙은 다른 품사의 항목을 연결시킬 수 있지만(예: 동사에서 명사를 파생), 통사 규칙에 범주(품사)를 변경할 수 있는 힘을 부여할 이유는 없다.
(ⅲ) 어휘 규칙은 단일 항목의 하위 범주화 틀 내의 자료만을 참조할 수 있다는 점에서 국부적이다. 반면, 통사 규칙은 '주어 인상의 주어'의 경우와 같이 개별 항목의 하위 범

주화 틀을 밖에서도 위치를 연관시킬 수 있다.

(ⅳ) 어휘 규칙은 특정 논항과 관련된 의미역(thematic relations) 관계에 접근할 수 있지만, 통사 규칙이 (정확하게 주어에 영향을 미치는 것과는 반대로) 행동주에 영향을 미칠 수 있다고 믿을 이유는 없다.

(ⅴ) 어휘 규칙은 서로의 출력에는 적용되지만, 통사 규칙의 출력에는 적용되지 않는다.

(ⅵ) 어휘 규칙은 임의적이고 어휘적인 예외를 가질 수 있는 반면, 통사 규칙은 구조적으로 일반적이다.

또한 통사 구조는 기본적으로 왼쪽과 오른쪽 모두에서 자유 재귀(recursion)가 수반되는 반면, 단어 내부 구조는 일반적으로 한 방향으로만 재귀적이다. 유일한 잠재적 반례는 합성어이다. 이와 관련하여, 생산적인 단어 형성 과정으로서의 전환, 역형성 및 혼성은 전혀 재귀적이지 않다는 점에 유의해야 한다. 그럼에도 불구하고, 이러한 특징은 파생어에만 적용된다. Anderson은 단어 형성론 또는 형태론에 합성을 포함하지 않는다. 파생과 굴절은 단어 형성 규칙에 의해 제어되고, 내부 구조가 '없는' 반면, 무정형적 형태론(A-Morphous Morphology) 체계에서 합성은 다른 지위를 할당받는다. Anderson의 견해에 따르면, 합성어는 "단어 수준 이하의 어휘적 요소의 통사적 조합"(Anderson, 1992: 292)에 기초하고 있으며, 이는 Selkirk(1986)와 거의 동일한 단어 내적 구문의 위치이기 때문이다. 따라서 합성어는 내부 구조를 가지고 있고 내부 관계는 통사 원리에 의해 지배된다.

각각 복수/과거 시제가 두 번째 구성 요소(불규칙적 형태)의 형태를 이어받는 *scrubwoman*(청소부), *outdo*(능가하다) 같은 단어에서 한 가지 증거가 나오는데, 이는 구성 요소에 대한 참조가 이루어져야 한다는 것을 암시한다. 이것은 확실히, 전통적으로 '합성어'라 불리는 것이 단어 형성이 아님을 주장하기 위한 증거로 받아들여질 수 없다. 복수형의 표현론적 표지의 존재는 복수성을 강조하는 개념적 분석이 새로운 명명 단위의 형태로 반영되고, 그 후 단일 명명 단위의 기능을 하게 된 것을 의미하는 것이다. 같은 맥락에서, 표현론적 어기의 불규칙적 복수형은 단지 그것이 명명 단위의 굴절적 특성을 결정하는 어기임을 의미하는 것이며, 다른 것을 함의하지 않는다.

11 이 또한 Allen(1979)을 참조하라.

12 이 주제와 관련하여서도 역시 Dressler(1977)을 참고하라. 파생 규칙(DR)과 굴절 규칙(IR)의 차이점에 관해서는 Scalise(1984: 6.2.)를 보라. Scalise는 이 두 규칙의 주요 차이를 다음과 같이 제시한다.

(ⅰ) 굴절 규칙은 절대 단어의 통사적 범주를 변화시키지 못하지만, 파생 규칙은 가능하다.

(ⅱ) 굴절은 항상 파생의 바깥에 있다.

(ⅲ) 굴절 규칙과 파생 규칙은 어기의 서로 다른 속성에 대해 민감하다.

(ⅳ) 굴절 규칙과 파생 규칙은 다른 일을 수행한다. 예를 들어, 파생 규칙은 굴절 규칙과 달리 통사 범주, 활용/어형 변화 부류, 하위 범주화 자질, 선택 자질 등을 변화시킨다.

(ⅴ) 파생 규칙은 어기의 개념적 의미를 변화시키지만, 굴절 규칙은 오직 어기의 문법적 의미만을 변화시킨다.

(vi) 파생 규칙은 재적용이 가능하나, 굴절 규칙은 불가능하다.

(vii) 파생 규칙은 완전히 생산적이지 않으나, 굴절 규칙은 그러하다.

(viii) 파생 규칙의 적용은 선택적이나, 굴절 규칙의 적용은 필수적(의무적)이다.

여기에서 제시한 표현론적 이론에 따르면, 위 주장 중 일부는 논쟁의 여지가 있다. 예를 들어, 일곱 번째 주장은 우리 책의 3장에서 기술한 내용과 충돌한다. 그리고 여덟 번째 주장은 다음과 같이 재기술되어야 한다. "파생 규칙은 언어 외적 요소, 즉 '언어 공동체의 명명 요구'에 좌우된다. 굴절 규칙은 언어 내적인 것에 좌우된다. 그것들은 각각의 새로운 명명 단위를 특정화해야 한다."

13 '핵'에 대한 고전적인 논의는 Lieber(1981), Williams(1981a), Selkirk(1986)를 참고하라. 일부 저자들은 자질의 '삼투'를 단어 구성 요소와 관련짓는 것을 거부하고, 이 기능을 단어 형성 규칙에 종속시킬 것을 제안한다. 예를 들어 Zwicky(1985)는 그 단어의 핵으로부터 복합어에 삼투되는 형태통사적 자질들에 따른 삼투 개념을 비판한다(위에 언급한 Lieber, Williams, Selkirk의 개념을 보라). 그의 관점에 따르면, 이러한 특징들은 '형태론적 기원'이나 '형태론적 결정 요소'에 구속될 수 없다. 오히려, 형태론적 연산을 수행하는 규칙에 의해 지정된다. Zwicky의 근본적인 주장은 "굴절 표지의 위치는 삼투를 통해 관리되지 않으며… 결정 요소는 구성 요소가 아니라 형태론적 연산을 수행하는 규칙에 있다."(Zwicky, 1985: 2)라는 것이다. 마찬가지로, Anderson(1992)은 본래의 '핵'의 개념을 거부하고 다음과 같이 주장한다. "어휘적 범주들을 접사 그 자체에 연결시킬 이유는 없다. 특정 접사를 도입하는 파생 과정이 결과물(단어)의 어휘 범주에 영향을 미칠 수 있다. 그러나 이것이 접사 자체를 어휘적 범주에 할당함을 함의하는 것은 아니다. 오히려, 접사 첨가(또는 일부 다른 형식적 과정)로 인한 부류의 변화와 형태의 변화는 (통사적, 의미적 효과들과 함께) 단어 형성 규칙의 구성 요소일 뿐이다."(Anderson, 1992: 40) 이들 저자들에 의해 제안된 광범위한 주장에도 불구하고, 나는 어휘부에서 명명 단위의 형태통사론적 특질을 결정하는 것은 규칙이 아니라 표현론적 어기라고 믿는다. 이러한 관점을 지지하는 설득력 있는 증거는 명명 단위의 불규칙적 복수형이다[*postman*(우체부)-*postmen*(우체부)]. 여기에서 명명 단위에 복수형을 할당하는 것은 표현론적 어기임이 분명하다. 그렇지 않으면, 복수형은 규칙형이 된다(*postmans*).

14 이에 대한 논의는 Štekauer(1996)를 보라.

15 Kiparsky(1982a)는 Jackendoff의 실재어 개념을 비판하고, 잠재어 개념을 거부한다. Kiparsky는 실재어와 가능어 사이에 명확한 경계가 없다고 주장한다. 그리고 예를 들어 '*prearrival*(도착 전), *book arrival*(도착 예약), *arrival list*(도착 명단)'가 실재어인지 질문한다. 그는 "실재어를 발생하거나 발생한 것으로 정의하거나 특정 화자가 듣거나 사용한 것으로 정의하는 것은 문법과 관련이 없으며, 어떤 문법 규칙도 단어가 '실재어'인지 아닌지에 영향을 받지 않는다. 반면에 만약 어떤 단어가 유창한 화자가 해당 언어에서 잘 형성되는 것으로 알고 있는 것이라면 이들은 분명 실재어이다."(Kiparsky, 1982a: 26)라고 주장한다. 그럼에도 불구하고, 그는 그러한 모든 단어들이 무한한 수량으로 인해 나열될 수 있는 것은 아니라는 사실을 인정한다. 따라서 Kiparsky는 "무한한 실재어 집합에는 단계 유순

체계의 모든 출력형이 포함된다. 그리고 '가능어의 집합'은 형태론적, 음운론적 규칙에 대한 모든 특이 제한을 제거함으로써 얻어진다."(Kiparsky, 1982a: 26-27)라고 주장한다. 이러한 주장은 적어도 두 가지 지점에서 의심스럽다. 먼저, 그의 논의에서는 실재어의 개념을 문법적인 단어와 동일시하는데, 이 둘은 완전히 다른 것이다. 이러한 접근 방식은 저지와 같은 제약을 무시하는 것이다. 더욱이, '단어 형성 규칙'의 개념은 실제로 만들어진 (기존의) 명명 단위를 기반으로 하며, 이렇게 정의된 단어 형성 규칙을 기반으로 할 때에만 잠재적 명명 단위를 고려할 수 있다. 또한, Kiparsky는 언어 공동체의 요구(그 요구는 언어 공동체의 단일 구성원의 요구, 또는 반복되지 않을 단일 요구일 수 있다.)를 충족하기 위해 만들어진 명명 단위로 실재어를 바라보는 나의 방식을 간접적으로 지지한다. Kiparsky는 다음과 같이 말한다. "우리의 언어 규범은 언어 외적 현실에 대한 가능한 표현형들의 체계 중에서 특정한 패턴만을 선택한다. 따라서 우리의 분석이 정확하려면 어느 정도까지는 언어 외적 현실의 표현형들에 대해서도 알아야 한다."(Kiparsky, 1982a: 30)

16 분명, 이는 과잉 생성 형태론의 경우에만 해당된다. 만약 단어 형성 부문에서 언어 공동체의 실제적인 요구가 있는 것만 생산할 수 있도록 허용되면, 과잉 생성 형태론에 대한 요구는 없어지고, 결과적으로 개별 단어 형성 규칙의 출력형들을 나열하는 문제들도 제거된다.

17 매우 간략하고 모호한 Lightner의 개념은 단어 형성 규칙에 대한 잘못된 개념으로 보인다. 첫째, 단어 형성 규칙이 적용되는 문법의 다른 지점에 관한 Lightner의 주장은 받아들일 수 없다. 단어 구성 규칙은 새 명명 단위를 생성하는 역할을 한다. 따라서 운용 원칙은 동일해야 하며, 따라서 운용 장소도 동일해야 한다. 그렇지 않으면, 다른 성격의 규칙을 상정해야 할 것이고, 그중 단 하나의 그룹만이 단어 형성 규칙이 될 것이다. 둘째, Lightner는 단어 형성 규칙이 의미론적 정보를 비롯, 기타 정보를 추가할 수도 있고 그렇지 않을 수도 있다고 주장한다. 의미론적 정보를 추가할 필요가 없다면, 그러한 규칙의 목적은 무엇인가? 단어 형성 규칙은 언어 외적 현실의 새로운 '대상'을 지정하는 새로운 명명 단위를 생성한다. 그것들(단어 형성 규칙)로부터 의미를 없애는 것은 그 과정을 완전히 공허하게 만든다. 셋째, 파생 과정에서 단어 형성 규칙 적용에 대한 Lightner의 논지는 모호하고 이해하기 어렵다. 파생(즉, 새로운 단어를 만들 때 접사를 사용하는 것)은 단어 형성 과정의 핵심이다. 그렇다면, 파생 규칙과 단어 형성 규칙 간의 차이에 대한 의문이 생긴다. 넷째, *quick*(빠른)에 대한 (어근으로부터 단어를 도출하는) Lightner의 예는 위에서 언급한 단어 형성 규칙에 대한 잘못된 인식을 증명하는 것이다. 예를 들어, *quick*(빠른)은 분석 불가능한 단어로, 어근은 어원적으로만 거슬러 올라갈 수 있다. 그러나 이는 단어 형성과는 아무런 관련이 없다. 이 생각은 규칙적이고 생산적인 규칙에 의해 생성된 신조어의 분석성과 예측성의 원칙에 위배되기 때문에 전체적으로 받아들여질 수 없다. 따라서 '매우 특별한(독특한)' 단어 형성 규칙의 개념을 단호히 거부해야 한다. [가령, 오직 *bishop-ric*(주교직)이라는 명사에만 적용되는 '규칙', 혹은 *bomb*(폭탄)에서 *bombard*동사(퍼붓다)를 파생하는 단일 동사 파생 '규칙' 같은 것들이 이러한 예에 속한다.] 확실히, 이러한 오개념은 일반적인 규칙의 개념과 모순된다.

18 *unrulier*(더 제멋대로 구는)에 대한 설명은 괄호 매김 역설에 관한 장을 참조하라. *un-*

ruly(제멋대로 구는)에 대해 논의하자면, 생산적이고 규칙적인 단어 형성 규칙에 의해 만들어진 '보조적인(auxiliary)' 단어 *ruly*를 가정해야 한다. 이 단어는 '규칙을 준수하는 특성' 또는 '규칙을 따르는 행동'과 같은 기본적인 개념 구조와 함께 논리-의미적 구조인 '행동 양식(행동 방법) - 특질'에 따라 단어 형성 어기 *rule*(규칙)과 접미사 *-y*를 할당한 생산적이고 규칙적인 단어 형성 규칙에 의해 만들어진 것이다. (외심합성어와 역형성에 관한 장들을 참조하라.) 명명 단위 *unruly*(제멋대로 구는)를 생성하는 다음 단계는 추가 설명이 필요 없다. 누군가는 이러한 *unruly*(제멋대로 구는), 또는 *ruly*의 처리가 위에서 언급한 *perdition*(지옥에 떨어지는 벌)의 처리와 모순된다고 반론을 제기할 수 있다. 그러나 그 차이는 상당하다. *perdition*(지옥에 떨어지는 벌)과 달리 *ruly*는 어휘부에 저장된 기존의 양면적 단위 즉, *rule*(규칙)과 *-y*에 의존할 수 있으며, 규칙적이고, 생산적이며, 예측 가능한 단어 형성 규칙에 의해 결합된다.

3장

1   이에 대해서는 Zimmer(1964)를 보라. 그는 서로 다른 세 가지 개념인 친숙성(familiarity), 수용성(acceptability), 생산성(productivity)을 관련지었다. 후자가 새로운 단어 형성을 통해 어휘를 풍부하게 하는 언어의 역량을 가리키는 반면, 수용성은 생산성과 관련되는 단계를 뒤따르는 다음 단계, 즉 생산적인 단어 형성 규칙(따라서 언어 규칙을 따르는)에 의해 형성된 단어가 언어 공동체에 의해 수용되는지의 여부와 관련된다. 단어의 친숙성은 단어 형성 규칙의 생산성에는 영향을 미치지 않고, 단지 신조어에 대한 개인 화자의 수용성과 관련된다. 그럼에도 불구하고 전체 언어 공동체에 대한 특정 신조어의 수용성을 가리키지는 않는다.

2   이들은 다음의 의미 그룹을 대표한다.
(a) 행동주
(b) 도구
(c) 행동/과정(!)
(d) 피동주
(e) 행동의 결과
이들은 처음 네 개의 표현론적 유형에 속하는 여러 단어 형성 유형에 참여한다. 다음 목록은 완전하지는 않다.
(a) **행동-실체**
(ⅰ) 행동-행동주: *driver*(운전자), *teacher*(선생님), *consumer*(소비자), *exporter*(수출업자)
(ⅱ) 행동-도구: *cooler*(냉각기), *fertilizer*(거름), *fastener*(죔쇠), *winner*(우승을 결정짓는 골), *romper*(놀이복)
(b) **실체-실체**

(i) 도구-(행동)-행동주: *gunner*(포수)

(ii) 실체⟨-(행동)-행동주: *contractor*(계약자), *flesher*(도살자)

(iii) 실체⟨-행동-행동주: *car-driver*(운전수), *fire-eater*(소방관), *glass-blower*(유리 부는 직공), *chess-player*(체스 플레이어)

(iv) 결과⟨-(행동)-행동주: *hatter*(모자 만드는 사람), *glover*(장갑 만드는 사람)

(v) 결과⟨-행동-행동주: *dressmaker*(드레스 만드는 사람)

(vi) 실체⟨-행동-도구: *fly-catcher*(파리채), *footwarmer*(다리를 따뜻하게 해 주는 것)

(vii) 상태-(상태)-피동주: *four-wheeler*(4륜차), *commissioner*(감독관)

(viii) 행동 양식-(상태)-피동주: *bowler*(볼링 선수)

(c) **상황-실체**

(i) 장소-행동-행동주: *grasshopper*(메뚜기)

(ii) 장소-(행동)-행동주: *forester*(삼림 관리인), *fielder*(야수)

(iii) 방법-행동-행동주: *freethinker*(자유사상가)

(d) **실체-행동**

(i) 도구-과정: *footer*(보행자)

(ii) 도구-행동: *header*(헤딩슛)

(iii) 방법-행동: *header*(거꾸로 뛰어듦, 머리 먼저 빠지거나 뛰어드는 것)

(e) **특질-실체**

(i) 상태-(상태)-피동주: *foreigner*(외국인)

3   이러한 아이디어는 완전히 새로운 것은 아니며, Thompson(1975)에 의해서 제안되었다. 어쨌든 Aronoff의 접근은 매우 체계적이며, 방법론적으로 타당하여 이의를 제기하기 어렵다. 생산성을 '계산하는' Aronoff의 방법의 유일한 단점은, 이것이 파생 과정으로 제한된다는 것이다. 이러한 방법은 우리에게 서로 다른 전통적인 단어 형성 과정으로 나뉘는, 서로 경쟁하는 단어 형성 규칙의 생산성을 비교하는 것을 허락하지 않는다. 다음의 단어 형성 규칙들을 고려해 보라.

- (명사 #ist)_명사 : "행동주가 대상과 관련된 행동을 함.": *druggist*(약제사), *tobacconist*(담배 장수), *metallurgist*(야금학자) 등.

- (명사+명사)_명사 : "행동주가 대상과 관련된 행동을 함.": *coal-merchant*(석탄 소매업자), *milkman*(우유 장수), *flower-girl*(꽃 파는 소녀), *fishwife*(여자 생선 장수), *latheman*(선반공) 등.

이러한 단어 형성 규칙은 분명히 '경쟁적'인데, 이들이 동일한 명명 의도를 지니며, 이로 인해 서로를 '저지'하기 때문이다. 따라서 이들은 서로의 생산성을 상호 제약한다.

보다 상세한 내용은 아래의 사례 연구 II를 보라.

4   분명히, 이러한 개념은 3.2.에 정의된 한 언어의 실제어 형성 생산성과 대응한다. 그러나 모든 임시 형성을 생산성 계산에 포함하기는 어렵기 때문에 후자의 경우 좁은 의미에서의 실제 생산성으로 제한되어야 한다.

5   분명한 것은 이 주장은 우리가 동사 + 불변화사 단위가 통사부에 속한다는 것을 인정할 때에만 수용된다는 것이다. 이러한 접근법에 대해서는 찬반이 양립한다.

6   전환된 명명 단위의 어휘 내적 의미는 언어 내적 원리(단어에 대한 가장 넓은 의미)에 기반을 두고 있으며, 언어 체계 층위와 밀접히 관련되어 있다. 이는 유발된 명명 단위의 의미에 쏠린다. 다시 말해, 어휘 내적 의미는 자연적으로 이름이 붙여지는 언어 외적 현실의 사물의 근본적인 특성을 따르거나, 그러한 사물에 대한 불규칙하지 않은 '사건'을 반영한다. 이러한 의미는 매우 높은 수준의 예측 가능성을 특징으로 한다. 이러한 종류의 의미는 어휘 외적 의미와는 분명히 구분되어야 한다. 어휘 외적 의미는 기본적으로 외부적 요인에 의해 미리 조정되며, 상황 맥락에 의해 현저해진다. 따라서 *teapot*(찻주전자)은 기본적으로 '차를 닦는 것'이다 그러므로 이러한 '*teapot*(찻주전자)'의 기본적 기능을 하는 전환된 명명 단위의 어떠한 의미도 어휘 내적 의미를 나타낸다. 반면에 *He tried to teapot a policeman*(그는 경찰을 찻주전자로 때리려고 하였다.)와 같은 문장을 통해 어떤 사람을 때리기 위한 *teapot*(찻주전자)의 사용은 *teapot*(찻주전자)과 관련된 사물의 기본적인 '맥락'과는 동떨어져 있다. 결과적으로 이것은 단어 형성 부문의 생산이 아니다. 전환된(비명사적) 동사 *teapot*(찻주전자로 때리다)의 (위에서 제안된 의미에서) 규칙적으로 예측 가능한 의미는 어휘 부문에 속하는 의미적 형성이라는 예측 불가능한 방법으로 변경되었다. 이는 어휘 외적 의미이다. 보다 상세한 내용은 Štekauer 외(1997)를 보라.

7   관련된 논의로 Roeper와 Siegel(1978), Allen(1979), Botha(1984) 등을 보라.

8   단어 형성 규칙의 입력과 출력으로서 '실재하는' 단어를 전제하는 이론은 Botha(1984)에 의해 심각하게 비판받았다.

9   이에 대한 유사한 해석은 사례 연구 I에 있다.

10 이는 전통적으로 외심 합성어로 불린 예이다. '외심 합성어'에 대한 분석은 4.3.을 보라.

11 나는 이 책에서 이 용어를 불규칙적이고, 생산적이지 않은 명명 단위(통사부와 어휘부의 '협력'의 결과)를 가리키는 데 사용하였는데, 위의 사례 연구는 '전통적으로' 이 개념을 그 자신의 명명 단위를 대표하는 두 단어의 관습적인(habitual) 조합으로 다루었다.

12 알파벳과 숫자의 조합 1A~4D는 표현론적 구조의 구성원의 개념 범주 사이의 관계를 표현한 것이다. 숫자는 표현론적 표지를, 글자는 표현론적 어기를 가리킨다.

- 1과 A: 실체
- 2와 B: 특질
- 3과 C: 행동
- 4와 D: 제반 상황

전위 유형(transpositional type)은 표현론적 범주의 세 유형[모음 교체(mutational), 전위(transpositional), 의미 변화(modificational)] 중 하나이다. 전위 유형의 경우, 대개 표현론적 표지로 나타나는 현상은 표현론적 어기의 영향을 받으며, 점차 이로부터 독립적이 된다. Dokulil(1962)은 세 가지 하위 유형을 구별하였다.

(a) 특질의 구체화: *quick*(빠른)-*quickness*(신속), *circular*(원형의)-*circularity*(원형)

(b) 행동의 구체화: *fall*_{동사}(떨어지다)-*fall*_{명사}(추락)

(c) 표현론적 표지의 한정 요소가 표현론적 표지의 피한정 요소로 되는 전위(예: 부사구가 형용사가 되는 변화): to drive *quickly*(빠르게 운전하기)-*quick* driving(빠른 운전).

오늘날의 이론에서 나는 Dokulil의 구분을 취하지 않으며, 명명 단위를 통합된 기반에서 다룬다.

4장

1 Kastovsky는 기저 문장을 생성하는 주제화 변환과 최종적인 단어 형성 통합체(syntagma), 즉 명명 단위 *book-seller*(책장수)를 생성하는 단어 형성 변환을 통해, 핵문장(kernel sentence)인 "Someone sells books(누군가 책을 판다)."에서 *book-seller*(책장수)를 생성한다. 형태론적 분석과 의미-통사적 분석의 차이에 대한 상세한 분석은 Kastovsky(1982)를 보라.

2 Williams의 접근법에 대한 비판에 대해서는 Strauss(1982a), Botha(1984), Hoeksema(1986)를 보라.

3 Lieber의 자율 원칙(autonomy principle)에 대한 반대에 대해서는 Botha(1984)를 보라.

4 Kiparsky의 접근법에 대한 비판에 대해서는 Zwicky(1987), Spencer(1991), Carstairs-McCarthy(1992)를 보라.

5 또한 앞서 언급한, Kiparsky의 괄호 매김 삭제 규칙 위반에 대해 보라. 또한 그는 필요의 미덕을 만든 사람이다.

6 공전 어휘부 규칙은 단위를 음운론적 규칙의 적용을 받는 단어에 투사한다. 그리고 공전 어휘부는 단어를 더 큰 단어, 그리고 문장에 사슬같이 이어 준다. 어휘부(lexicon)는 핵심 어휘 단위의 목록을 포함한다. Guerssel은 이들을 기능 F(동사 f, 전치사 f, 한정사 f 등)와 논항 A(명사 a, 명사구 a, 전치사구 a 등)로 나눈다. 단위들은 모두 주요 범주의 구성원이거나, (파생 및 굴절) 접사일 수 있다. 새로운 어휘 항목은 어휘 구성의 잉여 규칙(redundancy rules)에 의해 형성되고 어휘부(lexicomps)로 이름 붙여진 어휘 부문이 된다.

7 May(1877)가 『양화사의 문법(*The Grammar of Quantification*)』에서 처음 소개한 양화사 규칙은 사실 통사부에서 사용되는 특별한 유형의 알파 이동(move alpha)이다. '양화사 규칙'이라는 이름은 원래는 통사부에서 양화사를 수형도에서 위쪽으로 옮기는 규칙으로 사용되었다. 그러나 Pesetsky가 이 개념을 형태론에 적용하면서 이 규칙은 양화사로 한정되지 않는다.

8 *un*-은 하위 범주화 된 형용사의 범주를 바꾸지 않기 때문에(happy_{형용사} - unhappy_{형용사}), Pesetsky는 *counter*-에 의한 유추를 통해 이를 영 범주 부류로 보았다. *counter*-는 이것이 결합하는 어간의 범주에 영향을 주지 않는다[*counter-espionage*(방첩 활동)_{명사}, *counter-sign*(부서하다)_{동사}, *counter-intuitive*(직관에 반대되는)_{형용사}].

9   Pesetsky의 이론은 Sproat(1985a, b), Hoeksema(1987), Spencer(1991), DiSciullo & Williams(1988), Anderson(1992) 등 많은 논자들에 의해 비판을 받아 왔다.

10   그 이유에 대해서는 Štekauer(1996)을 보라.

11   첫째 자매 원리는 Roeper와 Siegel(1978)의 핵심 주장이다. 이 원리는 모든 동사성 합성어가 동사의 첫째 자매 위치(바로 오른쪽)에 있는 단어의 결합에 의해 형성된다는 것을 말한다. 예를 들어, 합성어 *peace-making*(평화 만들기)은 기저 문장인 *She makes peace quickly*(그녀는 빨리 평화를 만든다.)에서 파생된다. 단어 *peace*(평화)는 동사 *make*(만들다)의 첫째 자매이므로, 동사성 합성어가 *peace*(평화)를 포함하는 것이 가능하다[반대로 *quickly-making*은 채택될 수 없는데, *quickly*(빨리)가 첫째 자매 위치에 있지 않기 때문이다.].

12   "형태론에서 우리는 형태론적으로 복합어의 핵을 단어의 오른쪽 구성원으로도 정의한다."(Williams, 1981: 248)

13   "규칙 IV: 영어의 합성어에서 오른쪽 어간의 자질은 어간을 지배하는 노드까지 삼투된다."(Lieber, 1981: 54)

14   제안한 방법이 또한 '혼성'이라 불리는 단어 형성 과정에도 적용될 수 있음을 언급해야 한다. 결과적으로 '혼성'은 두 단계 과정으로 다루어질 수 있다. 첫 번째 단계는 단어 형성의 표현론적 모델과 함께 보조적인 '완전한 버전'의 명명 단위 구성 요소를 만드는 것으로 구성된다. 이러한 명명 단위는 규칙적인 단어 형성 유형을 통해서는 포착되지 않는 예측 불가능한(그러므로 불규칙적인) 방법을 통해 형태적으로 축소된다. 그러므로 이러한 변화는 어휘 부문에 위치해야만 한다.

참고문헌

Adams, V. 1973. *An Introduction to Modern English Word Formation*. London: Longman.

Allen, M. 1979. *Morphological Investigations*. University of Connecticut, Connecticut.: Storrs.

Anderson, S. R. 1982. "Where's morphology". Linguistic Inquiry 13: 571-612.

Anderson, S. R. 1992. *A-morphous morphology*. Cambridge: Cambridge University Press.

Anderson, S. R. 1993. "Morphological Theory". In: F. J. Newmeyer (ed), *Linguistics: The Cambridge Survey*, Vol. 1: Linguistic Theory: Foundations. Cambridge University Press, 146-191.

Aronoff, M. 1976. *Word Formation in Generative Grammar*. Linguistic Inquiry Monograph 1. Cambridge, Mass.: MIT Press.

Aronoff, M. 1994. *Morphology by itself, stems and inflectional classes*. Linguistic Inquiry Monograph 22. Cambridge, MA: MIT Press.

Baayen, H. 1989. *A Corpus-Based Approach to Morphological Productivity: Statistical Analysis and Psycholinguistic Interpretation*. Dissertation. Amsterdam: Free University.

Bach, E. 1968. "Nouns and noun phrases". In E. Bach and R. T. Harms (eds), *Universals in Linguistic Theory*. New York: Holt, Rinehart & Winston.

Bauer, L. 1979. "Against word-based morphology". *Linguistic Inquiry* 10: 508-9.

Bauer, L. 1983. *English Word-formation*. Cambridge: Cambridge University Press.

Bauer, L. 1988. "A Descriptive gap in morphology". In G. Booij and J. Van Marle (eds), *Yearbook of Morphology*, 17-27.

Bauer, L. 1990. "Be-heading the Word". *Journal of Linguistics*. 26: 1-31.

Bierwisch, M. andHeidolph, K. E. (eds). 1970. *Progress in Linguistics*. Mouton: The Hague -Paris.

Bloomfield, L. 1933. *Language*. New York: Holt, Rinehart and Winston.

Boas, H. U. 1974. "On Halle's 'Prolegomena to a Theory of Word-formation' or what is a linguistic Generalization?". *Linguistics*, Vol. 134: 5-8.

Booij, G., and Lieber, R. 1989. *On the Simultaneity of Morphological and Prosodic Structure*. MS, Amsterdam: Free University.

Borer, H. 1988. "On the parallelism between compounds and constructs." *Yearbook of Morphology* 1, 45-66.

Botha, R.P. 1981. "A base rule theory of Afrikaans synthetic compounding". In M. H. Moortgat, H. van der Hulst, and T. Hoekstra (eds), *The scope of lexical rules. Linguistic Models* 1. Dordrecht: Foris Publications.

Botha, R. P. 1984. *Morphological Mechanisms*. Oxford: PeSSrgamon Press.

Brekle, H. E. 1970. *Generative Satzsemantik und transformationelle Syntax im System der englischen Nominalkomposition*. München: Fink.

Brekle, H. E. 1975. "Zur Stellung der Wortbildung in der Grammatik". In H. Rix (ed), *Flexion und Wortbildung*. Wiesbaden, 26-39.

Brekle, H. E. and Kastovsky, D. (eds). 1977. *Perspektiven der Wortbildungsforschung*. Bonn: Bouvier Verlag Herbert Grundmann.

Bresnan, J. W. 1982. "Polyadicity". In J. W. Bresnan (ed.).

Bresnan, J. W. (ed.). 1982. *The Mental Representation of Grammatical Relations*. Cambridge, Massachusetts: MIT Press.

Burgschmidt, E. 1977. "Strukturierung, Norm und Produktivität in der Wortbildung". In H. E. Brekle and D. Kastovsky (eds), 39-47.

Bybee, J. L. 1985. *Morphology. A Study of the Relation betwen Meaning and Form*. Amsterdam and Philadephia: John Benjamins Publishing Company.

Carden, G. 1983. "The non-finite=state-ness of the word-formation component". *Linguistic Inquiry* 14: 537-41.

Carroll, J. M. and Tanenhaus, M. K. 1975. "Prolegomena to a Functional Theory of Word-Formation". In *Papers from the parasession on functionalism*. Chicago: Chicago Linguistic Society.

Carstairs-McCarthy, A. 1992. *Current Morphology*. London and New York: Routledge.

Castelo, L. M. 1963. "An Inquiry into Compounds and Syntactic Phrases". *Zeitschrift für Anglistik und Amerikanistik* 3: 265-268.

Chomsky, N. 1965. *Aspects of the Theory of Syntax*. Cambridge, Massachusetts: MIT Press.

Chomsky, N. 1970. "Remarks on Nominalization". In R. Jacobs, and P. Rosenbaum (eds), *Readings in English Transformational Grammar*. Waltham, Mass.: Ginn.

Chomsky, N. and Halle, M. 1968. *The Sound Pattern of English*. New York: Harper & Row.

Clark, E. V. and Clark, H. H. 1979. "When Nouns Surface as Verbs". *Language*, Vol. 55, No. 4: 767-811.

Cruse, D. A. 1986. *Lexical Semantics*. Cambridge University Press.

Černý, J. 1983. *Stručné dějiny lingvistiky III. Matematická a strojová lingvistika*. Praha: SPN.

Dearmond, R. B. 1969. "The Concept of Word Derivation". *Lingua* 22: 329-361.

Di Sciullo, A. M. and Williams, E. 1987. *On the Definition of Word*. Cambridge, MA: MIT Press.

Dokulil, M. 1962. *Tvoření slov v češtině I. Teorie odvozování slov.* Praha: ČAV.

Dokulil, M. 1966. "Zum wechselseitigen Verhältnis zwischen Wortbildung und Syntax". In *Travaux linguistiques de Prague 1.* Praha, 215-224.

Dokulil, M. 1968. "Zur Frage der Konversion und verwandter Wortbildungsvorgänge und -beziehungen". In *Travaux linguistiques de Prague,* 215-239.

Downing, P. 1977. "On the Creation and Use of English Compound Nouns". *Language* 53: 810-842.

Dressler, W. U. 1977. "Elements of a polycentristic theory of word formation". *Wiener Linguistische Gazette* 15: 13-32.

Dressler, W. U. 1988. "Preferences vs. Strict Universals in Morphology". In M. Hammond and M. Noonan (eds), *Theoretical Morphology. Approaches in Modern Linguistics.* Acadaemic Press.

Evaraert, M., Evers, A., Huybregts, R, Trommelen, M. (eds), 1988. *Morphology and Modularity.* Dordrecht: Foris.

Fabb, N. 1984. *Syntactic Affixation.* PhD Dissertation. MIT.

Fanselow, G. 1988. "'Word Syntax' and Semantic Principles". In G. Booij and J. v. Marle (eds), *Yearbook of Morphology,* 95-122.

Guerssel, M. 1983. "A lexical approach to word formation in English". *Linguistic Analysis* 12: 183-243.

Halle, M. 1973. "Prolegomena to a Theory of Word Formation". *Linguistic Inquiry,* Vol. 4, No 1: 3-16.

Hansen, B., Hansen, K., Neubert, A., Schentke, M. 1982. *Englische Lexikologie. Einführung in Wortbildung und lexikalische Semantik.* Leipzig: VEB Verlag Enzyklopädie.

Hatcher, A. G. 1960. "An Introduction to the Analysis of English Noun Compounds". *Word* 16: 356-373.

Hjelmslev, L. 1972. *O základech teorie jazyka.* Praha.: Academia.

Hoeksema, J. 1986. *Categorial Morphology.* New York: Garland.

Hoeksema, J. 1987 "Relating word structure and logical form". *Linguistic Inquiry* 18: 119-26.

Hoekstra, T. H., van der Hulst, H. and. Moortgat, M. 1980. *Lexical Grammar.* Dordrecht: Foris.

Horecký, J. 1960. "Vzťah pojmu a termínu". *Jazykovedný časopis* 11: 97-102.

Horecký, J. 1962. "K definícii morfémy". *Slavica Pragensia 4. Acta Universitatis Carolines.* Philologica: 145-149.

Horecký, J. 1983. *Vývin a teória jazyka.* Bratislava: SPN.

Horecký, J., Buzássyová, K., Bosák, J. et al. 1989. *Dynamika slovnej zásoby súčasnej slovenčiny.* Bratislava: SAV.

Horecký, J. 1994. *Semantics of Derived Words.* Acta Facultatis Philosophicae Universitatis

Šafarikanae. Prešov.

Jackendoff, R. S. 1975. "Morphological and semantic regularities in the lexicon". *Language* 51: 639-671.

Jackendoff, R. S 1987. "The Status of Thematic Relations in Linguistic Theory". *Linguistic Inquiry* 18: 369-411.

Jensen, J. T. 1990. *Morphology. Word Structure in Generative Grammar*. Amsterdam and Philadelphia: John Benjamins Publishing Company.

Kaisse, E. and Shaw, P. 1985. "On the theory of lexical phonology". In *Phonology Yearbook* 2, 1-30.

Karius, I. 1976. "Zur Beziehung zwischen Wortbildung und Alltagwissen". In K. Braunmüller and W. Kürschner (eds), *Grammatik*. Tübingen.

Karius, I. 1977. "Instrumentalität und denominale nullsuffigierte Verben des Englischen". In H. E. Brekle and D. Kastovsky (eds), *Perspektiven der Wortbildungsforschung*, 104-115.

Kastovsky, D. 1969. "Wortbildung und Nullmorphem". *Linguistische Berichte* 2:. 113.

Kastovsky, D. 1977. "Word-formation, or: At the Crossroads of Morphology, Syntax, Semantics, and the Lexicon". *Folia Linguistica*, X 1/2: 1-33.

Kastovsky, D. 1982a. *Wortbildung und Semantik*. Düsseldorf.

Kastovsky, D. 1982b. "Word-formation: A Functional View". In *Folia Linguistica. Acta Societatis Linguisticae Europaeae*. Tomus XVI/1-4, 181-198.

Kastovsky, D. 1993. *The Place of WF in Grammar: A Historical Survey*. ICOLS 1993.

Kastovsky, D. 1995a. "Wortbildungssemantik: Ein historischer Lagebericht". In U. Hoinkes (ed), *Panorama der Lexikalischen Semantik. Thematische Festschrift aus Anlaß des 60. Geburtstags von Horst Geckeler*. Tübingen: Gunter Narr Verlag, 385-398.

Kastovsky, D. 1995b. "The Syntactic Aspects of Word-Formation: Where Are We Today?" In G. Melchers and B. Warren (eds), *Studies in Anglistics*. Acta Universitatis Stockolmiensis LXXXV, 157-169.

Kiparsky, P. 1982a. "Lexical morphology and phonology". In *Linguistics in the Morning Calm*. Seoul: Hanshin Publishing Company.

Kiparsky, P. 1982b. "From Cyclic Phonology to Lexical Phonology". In H. van der Hulst and N. Smith (eds), *The Structure of Phonological Representations, Part I*. Dordrecht: Foris, 131-175.

Kiparsky, P. 1983. "Word formation and the Lexicon". In F. Ingemann (ed), *Proceedings of the 1982 Mid-America Linguistics Conference*. Lawrence: University of Kansas, 3-22.

Kiparsky, P. 1985. "Some consequences of Lexical Phonology". *Phonology Yearbook* 2, 85-136.

Koziol, H. 1937. *Handbuch der Englischen Wortbildungslehre*. Heidelberg.

Lapointe, S. 1978. "A nontransformational approach to French clitics". *Proceedings of the Ninth Annual Meeting of the North East Linguistic Society.* New York: Queens College Press.

Lees, R. B. 1960. *The Grammar of English Nominalizations.* Bloomington. Indiana: Indiana University Press. (The Hague: Mouton).

Lees, R. B. 1966. "On a transformational analysis of compounds: a reply to Hans Marchand". *Indogermanische Forschungen* 71: 1-13.

Lees, R. B. 1970. "Problems in the grammatical analysis of English nominal compounds". In: M. Bierwisch and K. E. Heidolph (eds), 174-186.

Levi, J. N. 1978. The Syntax and Semantics of Complex Nominals. New York: Academic Press.

Lieber, R. 1981. *On the Organization of the Lexicon.* Bloomington: IULC.

Lieber, R. 1983. "Argument Linking and Compounding in English". *Linguistic Inquiry* 14: 251-86.

Lieber, R. 1992. *Deconstructing morphology. Word formation in syntactic theory.* Chicago: The University of Chicago Press.

Lightner, T. M. 1975 "The role of derivational morphology in generative grammar". *Language* 51: 617-638.

Lipka, L. 1990. *An Outline of English Lexicology.* Tübingen: Max Niemeyer Verlag.

Ljung, M. 1977. "Problems in the derivation of instrumental verbs". In: H. E. Brekle and D. Kastovsky 1977, 165-179.

Marchand, H. 1960. *The Categories and Types of Present-Day English WordFormation.* Wiesbaden.

Marchand, H. (1965a) "The Analysis of Verbal Nexus Substantives". *Indogermanische Forschungen* 70: 51-71.

Marchand, H. 1965b "On the analysis of substantive compounds and suffixal derivatives not containing a verbal element". *Indogermanische Forschungen* 70: 117-145.

Marchand, H. 1969. *The Categories and Types of Present-Day English Word-Formation.* 2nd edition. München.

Marchand, H. 1974. *Studies in Syntax and Word-Formation.* Edited by D. Kastovsky. Munich: Fink.

Marle, J. van 1985. *On the Paradigmatic Dimension of Morphological Creativity.* Dordrecht: Foris.

Mathesius, V. 1975. *A Functional Analysis of Present Day English.* Mouton & Co. The Hague.

Matthews, P. H. 1991. *Morphology.* 2nd ed. Cambridge Textbooks in Linguistics. Cambridge: Cambridge University Press.

Mohanan, K. P. 1982. *Lexical Phonology*. PhD. Dissertation. Bloomington: MIT. Indiana
University Linguistics Club.

Motsch, W. 1970. "Analyse von Komposita mit zwei nominalen Elementen". In: M.
Bierwisch and K. E. Heidolph (eds), *Progress in Linguistics*. The Hague: Mouton,
208-223.

Motsch, W. (ed). 1988. *The Contribution of word-structure theories to the study of word-
formation*. Berlin: Akademie der Wissenschaften der DDR, Zentralinstitut für
Sprachwissenschaft. Linguistische Studien. Reihe A. Arbeitsberichte 179.

Newmeyer, F. 1971. "The source of derived nominals in English". *Language* 47: 786-796.

Newmeyer, F. (ed), 1988. *Linguistics: the Cambridge Survey, Vol. 1. Linguistic Theory:
Foundations*. Cambridge: CUP.

Pennanen, E. 1966. *Contributions to the study of back-formation in English*. Acta
Academiae Socialis ser. A vol. 4 Julkaisija Yhteiskunnallinen Korkeakoulu Tampere.

Pennanen, E. 1970. *Conversion and Zero-Derivation in English*. Acta Universitatis
Tamperensis ser. A vol. 40.

Pennanen, E. 1972. "Current views of word-formation". *Neuphilologische Mitteilungen* 73:
292-308.

Pennanen, E. 1975. "What happens in back-formation?". In: E. Hovdhaugen (ed), *Papers
from the Second Scandinavian Conference of Linguistics*. Oslo, 216-229.

Pesetsky, D. 1985 "Morphology and Logical Form". *Linguistic Inquiry* 16: 193-246.

Quirk, R., Greenbaum, S., Leech, G., Svartvik, J. 1985. *A Grammar of Contemporary
English*. London and New York: Longman

Roeper, T. 1988. "Compound syntax and head movement". *Yearbook of Morphology* 1,
187-228.

Roep T. and Siegel, M. E. A. 1978. "A Lexical Transformation for Verbal Compounds".
Linguistic Inquiry 9: 199-260.

Rohrer, C. 1966. "Review of Lees (1960)". *Indogermanische Forschungen* 71: 161-170.

Rohrer, C. 1974. "Some Problems of Word Formation". In C. Rohrer and N. Ruwet (eds),
Actes du Colloque Franco-Allemand de Grammaire Transformationelle. Tübingen,
113-123.

Saussure, F. 1989. *Kurs obecné lingvistiky*. Praha: Odeon.

Scalise, S. 1984. *Generative Morphology*. Dordrecht: Foris.

Scalise, S. 1988. "The Notion of Head in Morphology". In *Yearbook of Morphology* 1, 229-
246.

Schultink, H. 1961. "Produktiviteit als morfologisch fenomeen". *Forum der letteren* 2: 110-
125.

Schultink, H. 1988. "Some Remarks on the Relations between Morphology and Syntax in

Twentieth-Century Linguistics". In Everaert et al. (eds).

Selkirk, E. 1986. *The syntax of words*. Cambridge, Mass.: M.I.T. Press. Third Printing.

Siegel, D. 1979. *Topics in English Morphology*. New York: Garland.

Spencer, A. 1991. *Morphological Theory*. Oxford: Blackwell.

Sproat, R. W. 1985a. *On Deriving the Lexicon*. PhD Dissertation. MIT.

Sproat, R. W. 1985b. "A note of rebracketing in morphology". *Massachusetts Institute of Technology Working Papers in Linguistics*. 6, 199-205.

Sproat, R. W. 1988. "Bracketing paradoxes, cliticization and other topics: the mapping between syntactic and phonological structure". In Everaert et al. (eds), 339-360.

Stepanova, M. D. 1973. *Methoden der synchronen Wortschatzanalyse*. Halle.

Strang, B. 1970. "Some problems in defining the Lexicon in English". *Actes du Xe Congres International des Linguistes (Bucarest)*, 633-645

Strauss, S. L. 1980. "How Abstract is English Morphology?" *Glossa* 14:1: 89-112.

Strauss, S. L. 1982a. "On 'relatedness paradoxes' and related paradoxes". *Linguistic Inquiry* 13: 695-700.

Strauss, S. L. 1982b. *Lexicalist Phonology of English and German*. Foris Publications.

Štekauer, P. 1992. "On Some Issues of Zero Morpheme in English". *Linguistica Pragensia* 2:. 73-87.

Štekauer, P. 1993. "Súbor kritérií na vymedzenie kompozít v anglickom jazyku". In *Acta Facultatis Pedagogicae Universitatis Šafarikanae. Studia Philologica*. Annus I. Volúmen 3, 79-92.

Štekauer, P. 1994a. "On Productivity in Word-Formation". *Linguistica Pragensia* 2: 67-82.

Štekauer, P. 1994b. "Hapax Legomena and Word-Formation". *ASA Journal* No.1, 6-9.

Štekauer, P. 1996. *A Theory of Conversion in English*. Frankfurt am Main: Peter Lang.

Štekauer et al. 1997. *Getting Beyond the Rules of Language*. Acta Facultatis Philosophicae Universitatis Prešovensis.

Thompson, S. 1975. "On the Issue of productivity in the lexicon". *Kritikon Litterarum* 4: 332-349.

Vachek, J. 1976. *Selected Writings in English and General Linguistics*. Prague.: Academia.

Vendler, Z. 1967. *Linguistics in philosophy*. Ithaca: Cornell University Press.

Vergnaud, J. -R. 1973. "Formal Properties of Lexical derivations". *Quarterly Progress Report of the Research laboratory of Electronics*. MIT. No. 108: 279-287.

Wasow, Th. 1977. "Transformations and the Lexicon". In: P. Culicover, Th. Wasow and A. Akmajian (eds), *Formal Syntax*. New York: Academic Press, 327-360.

Williams, E. 1981a. "On the notions 'lexically related' and 'head of a word'", *Linguistic Inquiry* 12: 245-274.

Williams, E. 1981b. "Argument Structure and Morphology". *Linguistic Review* 1: 81114.

Zandvoort, R. V. 1961. "Review of Marchand's Categories...". *English Studies* 42: 120-124.

Zepic, S. 1970. "Zum Verhältnis von Komposition und Derivation". *Linguistische Berichte* 5: 25-33.

Zimmer, K. E. 1964. *Affixal Negation in English and Other Languages: An Investigation of Restricted Productivity.* Word, Vol. 20., No. 2, Supplement.

Zwicky, A. 1985. "Heads". *Journal of Linguistics* 21: 1-20.

사전

Caforio, A. 1996. *English-Slovak Technical Dictionary.* Bratislava: SPN.

Hais, K. and Hodek, B. 1991. *English-Czech Dictionary.* Prague: Academia.

Longman Dictionary of the English Language 1984. Longman.

Štekauer, P. and Prčíková, M. 1987. *Robotika-Robototechnika-Robototechnológia.* Slovensko-anglicko-nemecko-ruský slovník: Prešov: VUKOV.

찾아보기

일반

ㄱ

개념 범주 26, 27, 29, 30, 94, 204

개념 층위 26, 31, 35, 37, 38, 40, 60, 83, 103, 199-203, 207, 210, 230, 232

계열체 16, 76, 84, 85, 87, 88, 98-101, 109, 111, 210, 227

공인화 118, 119, 198

과잉 생성 25, 127, 135

과잉 생성 형태론 107, 116, 127, 134, 135, 227, 228, 234, 243

괄호 매김 역설 7, 21, 184, 185, 189-194, 197, 199, 200, 203, 243

구(에) 기반 59, 73

굴절 14, 20, 45, 76, 84-91, 101, 102, 129, 187, 204, 205, 208, 233, 239-242, 247

굴절 규칙 7, 89, 115, 134, 234, 241, 242

굴절 형태론 13, 16, 20, 44, 76, 84, 85, 91

규칙적 7, 16, 17, 20, 46, 55, 58-61, 85, 86, 88-90, 98, 104, 106, 110, 111, 115, 128, 129, 133, 213, 220, 234, 236, 237, 240, 243, 244, 246, 248

기호 17, 18, 24, 26, 47, 49, 50, 55, 63, 84, 104, 105, 111, 127, 164

기호소 16, 18, 47, 49, 55, 61, 78, 110, 221, 222, 232

ㄴ

내심 합성어 210, 211, 214

내용 범주 68

논리 의미론적 구조 49, 92

논리(적) 스펙트럼 26, 29-31, 33, 70, 81

논리적 술어 26, 30, 70, 83, 213

ㄷ

단계 유순 가설 86, 98, 193-195, 205, 233, 234, 238

단발어 47, 60, 131

단어 기반 이론 237

단어 형성 과정 19, 27, 31, 46, 47, 63-65, 79, 83, 84, 87, 111, 120, 121, 130, 131, 134, 159, 177-180, 193, 198, 212, 228, 233, 239-241, 243, 245, 248

단어 형성 규칙 7, 16, 19, 20, 48-51, 56, 58, 60, 64, 70, 71, 76-78, 86, 89, 100, 106-108, 110, 111, 115, 124-128, 133-136, 139, 140, 189, 231, 234, 240-246

단어 형성 부문 6, 7, 16, 18, 20, 44, 45, 63, 75, 84, 92, 98, 101-103, 109, 127, 133, 141, 234, 238, 243, 246

단어 형성 어기 100, 101, 123, 140, 207, 208, 210, 227, 237, 244

단어 형성 유형 17, 32, 46, 61, 88, 103, 114, 115, 117-120, 129, 130, 132-134, 142, 143, 155, 157-159, 167, 169-174, 176-181, 209, 230, 234, 244, 248

단어 형성 유형 군집 17, 71, 129, 130, 132, 142, 158, 170, 172, 173, 176, 180, 181

단어 형성(론)의 범위 14, 18, 44, 46, 61, 115, 221, 232

단어 형성부 85, 93

옮긴이 소개

구본관
서울대학교 국어교육과 교수
서울대학교 국어국문학과 박사
『15세기 국어 파생법에 대한 연구』(1998)
『한국어 문법 총론 I, II』(2015/2016, 공저)
『개정판 우리말 문법론』(2018, 공저)
『한국어학 개론』(2020, 공저)

박혜진
한국교육과정평가원 부연구위원
서울대학교 국어교육과 박사
『국어 의미 교육론』(2019, 공저)
「표현론적 관점의 단어 형성 교육 연구」(2019)
「단어형성법 교육 내용 연구」(2010)

차경미
한국교육과정평가원 부연구위원
서울대학교 국어교육과 박사
『어휘 능력』(2019, 공역)
「국어 어휘 수행 전략 교육 연구」(2020)
「감정 어휘 교육 내용 연구」(2013)

국어교육학회
국어교육번역총서 5

단어 형성에 대한 표현론적 접근

2023년 2월 3일 초판 1쇄 찍음
2023년 2월 17일 초판 1쇄 펴냄

지은이 파볼 슈테카우어
옮긴이 구본관·박혜진·차경미

편집 이소영·김혜림·조유리
디자인 김진운
본문조판 민들레
마케팅 김현주

펴낸이 권현준
펴낸곳 ㈜사회평론아카데미
등록번호 2013-000247(2013년 8월 23일)
전화 02-326-1545
팩스 02-326-1626
주소 03993 서울특별시 마포구 월드컵북로6길 56
이메일 academy@sapyoung.com
홈페이지 www.sapyoung.com

ISBN 979-11-6707-094-4 93700

이 책은 국어교육학회 번역총서 지원을 받아 발간되었습니다.